2022—2023 年中国工业和信息化发展系列蓝皮书

2022—2023 年
中国先进制造业发展蓝皮书

中国电子信息产业发展研究院 **编 著**

乔 标 **主 编**

付长文 **副主编**

電子工業出版社
Publishing House of Electronics Industry
北京 · BEIJING

内 容 简 介

本书共 7 篇 34 章，主要展现了编写组对先进制造业发展现状及重点行业的洞察、对重点区域的分析及对发展趋势的点评。

综合篇：深入分析了全球先进制造业的发展现状及特点；行业篇：针对智能制造、新能源汽车、轨道交通装备、清洁能源装备、无人机、电子信息制造、医药健康、新材料八大领域进行了深入分析，指出了存在的问题，提出了措施与建议；区域篇：对中国先进制造业城市发展现状进行了总体概括，针对上海市、苏州市、宁波市、沈阳市、潍坊市、宜春市、荆州市、衡阳市的先进制造业发展现状进行了综述；园区篇：总结了中国先进制造业园区发展现状，对北京经济技术开发区、大连经济技术开发区、无锡惠山经济开发区、宁乡经济技术开发区和宜宾高新技术产业园区进行了解析；企业篇：对蘑菇车联信息科技有限公司、华为技术有限公司、万华化学集团股份有限公司、江苏康缘药业股份有限公司、研祥智慧物联科技有限公司进行了介绍；政策篇：分析了中国先进制造业发展的政策环境与重点政策；展望篇：对中国先进制造业的发展形势进行了总体展望。

本书可为政府部门、相关企业及从事相关政策制定、管理决策和咨询研究的人员提供参考，也可以供高等院校相关专业师生及对先进制造业感兴趣的读者学习阅读。

图书在版编目（CIP）数据

2022—2023 年中国先进制造业发展蓝皮书 / 中国电子信息产业发展研究院编著；乔标主编. —北京：电子工业出版社，2023.12

（2022—2023 年中国工业和信息化发展系列蓝皮书）

ISBN 978-7-121-46977-0

Ⅰ. ①2… Ⅱ. ①中… ②乔… Ⅲ. ①制造工业－工业发展－研究报告－中国－2022-2023 Ⅳ. ①F426.4

中国国家版本馆 CIP 数据核字（2024）第 004113 号

责任编辑：陈韦凯　　　特约编辑：田学清
印　　刷：北京虎彩文化传播有限公司
装　　订：北京虎彩文化传播有限公司
出版发行：电子工业出版社
　　　　　北京市海淀区万寿路 173 信箱　　　邮编：100036
开　　本：720×1 000　1/16　印张：16.5　字数：316.8 千字　彩插：1
版　　次：2023 年 12 月第 1 版
印　　次：2023 年 12 月第 1 次印刷
定　　价：218.00 元

凡所购买电子工业出版社图书有缺损问题，请向购买书店调换。若书店售缺，请与本社发行部联系，联系及邮购电话：（010）88254888，88258888。

质量投诉请发邮件至 zlts@phei.com.cn，盗版侵权举报请发邮件至 dbqq@phei.com.cn。

本书咨询联系方式：（010）88254473，duq@phei.com.cn。

前言

先进制造业是全球科技创新的主阵地，是世界未来经济发展的主导力量，彰显的是国家综合实力与核心竞争力，并日益成为全球各国角逐的焦点。党的十八大以来，我国高度重视先进制造业发展，作出“加快建设制造强国，加快发展先进制造业”“促进我国产业迈向全球价值链中高端，培育若干世界级先进制造业集群”等多项重要部署。先进制造业既包括新技术催生的新产业新业态新模式，也包括利用先进适用技术、工艺、流程、材料、管理等改造提升后的传统产业。加快发展先进制造业是实现发展方式转变的重要抓手，是破解发展不平衡不充分问题的重要途径，也是建设现代化经济体系的重要支撑。我国将发展先进制造业作为长期坚持的战略任务，并以此为抓手来实现我国制造业由高速增长向高质量发展的跨越，发展先进制造业是我国从制造大国迈向制造强国的必然选择。

世界处于百年未有之大变局，国际环境日趋复杂，全球科技和产业竞争更趋激烈，大国战略博弈进一步聚焦先进制造业。放眼全球，主要发达国家均对其先进制造业进行了布局，相继出台了相关政策并明确了发展领域及目标。其中，美国最早提出先进制造业的概念，并先后发布了《先进制造业国家战略计划》《先进制造业美国领导力战略》《先进制造业国家战略》等，将促进先进制造业发展提高到了国家战略层面，以期重振美国制造业竞争力，实现美国先进制造业领导地位；英国发布了《英国工业 2050 战略》，通过注重高价值制造应用前沿技术和专业知识，引领先进制造业发展，保证高价值制造成为英国经济发展的主要推动力；德国发布了《高技术战略 2025》，其中，“工业 4.0”被认为是以智能制造为主导的第四次工业革命；日本发布了《日本再兴战略》，以产业振兴、刺激民间投资、放宽行政管制、扩大贸易自由化为主要支柱。

当前，我国经济正处在转变发展方式、优化经济结构、转换增长动力的攻关期，先进制造业发展环境更为复杂。从全球技术创新变革来看，以新能源、生物技术、新材料、智能制造等为代表的新一轮科技革命和产业变革加速孕育，推动制造业与大数据、人工智能、云计算等新兴产业加快相互渗透、交叉融合。从国际竞合关系来看，世界大国之间的博弈日趋激烈，国际形势复杂多变。部分发达国家纷纷鼓励制造业回流，全球制造业产业链和供应链结构正发生深刻变化，这将推动全球制造业产业链分工格局重塑。从供需层面来看，我国已经建立了全世界最为齐全、规模最大的工业体系，是全世界唯一拥有联合国产业分类中全部工业门类的国家；我国还拥有超大规模市场，消费品零售总额和进出口总额都位居世界前列，并具有快速增长的潜力。如何利用好国际条件来创造国内条件，有效提升我国先进制造业发展水平成为这一阶段的发展要务。

党的十九大以来，我国先进制造业集群培育发展的顶层设计逐步完善，先进制造业集群发展专项行动深入实施，地方培育发展先进制造业集群的实践取得显著成效。为推动先进制造业集群的发展，落实国家培育世界级先进制造业集群的重大战略部署，工业和信息化部在 2020—2022 年组织开展了先进制造业集群竞赛，并于 2022 年 11 月正式公布了 45 个国家先进制造业集群名单。这 45 个国家级集群覆盖制造强国建设重点领域，呈现出组织管理能力强、协同合作能力强、经济支撑能力强，以及重点产业特色突出的特征，并在经济贡献、创新载体建设、企业培育等方面成为引领带动行业创新发展的重要力量，是推动制造业高质量发展的重要载体。

2023 年是我国向实现第二个百年奋斗目标进军的重要一年，是贯彻落实党的二十大精神的开局之年。我国正处于从制造大国迈向制造强国的关键时期，但也面临急剧变化的外部环境，不确定因素显著增多，迫切需要制造业增强内

生动力。2023年5月，国务院常务会议审议通过关于加快发展先进制造业集群的意见，会议指出要把发展先进制造业集群摆到更加突出位置，坚持全国一盘棋，引导各地发挥比较优势，在专业化、差异化、特色化上下功夫，做到有所为、有所不为。那么，如何通过发展先进制造业推动产业迈向中高端？如何形成协同创新、人才集聚、降本增效等规模效应和竞争优势？如何促进各地发展先进制造业的产业深度分工和集聚？如何打造出富有韧性的生产与服务网络，增强抗风险能力，提升产业链供应链韧性和安全水平？基于对上述问题的思考，中国电子信息产业发展研究院编著了《2022—2023 年中国先进制造业发展蓝皮书》。

本书共 7 篇 34 章，7 篇分别为综合篇、行业篇、区域篇、园区篇、企业篇、政策篇、展望篇，全面分析了国际、国内的先进制造业发展现状和发展特点等，城市、园区的发展概况和主要特点等，行业、企业的发展概况和重点战略等，中国先进制造业政策环境等，展望了中国先进制造业的发展形势，同时对中国先进制造业重点行业进行了展望。

综合篇：深入分析了全球先进制造业的发展现状及发展特点，探讨了美国、德国、日本等主要国家先进制造业的发展现状、政策导向、主要先进制造业集群和主导产业。详细介绍了中国先进制造业的发展现状、发展特点和发展建议。

行业篇：针对智能制造、新能源汽车、轨道交通装备、清洁能源装备、无人机、电子信息制造、医药健康、新材料八大领域，对全球发展综述、中国发展概况、产业链各环节进行了深入分析，并指出了行业发展存在的问题，提出了措施与建议。

区域篇：首先，对中国先进制造业城市发展现状进行了总体概括，提出了中国先进制造业城市发展曲线，并给出了相应的发展建议。其次，针对上海市、苏州市、宁波市、沈阳市、潍坊市、宜春市、荆州市、衡阳市的先进制造业发展现状进行了综述，分别阐述了各个地区的发展概况与主要特点，并总结了各地区为推动先进制造业发展而采取的举措。

园区篇：首先，总结了中国先进制造业园区发展现状，提出了中国先进制造业园区发展模型，并给出了针对性的发展建议。其次，以北京经济技术开发区、大连经济技术开发区、无锡惠山经济开发区、宁乡经济技术开发区和宜宾高新技术产业园区为研究对象，系统解析了各先进制造业园区的园区概况、主要做法和成效、特色及创新方向。

企业篇：以蘑菇车联信息科技有限公司、华为技术有限公司、万华化学集团股份有限公司、江苏康缘药业股份有限公司、研祥智慧物联科技有限公司为研究对象，系统剖析了各企业的发展概况、重点战略和重点产品。

政策篇：分析了中国先进制造业发展的政策环境与重点政策。

展望篇：对中国先进制造业的发展形势进行了总体展望，并分析了中国先进制造业各重点行业未来发展的趋势。

目录

综 合 篇

行 业 篇

区　域　篇

园 区 篇

企 业 篇

政　策　篇

展　望　篇

综　合　篇

第一章

2022 年全球先进制造业发展状况

第一节　发展现状

先进制造业是制造业的发展方向，主要体现在广泛应用先进的制造技术或采用先进的制造模式上。在全球层面，由于各国先进制造业发展水平尚无法逐一评估，而先进制造业的发展也以制造业为基础，故暂以全球制造业增加值作为全球先进制造业发展的参考数据来进行分析。

一、全球制造业增加值保持稳定增长态势

放眼全球，先进制造业越来越成为国家间竞争的焦点。主要发达国家均对先进制造业进行了布局，其核心都是通过发展先进制造业，占据制造业价值链的高利润、高附加值环节，以巩固和加强自身在全球制造业竞争中的地位。2022 年，全球经济发展受新冠疫情和俄乌冲突的影响，遭受了较大冲击，制造业增加值增长率有所回落，为 5.0%，全球制造业增加值稳中略升，为 16.9 万亿美元（见图 1-1）。

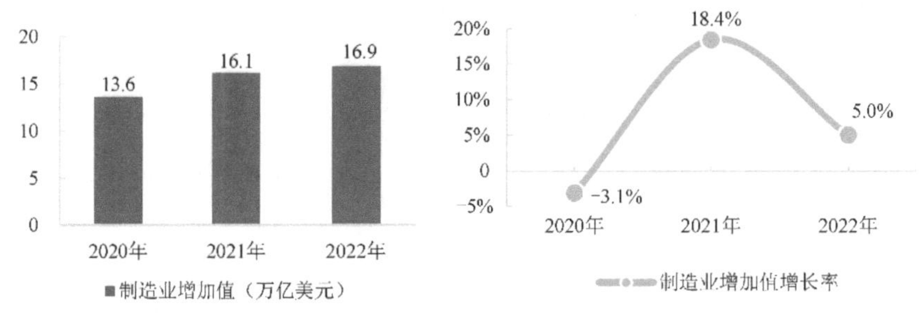

图 1-1　2020—2022 年全球制造业增加值与其增长率

（数据来源：世界银行，赛迪顾问整理，2023 年 5 月）

二、中国在规模体量方面占据绝对优势

从全球制造业增加值比重分布来看，全球制造业发展重心主要集中在中国，以及美欧日等少数发达国家和地区。中国制造业品类齐全，已成为全球制造业的核心力量，先进制造业发展潜力巨大。2022 年，中国制造业增加值保持稳定增长态势，为 4.98 万亿美元，占全球比例接近三成，约为 29.5%；美国在通货膨胀持续升温的影响下，制造业增加值同比实现较快增长，为 2.81 万亿美元，占全球比例达 16.6%（见图 1-2）。

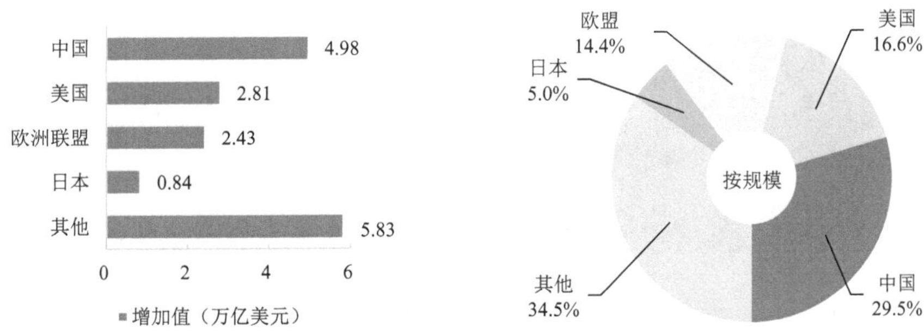

图 1-2　2022 年全球制造业增加值区域结构

（数据来源：世界银行，赛迪顾问整理，2023 年 5 月）

三、全球制造业产业链在空间上持续收缩

当前去全球化愈演愈烈，全球贸易保护主义抬头，公共卫生事件突发，局部战争不断，受多重因素叠加影响，全球产业结构重构，产业链供应链在地理空间上加速收缩，全球产业链供应链逐步区域化、本土化。欧美发达国家制造业回流，美国辐射加拿大和墨西哥等国，德国辐射英国和法国等欧洲国家，彼此形成紧密的产业链供应链。亚洲以中国为中心向外辐射，中国与亚洲其他国家形成紧密的产业链供应链，且中国市场巨大、制造业技术水平日益提升、经济潜力充足，其他国家的部分产业链逐步转移至中国。

第二节 发展特点

先进制造业是制造业未来的发展方向，是全球各国经济实力的重要影响因素之一。随着新一代信息技术的发展与广泛应用，先进制造业具有以下特点。

一、智能化、信息化是先进制造业的主要发展方向

发达国家的先进制造业主要体现在新兴产业，比如 3D 打印、机器人、传感器、智能家居、先进材料制造、先进陶瓷、微电子器件制造等领域，这些领域多强调与物联网、大数据、云计算等新一代信息技术的融合应用，从而对生产制造服务系统和运营模式进行优化升级。除此之外，新材料技术、新能源技术、生物技术等也是先进制造业的重点发展方向，这些先进技术在多领域融合方面为先进制造业带来了更多发展的可能。

二、主要国家多以集群化方式作为主要举措来发展先进制造业

先进制造业集群能够更加有效地配置创新资源，有效提升企业的创新能力和国际竞争力。打造世界级先进制造业集群已成为主要国家进行产业升级、深度参与全球价值链分工的重要抓手，先进制造业发展水平是一个国家国际竞争力的重要表现，也是制造业创新能力的重要评判标准。目前，对世界级先进制造业集群并没有统一的评判标准，一般来说，庞大的规模影响力和超前的技术领先度都是世界级先进制造业集群必备的特征。主要国家在建设世界级先进制造业集群时的侧重点不同，比如强调集群对全球高端人才、技术和资金的吸引力，强调集群的经济潜力与研发能力，强调集群在全球价值链的区域资源整合能力等。表 1-1 所示为主要国家先进制造业代表集群简介。

表 1-1 主要国家先进制造业代表集群简介

序号	国家	集群/产业集聚地区名称	主导产业方向	知名企业/高校及研究机构
1	美国	硅谷高科技产业集群	电子信息、科技服务	思科、英特尔、惠普、苹果、谷歌、Meta、特斯拉、英伟达、斯坦福大学等

续表

序号	国家	集群/产业集聚地区名称	主导产业方向	知名企业/高校及研究机构
2	美国	五大湖汽车产业带	汽车	美国通用、福特、克莱斯勒等
3	德国	斯图加特汽车产业集群	汽车	戴姆勒、保时捷、博世等
4	德国	法兰克福化工产业集群	化工、医药	拜耳、朗盛、赛诺菲、默克等
5	日本	九州半导体创新集群	集成电路	索尼、日立、东芝、富士通等
6	日本	东京丰田汽车产业集群	汽车	丰田、日产、三菱等
7	英国	M4 科创走廊	高端制造	空客、劳斯莱斯、高通、飞兆半导体、意法半导体等
8	印度	班加罗尔软件产业集群	软件	英特尔、德州仪器、通用、微软、IBM、思爱普、甲骨文等
9	新加坡	裕廊化工岛石化集群	石化	埃克森美孚、壳牌、住友化学、三井化学等
10	中国	中关村国家自主创新示范区	电子信息、先进制造、新材料	联想、京东方、北汽集团等
11	中国	上海张江高新技术产业开发区	集成电路、软件、生物医药、航空航天	中芯国际、上海微电子、韦尔半导体、宝信软件等
12	中国	深圳经济特区	新一代信息技术、新能源汽车	华为、大疆、创维、比亚迪、立讯精密等

数据来源：赛迪顾问整理，2023 年 5 月

三、不断涌现的新技术催生了新业态、新模式

新一轮科技革命和产业革命已经爆发，人工智能、VR（虚拟现实技术）/AR（增强现实技术）/MR（混合现实技术）、区块链、边缘计算、量子计算等新技术纷纷涌现，它们不断拓展着传统产业的边界，开辟新业态、新模式，包括以重新配置闲散生产要素的共享制造，贯穿全生产链并可应用于多种垂直领域降本增效的工业元宇宙、满足现代工业发展需求并助力工业快速发展的工业直播等。不断涌现的新技术催生了新业态、新模式，高效配置生产要素推动产业结构不断优化升级。

第三节　主要国家

当今世界正处于百年未有之大变局，全球先进制造业竞争逐步加剧。受“再工业化”政策影响，欧美制造业逐步回流，美国制造业回流趋势更为显著。受制造业外移影响，日本制造业规模逐步萎缩，制造业空心化趋势已显。

一、美国

制造业规模稳步扩张。美国先进制造业研发能力强，各产业配有多个国家实验中心和创新中心，先进制造技术转化通道顺畅，“技术研究—技术研发—应用推广—规模化生产”流程基本完善。受美国制造业回流影响，美国制造业增加值稳步扩张，2022 年为 2.8 万亿美元，增长率达 12.0%；同时美国制造业增加值占 GDP 比重小幅上涨，2022 年达 11.0%（见图 1-3）。

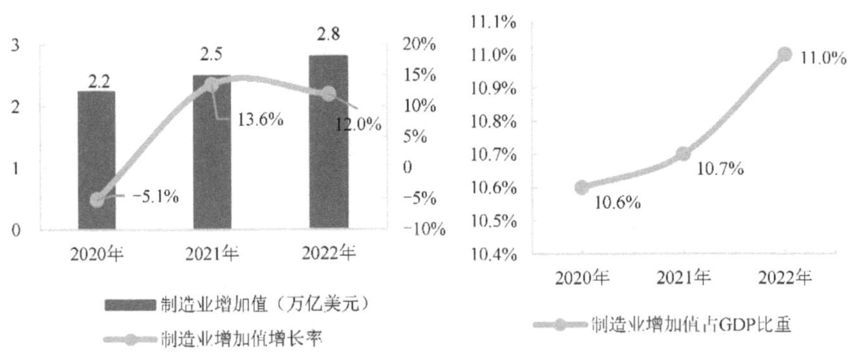

图 1-3　2022 年美国制造业增加值，其增长率及其占 GDP 比重

（数据来源：世界银行，赛迪顾问整理，2023 年 5 月）

先进制造业政策聚焦战略层面。美国最早提出先进制造业的概念，2012 年，美国发布《先进制造业国家战略计划》，将发展先进制造业提升至国家战略，围绕政策、研发、投资、人才培养、产学研合作关系提出了五大目标，且重点关注中小企业。2018 年，美国颁布《先进制造业美国领导力战略》，延续了对制造业劳动力培养的政策，此外还聚焦先

进技术的研发及其成果转换、国内供应链的扩展。2022 年，美国发布了《先进制造业国家战略》(以下简称《战略》)，此版《战略》注重环境可持续发展，沿袭了 2018 版的先进技术和先进人才政策，扩展了对供应链的要求，注重提升供应链的弹性。

创新是美国先进制造业集群的重要抓手。美国政府通常通过对大学和研究机构进行大量的投资以帮助它们开展基础科学研究，企业据此形成集群，并在此基础上进行应用科学研究。硅谷高科技产业集群聚集在斯坦福大学周边，通过源源不断的高科技人才、特有的区域创新网络和快速的科研成果转换发展成以电子工业为主的先进制造业集群。匹兹堡机器人产业集群地处宾夕法尼亚州，卡内基梅隆大学、匹兹堡大学和先进机器人制造中心为其提供了专业人才和技术支持。匹兹堡机器人产业集群拥有强大的研发力量，充足的孵化器、加速器，构建了完善的生态系统。波士顿生物医药产业集群拥有哈佛大学、麻省理工学院、波士顿大学等全球顶尖高校和科研机构，大幅提升了集群的创新实力，产学研高度结合。

二、德国

制造业规模波动调整。德国是制造业强国，也是先进制造业的代表国家，其制造业基础扎实，体系完备。2022 年，德国制造业增加值为 0.77 万亿美元，制造业增加值增长率为-3.8%，呈波动调整状态。德国制造业增加值虽然小幅降低，但其占 GDP 比重逐步上升，2022 年，其比重达 19.0%（见图 1-4）。

先进制造业政策引导聚焦新一代信息技术与制造业结合。2013 年，德国在汉诺威工业博览会上正式提出“工业 4.0”。随后，德国相继发布《德国工业 4.0 未来项目实施建议》和《德国工业 4.0 实施战略报告》，将“工业 4.0”逐步细化落地，其主要聚焦人、物、机互联，构建虚拟世界，通过虚拟世界与现实世界的互联互通推动制造业发展。2019 年，德国出台《国家工业战略 2030》(以下简称《工业战略》)，该《工业战略》聚焦机械、汽车、医疗器械、航空航天和 3D 打印等先进制造业，通过降低能源价格和税收等政策扶持德国制造业企业，以期提高德国制造业全球竞争力。

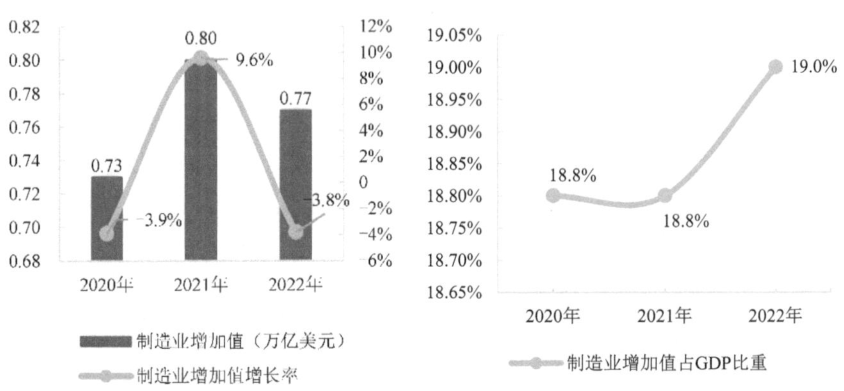

图 1-4　2022 年德国制造业增加值，其增长率及其占 GDP 比重

（数据来源：世界银行，赛迪顾问整理，2023 年 5 月）

优秀网络协作锻造世界级先进制造业集群。德国政府通过先进制造业集群竞赛筛选出有潜质的先进制造业集群，提供资金支持，促进产学研合作和集群网络协作，推动其国家级先进制造业集群向世界级先进制造业集群发展。斯图加特汽车产业集群是世界四大汽车产业集群之一，聚集了 2000 多家汽车相关企业，其以汽车企业为核心，集聚了多家中小型配套企业，通过产学研与大学、研发机构紧密结合。慕尼黑生物医药集群拥有 500 多家生物医药企业，集聚了众多高校及科研机构，设立集群运营公司 Bio^{M}。Bio^{M} 具有强大的协作网络，可以帮助集群内的企业进行技术、产品、合作伙伴等多方面的对接。能源创新集群地处萨克森自由州，聚集了近 100 家企业和 30 多家高校及科研机构。能源创新集群主要为技术联盟。

三、日本

日本制造业规模持续萎缩。日本在精密制造方面优势突出，部分产业在全球占据重要地位，但近年来其制造业呈现萎缩趋势。2022 年，日本制造业增加值为 0.84 万亿美元，制造业增加值增长率为-13.4%，降幅明显。2022 年，日本制造业虽然呈现持续萎缩状态，但其占 GDP 比重呈上升趋势，达 19.9%（见图 1-5）。

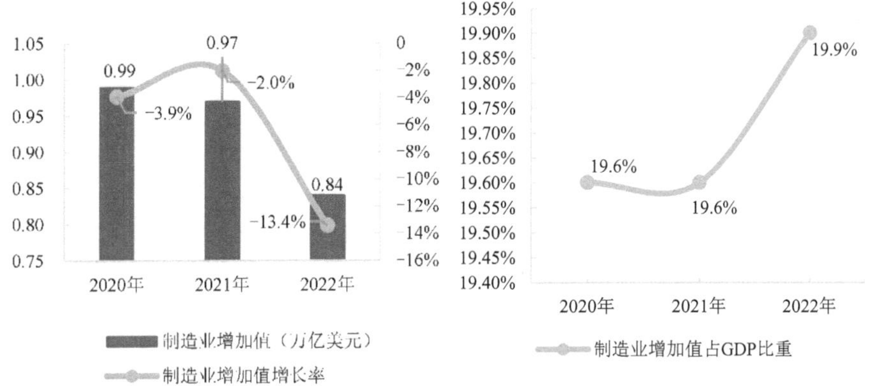

图 1-5 2022 年日本制造业增加值，其增长率及其占 GDP 比重

（数据来源：世界银行，赛迪顾问整理，2023 年 5 月）

日本多维度、多层面支撑先进制造业发展。日本连续多年发布《制造业白皮书》，聚焦机器人、3D 打印、半导体、蓄电池等先进制造业，推动各产业数字化转型，在国内建立原材料生产基地，增强产业链供应链的韧性。日本于 2017 年提出“工业互联”，致力于实现人—物、物—物、企业—企业之间的联系，提升产品附加值。此外，日本还打造公共实验室，引进数字制造设备供企业使用，对中小企业购入先进制造业设备、投入研发给予补贴，积极培养先进制造业相关人才等支撑其先进制造业的发展。

日本先进制造业掌握核心技术。日本拥有较为完整的工业机器人产业链，受国内人口老龄化现象影响，日本劳动力出现结构性短缺，受益于强大的需求和政策强力支撑，日本工业机器人产业快速发展，在关键技术领域占有绝对优势，掌握核心技术。自 20 世纪 60 年代以来，日本一直在数控机床技术领域保持领先地位，1982 年，日本替代美国，成为全球数控机床产量最大的国家，直到 2009 年中国首次成为数控机床世界第一大生产国。日本数控机床产业的成功得益于企业创新，日本数控机床企业积累了大量科研数据，根据市场需求趋势提前进行技术研发，加速成果转换，率先占领市场。

第二章

2022 年中国先进制造业发展状况

第一节　发展现状

一、制造大国地位彰显，规模实力稳步提升

先进制造业是科技创新的主阵地、是未来世界经济发展的主导力量，肩负着构建中国制造业发展新格局的重任。结合国家先进制造业集群所涉及的产业，再结合先进制造业的本质内涵，即先进制造业既包括新技术催生的新产业新业态新模式，也包括利用先进适用技术、工艺、流程、材料、管理等改造提升后的传统产业。赛迪顾问认为，可以以中国制造业增加值作为先进制造业发展的参考数据来进行分析。2022 年，中国制造业增加值为 33.5 万亿元，持续保持世界第一制造大国地位（见图 2-1）。

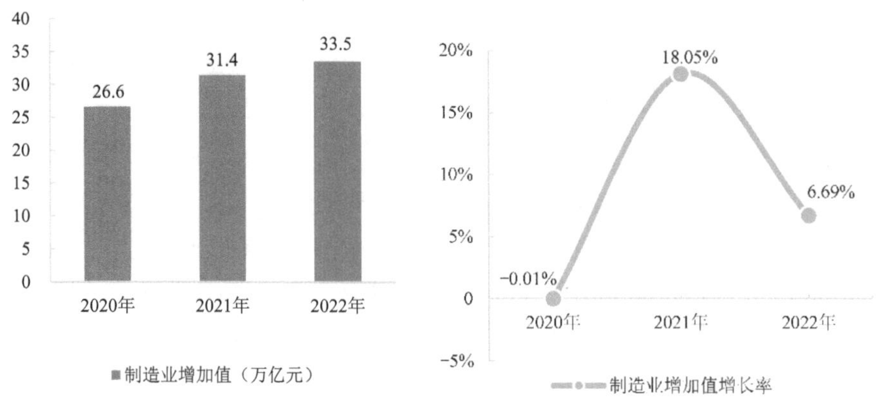

图 2-1　2020—2022 年中国制造业增加值与其增长率

（数据来源：国家统计局，赛迪顾问整理，2023 年 5 月）

二、先进制造业创新能力显著增强

中国先进制造业自主创新水平大幅提升，2022 年，中国已拥有 82 个国家级实验室、26 家国家制造业创新中心和国家地方共建制造业创新中心、1425 家国家级科技企业孵化器，制造业研发投入强度已超 1.5%，专精特新“小巨人”企业的平均研发强度已超 10%，共有 762 家企业入选全球研发投入 2500 强，占比超 30%。中国在先进装备、汽车制造、工业机器人、工业母机、清洁能源装备、轨道交通、航空航天、医疗装备等领域成果显著，“奋斗者”号、磁浮列车、“蛟龙”号、“天问一号”探测器、“九章”量子计算机等大国重器层出不穷。

三、产业要素供给约束增强，产业人才与环境有待优化

中国已经转入高质量发展阶段，面临劳动力、土地、能源等生产要素在成本上升、供给收紧、约束增强等方面的挑战，仍需要持续进行结构调整和优化配置。地区发展不平衡不充分问题还比较突出，创新驱动、转型发展、协调发展、绿色发展的需求迫切，对制造业高质量发展提出了更多新要求。制造业人才队伍建设可以有效支撑制造业快速发展，但目前中国先进制造业人才紧缺问题突出，产业领军人才和大国工匠紧缺，基础制造、先进制造技术领域人才不足，这些问题制约着中国制造业的发展，必须尽快加以解决。同时，国家层面支持先进制造业发展的相关政策体系仍需要进一步优化。

第二节　发展特点

一、央地联动多措并举，推动先进制造业发展

近年来，国家有关部门出台多项先进制造业相关政策，积极推动先进制造业快速发展。2021 年，工业和信息化部等八部门发布《“十四五”智能制造发展规划》，立足制造本质，推进智能制造。2017 年、2019 年，国家有关部门相继发布《关于深化“互联网+先进制造业”发展工业互联网的指导意见》和《关于推动先进制造业和现代服务业深度融合发展的实施意见》，积极促进先进制造业与互联网和现代服务业深度融合发

展。2021 年、2022 年国家相关部门相继发布《关于明确先进制造业增值税期末留抵退税政策的公告》和《关于以制造业为重点促进外资扩增量稳存量提质量的若干政策措施》等，多维度、多层次支撑先进制造业发展。从地方层面来看，浙江、上海、广东、湖南、山东、北京等省（市）先后发布先进制造业、先进制造业集群相关规划或行动计划，以期增强制造业核心竞争力、培育现代化产业体系、实现制造业高质量发展。

二、集群发展成效显著，载体培育取得进展

党的十九大报告中首次提出“促进我国产业迈向全球价值链中高端，培育若干世界级先进制造业集群”。先进制造业集群的发展对区域经济的发展具有引领、带动作用。2022 年 11 月，工业和信息化部正式公布 45 个国家先进制造业集群名单，其中新一代信息技术领域 13 个、高端装备领域 13 个、新材料领域 7 个、生物医药及高端医疗器械领域 5 个、消费品领域 4 个、新能源及智能网联汽车领域 3 个。这 45 个国家先进制造业集群覆盖制造强国建设的重点领域，在经济贡献、创新载体建设、企业培育等方面，已成为引领带动重点行业和领域创新发展的重要力量，是推动制造业高质量发展的重要载体。

三、统筹部署区域发展，东部地区引领发展

中国东部地区先进制造业发展水平领先，从国家先进制造业集群区域分布数量来看，东部地区集群有 31 个，占比约为 69%。具体来看，东部地区在区域创新能力、制造业基础实力与营商环境水平等方面均具备明显优势，是先进制造业发展的中坚力量，其中长江三角洲地区（简称“长三角”）在制造基础、人才资源等方面具备优势，环渤海地区在科研投入、创新成果等方面具备优势，珠江三角洲（简称“珠三角”）在市场应用、产业配套等方面具备优势。近年来，中西部地区先进制造业发展在“西部大开发”“中部崛起”等国家战略的引导下初显成效，但在规模体量、人才资源、企业载体数量、产业配套等方面的发展仍有待提升。在统筹部署的基础上，东部地区应发挥“领头羊”的作用，持续拉动中西部地区先进制造业高质量发展。

第三节　发展建议

一、着力提升制造业重点领域供应链弹性与产业链韧性

供应链弹性是检验供应链抗风险能力的核心要素，在先进制造业重点领域构建安全可靠的国内生产供应链体系，确保关键时刻的正常运转，关系到国家安全。国家鼓励先进制造业领先企业出海，在全球范围内布局完善的供应链体系，提高供应链的灵活性和协同能力。产业链韧性是一个国家产业安全的基本保证，国家鼓励东部地区承接全球先进技术转移，融入先进制造业产业链供应链，推进价值链向中高端跃升；国家鼓励中西部地区承接劳动密集型等产业转移，实现产业链供应链的可靠通畅。

二、推进先进制造业集群深度参与全球产业价值链分工

以产业链、供应链、创新链、资金链、人才链为纽带，促进先进制造业集群迈向全球价值链中高端，加快培育一批专业化、特色化的世界级先进制造业集群。国家鼓励集群内的企业积极参与国际竞争，优化生产要素和资源配置，打造具有国际影响力的高端制造品牌；国家鼓励集群之间探索面向全球的技术创新、知识共享、模式共建等合作机制，实现国际产业资源的协作互联；国家鼓励集群积极开展国际合作，在文化培训、人才交流等方面探索先进机制，提升集群的国际影响力。

三、优化重点领域的科技、人才、金融等要素的供给与配置

先进制造业是科技创新的集聚地，人才是制造业高质量发展的重要因素，而制造业的长期稳定发展也离不开资金的支持。面向新一代信息技术、高端装备、新材料、生物医药及高端医疗器械、新能源及智能网联汽车等先进制造业重点领域，在科技创新方面，加大攻关投入，优化资源配置，提升科技成果转化率，不断塑造新动能、新优势；在人才培养方面，鼓励高校、职业院校和培训机构开设先进制造业相关课程，推进校企深度合作，全方位提升人才培养与产业链供应链需求的契合度；在金融赋能方面，引导资金对行业发展、企业创新的精准支持，推进先进制造业补链强链与绿色发展。

行　业　篇

第三章

智能制造

世界经济虽然受到俄乌冲突、新冠疫情等多重因素的影响，增速大幅放缓，但美国、日本、欧洲联盟等发达经济体仍然持续推动智能制造发展。社会各界对发展智能制造的必要性有了更深刻的认识与共识，2022 年中国智能制造相关产业规模持续增长，并将继续保持良好态势。

第一节　全球发展综述

一、世界各国持续探索制造业智能化转型升级路径

2022 年，日本先后发布 2022 年版《制造业白皮书》和《统合创新战略 2022》，大力推行工业互联概念，期望构建以人、系统和设备共同组成的数字社会。2022 年 2 月和 10 月，美国先后发布《关键和新兴技术（CET）清单》和《先进制造业国家战略》，聚焦先进制造技术，提升制造业供应链韧性，美国国家制造创新网络持续扩展，积极推动智能制造发展。近 3 年主要国家和地区的智能制造政策名称及发布时间如表 3-1 所示。

表 3-1　近 3 年主要国家和地区的智能制造政策名称及发布时间

国家和地区	政策名称	发布时间
日本	《统合创新战略 2022》	2022 年
美国	《关键和新兴技术（CET）清单》	2022 年
美国	《先进制造业国家战略》	2022 年
日本	2021 年版《制造业白皮书》	2021 年
美国	《国家安全战略中期指导方针》	2021 年

续表

国家和地区	政策名称	发布时间
美国、英国	《人工智能研究与开发合作宣言》	2020 年
欧洲联盟	《塑造欧洲数字化转型》	2020 年
美国	《为美国生产半导体（CHIPS）创造有益激励措施的法案》	2020 年
欧洲联盟	《塑造欧洲数字未来》	2020 年
美国	《“美国人工智能计划”：首个年度报告》	2020 年

数据来源：赛迪顾问整理，2023 年 2 月

二、智能制造助力中小企业发展成为主要国家的关注焦点

近年来，世界各国对智能制造的关注日益提升，制造业中小企业的智能化转型越发迫切。各国纷纷聚焦助力中小企业发展，出台一系列推动智能化转型的政策和举措。其中，欧洲联盟相继发布《欧洲新工业战略》《2030 数字罗盘》《工业 5.0》《中小企业战略》等，通过各类优惠政策推动中小企业参与智能制造，增强中小企业应用智能制造相关前沿技术的能力，助力中小企业成为智能制造相关技术和方案的使用者和受益者。同时，美国、日本等国聚焦中小企业知识产权，助力中小企业形成知识产权的保护能力，拓宽中小企业的知识产权融资渠道，其中与智能制造相关的知识产权备受美国、日本等国关注。

三、工业元宇宙虚实结合推进智能制造

工业元宇宙是元宇宙在工业领域的应用，其可广泛应用于工业设计研发、生产制造、营销销售、售后服务、供应链管理等工业生产全流程，以及装备制造、汽车、新能源、航空航天、船舶海工、石油化工、新型电力、钢铁、采矿、生物医药及医疗装备等多个垂直领域。工业元宇宙是 2022 年最受关注的概念之一，多家国际企业提出工业元宇宙的应用方案，重点通过可视化方案解决工业现场的各类问题。其中，英伟达推出了包括虚拟工厂、虚拟设计、虚拟产品优化、虚拟制造等各场景应用方案，微软推出了包括工作健康管理、安全生产和员工作业指导在内的应用方案。

第二节　中国发展概况

一、多项政策支持中国智能制造高质量发展

2022 年，工业和信息化部等部门围绕智能制造和工业互联网试点示范、工业互联网安全、工业互联网 App、工业互联网进园区等领域开展系列行动，推动优秀案例遴选、先进理念宣贯、先进标准推广，推动工业互联网向地市县域落地普及，促进广大企业特别是中小企业加快数字化转型，促进经济高质量发展。其中，《关于开展工业互联网安全深度行活动的通知》围绕工业互联网安全，从分类分级管理、政策标准宣贯、资源池建设、应急演练、人才培训和赛事活动等方面推动相关政策标准的宣贯；《关于组织开展工业互联网一体化进园区“百城千园行”活动的通知》分别从政策进园区、网络进园区、平台进园区、安全进园区、标识进园区、资源进园区、应用进园区等方面发挥工业园区产业集聚优势，推动工业互联网向地市县域落地普及。2020—2022 年中国智能制造相关政策的颁布时间、颁布主体及政策名称如表 3-2 所示。

表 3-2　2020—2022 年中国智能制造相关政策的颁布时间、颁布主体及政策名称

颁布时间	颁布主体	政策名称
2020 年	工业和信息化部办公厅	《中小企业数字化赋能专项行动方案》
2020 年	工业和信息化部办公厅	《关于推动工业互联网加快发展的通知》
2020 年	工业和信息化部办公厅	《船舶总装建造智能化标准体系建设指南（2020 版）》
2020 年	工业和信息化部办公厅	《建材工业智能制造数字转型行动计划（2021—2023 年）》
2021 年	工业和信息化部办公厅、国家发展改革委办公厅、财政部办公厅、市场监督管理总局办公厅	《关于开展 2021 年度智能制造试点示范行动的通知》
2021 年	工业和信息化部	《“十四五”信息化和工业化深度融合发展规划》

续表

颁布时间	颁布主体	政策名称
2021年	工业和信息化部等十九部门	《"十四五"促进中小企业发展规划》
2021年	工业和信息化部、国家标准化管理委员会	《工业互联网综合标准化体系建设指南（2021版）》
2021年	工业和信息化部、国家标准化管理委员会	《国家智能制造标准体系建设指南（2021版）》
2021年	工业和信息化部、国家卫生健康委员会等十部门	《"十四五"医疗装备产业发展规划》
2021年	工业和信息化部等八部门	《"十四五"智能制造发展规划》
2021年	工业和信息化部等十五部门	《"十四五"机器人产业发展规划》
2022年	工业和信息化部办公厅、国家发展改革委办公厅、财政部办公厅、市场监督管理总局办公厅	《关于开展2022年度智能制造试点示范行动的通知》
2022年	工业和信息化部办公厅	《关于开展2022年工业互联网App优秀解决方案征集遴选工作的通知》
2022年	工业和信息化部办公厅	《关于组织开展工业互联网一体化进园区"百城千园行"活动的通知》
2022年	工业和信息化部办公厅	《关于组织开展2022年工业互联网试点示范项目申报工作的通知》
2022年	工业和信息化部办公厅	《关于开展工业互联网安全深度行活动的通知》

数据来源：赛迪顾问整理，2023年2月

二、中国智能制造相关产业规模稳步提升

2022年，全国规模以上制造业增加值同比增长3%，制造业拉动经济增长0.8个百分点；制造业增加值占GDP比重达27.7%，较2021年提高0.2个百分点。通过近年来的发展，社会各界对发展智能制造的必要性有了更深刻的认识与共识，2022年中国智能制造相关产业规模为25 108.2亿元，同比增长11.3%（见图3-1）。

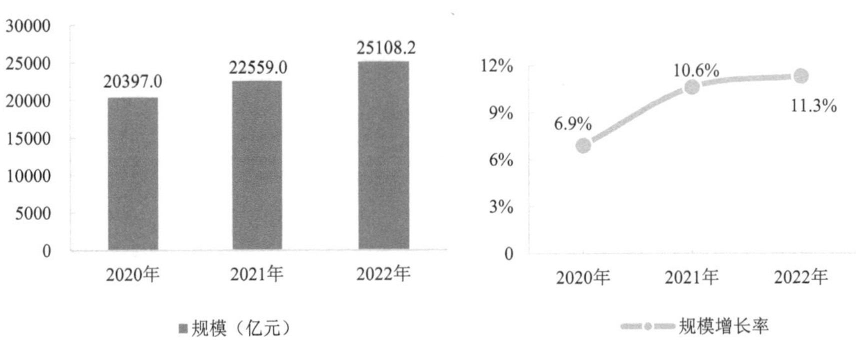

图 3-1　2020—2022 年中国智能制造相关产业规模与其增长率
（数据来源：赛迪顾问，2023 年 2 月）

三、2022 年中国智能制造数字化水平不断提升

截至 2022 年年底，中国重点工业企业关键工序数控化率达 58.6%，数字化研发设计工具普及率达 77%，比 2021 年分别提高 3.3%和 2.3%。工业互联网作为实现智能制造的基础，产业规模破万亿元，同时工业互联网平台作为实现智能制造的主要手段，发展成效显著。2022 年，我国已建成具有一定区域和行业影响力的工业互联网平台超过 150 家，工业设备连接数量超过 7900 万台（套），服务工业企业超过 160 万家。

第三节　产业链分析

一、产业结构全景图

中国智能制造相关产业包括关键基础零部件、智能化高端装备、智能测控装置、重大集成智能装备、智能制造系统集成、智能服务、工业互联网七大部分（见图 3-2）。

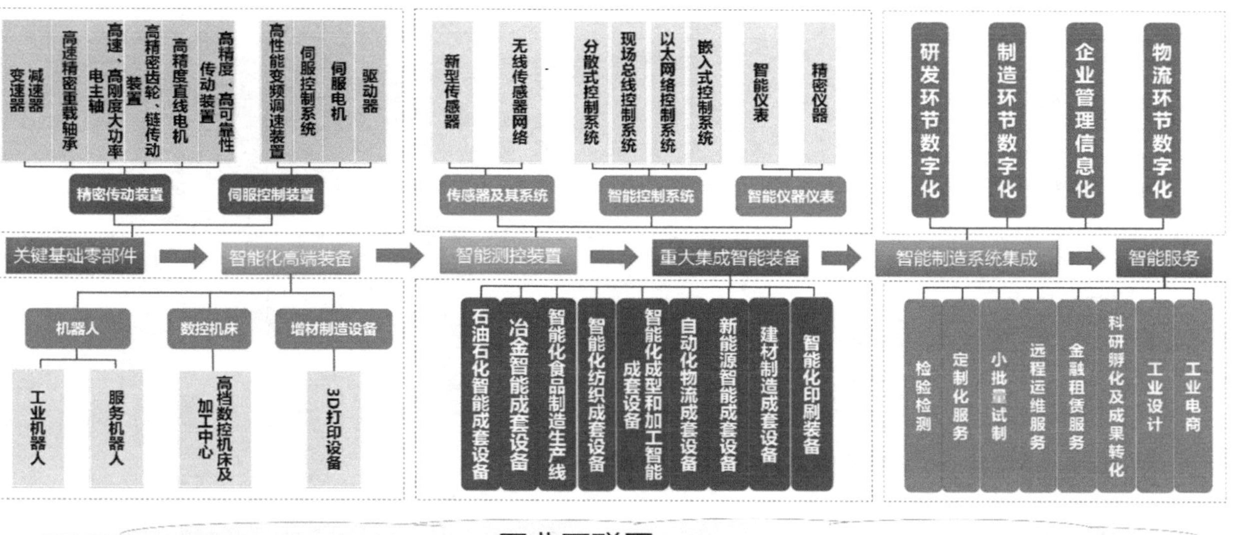

图 3-2　智能制造相关产业结构全景图

（数据来源：赛迪顾问，2023 年 2 月）

二、产业环节重点企业

2022 年，社会各界对制造业数字化转型必要性的理解更加深刻，智能制造企业表现更加突出，以深圳市汇川技术股份有限公司、无锡先导智能装备股份有限公司等为代表的企业营业收入和净利润均保持较高增速。同时，工业互联网等领域企业仍在进一步探索新模式、新业态，盈利空间仍有待提升。2022 年中国智能制造相关产业重点企业如表 3-3 所示。

表 3-3　2022 年中国智能制造相关产业重点企业

细分行业	企业名称	主营业务
关键基础零部件	苏州绿的谐波传动科技股份有限公司	谐波减速器、低压伺服驱动器、交流伺服驱动器、机电一体化执行器及精密零部件
	深圳市汇川技术股份有限公司	传感器、伺服系统、精密直驱电机、PLC 等
智能化高端装备	大族激光科技产业集团股份有限公司	激光打标机系列、激光焊接机系列、激光切割机系列、新能源激光焊接设备、工业机器人等
	埃夫特智能装备股份有限公司	工业机器人和跨行业智能制造解决方案
智能测控装置	北京必创科技股份有限公司	智能传感器和光电仪器产品、方案及服务
	金卡智能集团股份有限公司	智能控制器、智能终端、IoT 平台和 SaaS 云服务
重大集成智能装备	无锡先导智能装备股份有限公司	锂电池智能装备、光伏智能装备、3C 智能装备、智能物流系统、汽车智能产线、氢能智能装备、激光精密加工、机器视觉等
	广州瑞松智能科技股份有限公司	焊接、激光、搬运、涂装等机器人自动化生产线
智能制造系统集成	博众精工科技股份有限公司	工业装备制造设备系统集成
	广东利元亨智能装备股份有限公司	新能源、汽车、ICT 数智整厂解决方案

续表

细分行业	企业名称	主营业务
智能服务	震坤行工业超市（上海）有限公司	一站式工业用品服务平台
	工控速派（北京）科技服务有限公司	工业智能服务外包平台
工业互联网	蓝卓数字科技有限公司	工业互联网、工业大数据、工业人工智能平台和解决方案
	北京东方国信科技股份有限公司	工业互联网整体解决方案

数据来源：赛迪顾问整理，2023 年 2 月

第四节　存在的问题

一、数据安全保障能力仍是影响智能制造发展的重要因素

工业大数据是推动智能制造发展的必备要素，而能够形成数据驱动完整闭环的重要条件便是数据安全。核心工艺参数、关键原料配比、核心设备产能等数据是制造业企业的命脉，在难以保障核心数据绝对安全的前提下，企业对于通过以数据挖掘等方式深挖数据价值、融合工业互联网，进而推进数字化、智能化转型仍保持观望态度，大部分企业仍将以数据部署本地化或设置私有云作为首选。

二、产业基础薄弱依旧制约智能制造发展

我国基础零部件及元器件、基础软件、基础材料、基础工艺和产业技术基础等产业基础还比较薄弱，在 MES（生产管理系统）、PLC（可编程逻辑控制器）、CAE（计算机辅助工程）等工业控制、工业设计关键软件及设备领域，国内厂商竞争力不足，国外厂商占据市场主导地位。我国虽在一些领域产业技术水平已经进入世界前列，但整体工业基础水平与世界先进水平差距依然明显。我国仍需加速推进关键领域技术攻关，采取产学研结合、创新中心、孵化器、战略联合体等多种模式来开展联合创新。

第五节　措施与建议

一、加快科技成果转化与标准制定

以科技创新成果转化和标准编制应用来推动智能制造发展。通过智能制造试点示范、工业互联网试点示范工作，挖掘企业在项目实施过程中形成的一系列创新成果，并通过标准化相关组织的专业能力，形成一系列前瞻性、探索性标准，推进创新成果的标准化，从而推动相关案例经验的推广。同时，通过智能制造相关标准应用试点工作取得的成效，评估标准适用性，适用性较强的标准将进一步在中小企业进行宣贯推广。

二、进一步完善智能制造产业生态

聚焦智能制造系统解决方案、工业设备上云等关键点，聚焦设备预警、精益生产、产业链协同等培育一批高水平系统解决方案，聚焦高耗能设备、工业母机、通用动力设备、新能源设备等重点设备，加快培育设备上云的优质解决方案。同时，进一步完善各类优质供给方案的遴选与推广生态，围绕前期规划、开发、集成、诊断等各类业务，加强供给能力评价，打造供需精准对接、各方协作共赢平台。

三、重视人才培养，加快复合型人才培育

智能制造的发展离不开复合型人才，掌握制造技术与信息技术的复合型人才将成为行业发展的根基，其需要对企业经营、生产现场、基础管理、信息系统操作、智能装备等多方面有综合的认知和了解。当前智能制造发展进一步提速，人才供给结构性矛盾越发突出，建议企业加快培养和选拔智能制造领域复合型人才，探索设立智能制造人才实训基地和企业级人才培养梯队，建立高质量的智能制造优秀人才库至关重要。

第四章

新能源汽车

汽车被誉为“制造业皇冠”，其是国民经济发展的重要支柱，更是衡量国家制造业水平的重要标志。新能源汽车作为当前和未来全球汽车产业发展的关键领域，受到世界各国的高度重视。2022 年，全球新能源汽车销量再次刷新历史纪录，占整车市场的比重进一步提升。其中，中国新能源汽车表现最为突出，新能源汽车销量、动力电池装机量实现大幅提升。

第一节　全球发展综述

一、全球新能源汽车市场持续增长，渗透率继续攀升

尽管受到新冠疫情持续、欧洲能源危机加剧、芯片短缺及原材料价格飙升等多重不利因素影响，全球汽车产业电动化步伐仍然不断加速。2022 年，全球新能源汽车销量为 1082.7 万辆，同比增长 63.4%，占整车市场比例达 13.8%（见图 4-1）。

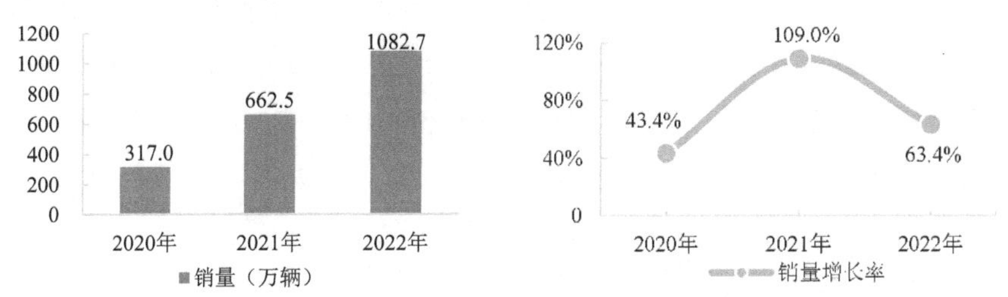

图 4-1　2020—2022 年全球新能源汽车销量与其增长率

（数据来源：赛迪顾问，2023 年 2 月）

二、纯电动汽车仍是销量主力，在市场结构中占比超过七成

从新能源汽车市场结构来看，2022 年纯电动汽车销量为 780.3 万辆，占新能源汽车总销售量的 72.07%，创下纯电动汽车市场销量新高；插电式混合动力汽车与燃料电池汽车合计销量为 302.4 万辆，市场份额合计达 27.93%（见图 4-2）。

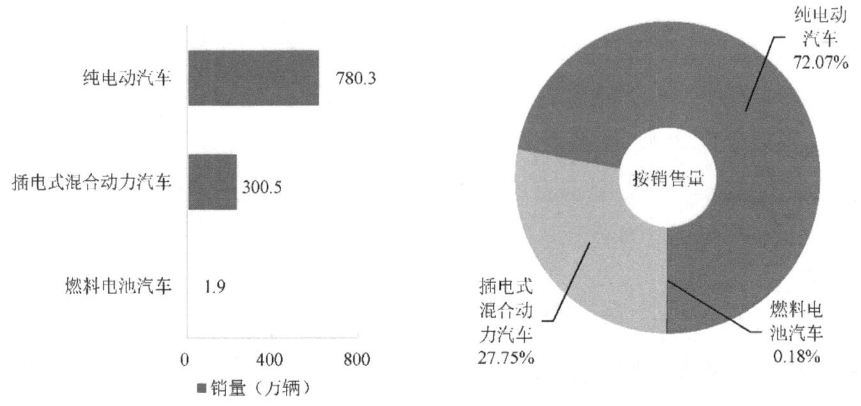

图 4-2　2022 年全球新能源汽车市场产品结构

（数据来源：赛迪顾问，2023 年 2 月）

三、中国成为全球最大新能源汽车市场，市场销量超过 680 万辆

2022 年，中国新能源汽车市场销量再次蝉联全球第一名，总销量为 688.7 万辆，全球销量占比高达 63.6%，成为全球新能源汽车消费市场份额最大的国家；欧洲新能源汽车市场销量再次位列全球第二名，总销量为 230.6 万辆，在全球新能源汽车消费市场份额达 21.3%；美国新能源汽车市场销量位列全球第三名，总销量为 107.9 万辆，在全球新能源汽车消费市场份额达 10.0%（见图 4-3）。

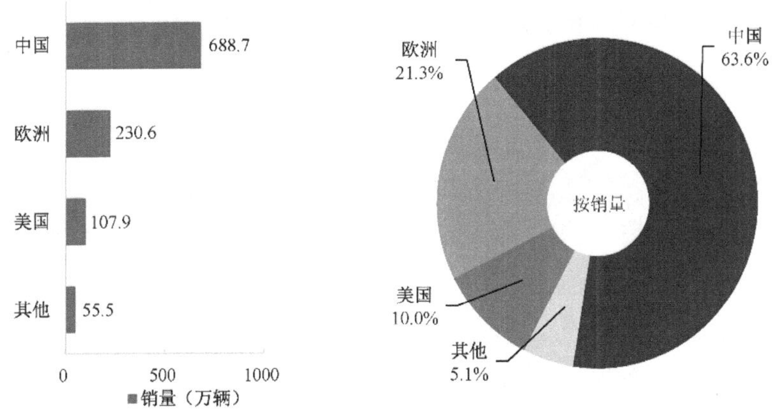

图 4-3　2022 年全球新能源汽车市场区域结构

（数据来源：赛迪顾问，2023 年 2 月）

四、动力电池发展方兴未艾，中韩动力电池装机量领跑全球

动力电池仍是现阶段新能源汽车关键零部件中最具创新活力的领域之一，中国、美国、日本、韩国、欧洲等国家和地区先后出台多项动力电池相关产业政策，加快抢占新一代电池发展先机。在此背景下，动力电池技术发展再提速，固态电池、锂硫电池等新一代电池的研发步伐明显加快。2022 年全球动力电池装机量为 511.4 GW·h，其中，中国、韩国两国动力电池装机量占全球动力电池装机量比重分别达 57.6%、24.0%（见图 4-4）。

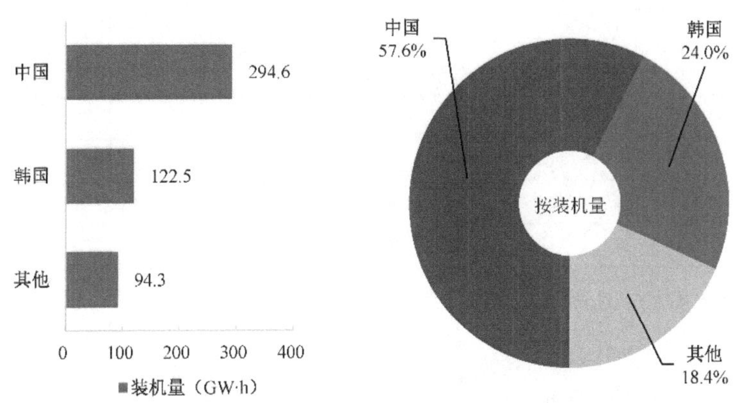

图 4-4　2022 年全球动力电池装机量区域分布

（数据来源：赛迪顾问，2023 年 2 月）

五、全球新能源汽车市场竞争加剧，行业集中度进一步提升

全球新能源汽车已进入快速发展阶段，大众集团、奔驰乘用车、宝马集团、比亚迪、东风等汽车企业相继发布燃油汽车停售计划、电动化转型日程，在新能源汽车领域进一步加大了资源投入力度，全力抢占新能源汽车市场。2022年，全球新能源汽车市场竞争加剧，行业集中度进一步提升，排名前五的企业占据了全球新能源汽车销量的53.7%，较2021年增加超10个百分点，其中，比亚迪以186.2万辆的销量登上全球新能源汽车销量冠军宝座，特斯拉全球销量达到131.0万辆，位列2022年全球新能源汽车销量亚军。在排名前十强的新能源汽车企业中，中国共占5席，除比亚迪以外，上汽集团（含上汽通用五菱）以销售105.9万辆排名第三，吉利控股集团以销售64.0万辆位列第六，东风以销售47.1万辆位列第七，广汽集团以销售31.1万辆位列第十（见表4-1）。

表4-1　2022年全球新能源汽车企业TOP 10排名

排名	企业名称	国家	销量（万辆）	销量占比
1	比亚迪	中国	186.2	17.2%
2	特斯拉	美国	131.0	12.1%
3	上汽集团	中国	105.9	9.8%
4	大众集团	德国	83.1	7.7%
5	现代集团	韩国	74.2	6.9%
6	吉利控股集团	中国	64.0	5.9%
7	东风	中国	47.1	4.4%
8	宝马集团	德国	43.4	4.0%
9	奔驰乘用车	德国	31.9	2.9%
10	广汽集团	中国	31.1	2.9%

数据来源：赛迪顾问，2023年2月

第二节　中国发展概况

一、政策支持助力新能源汽车全面发展

2022 年，我国陆续从保障稳定运行、优化发展环境等多个方面出台一系列政策措施推动新能源汽车全面发展。2022 年 5 月，国务院印发《扎实稳住经济的一揽子政策措施》，重点提出“优化新能源汽车充电桩（站）投资建设运营模式，逐步实现所有小区和经营性停车场充电设施全覆盖，加快推进高速公路服务区、客运枢纽等区域充电桩（站）建设”。2022 年 9 月 26 日，财政部、税务总局、工业和信息化部联合发布《关于延续新能源汽车免征车辆购置税政策的公告》，进一步明确了购置税免征期限、免征要求等内容。2022 年 10 月 26 日，国务院办公厅印发《第十次全国深化“放管服”改革电视电话会议重点任务分工方案》，提出“落实好阶段性减征部分乘用车购置税、延续免征新能源汽车购置税、放宽二手车迁入限制等政策。”国家政策的调整将助力中国新能源汽车持续增强核心竞争力，加速实现高质量发展。2020—2022 年中国新能源汽车产业主要政策的颁布时间、颁布主体及政策名称如表 4-2 所示。

表 4-2　2020—2022 年中国新能源汽车产业主要政策的颁布时间、颁布主体及政策名称

颁布时间	颁布主体	政策名称
2019 年	交通运输部	《数字交通发展规划纲要》
2019 年	财政部、工业和信息化部、交通运输部、国家发展改革委	《关于支持新能源公交车推广应用的通知》
2020 年	财政部、工业和信息化部、科技部、国家发展改革委	《关于完善新能源汽车推广应用财政补贴政策的通知》
2020 年	国家发展改革委等十一部门	《关于稳定和扩大汽车消费若干措施的通知》
2020 年	财政部、工业和信息化部、科技部、国家发展改革委、能源局	《关于开展燃料电池汽车示范应用的通知》
2020 年	国务院办公厅	《新能源汽车产业发展规划（2021—2035 年）》
2020 年	财政部、工业和信息化部、科技部、国家发展改革委	《关于进一步完善新能源汽车推广应用财政补贴政策的通知》

续表

颁布时间	颁布主体	政策名称
2022 年	财政部	《财政支持做好碳达峰碳中和工作的意见》
2022 年	国家发展改革委、国家能源局	《“十四五”现代能源体系规划》
2022 年	生态环境部等七部门	《减污降碳协同增效实施方案》
2022 年	工业和信息化部、国家发展改革委、生态环境部	《工业领域碳达峰实施方案》
2022 年	国务院	《扎实稳住经济的一揽子政策措施》
2022 年	国家发展改革委等十部门	《关于进一步提升电动汽车充电基础设施服务保障能力的实施意见》
2022 年	财政部、税务总局、工业和信息化部	《关于延续新能源汽车免征车辆购置税政策的公告》
2022 年	国务院办公厅	《第十次全国深化“放管服”改革电视电话会议重点任务分工方案》

数据来源：赛迪顾问整理，2023 年 2 月

二、中国新能源汽车延续高速增长态势，全年产量超 700 万辆

2022 年，中国新能源汽车产业尽管受到了政策退坡、新冠疫情持续、原材料价格高位运行、全球能源危机等诸多不利因素影响，但是新能源汽车产业发展依然延续了 2021 年高速增长态势，产量为 705.8 万辆，同比增长 99.1%，占全国汽车总产量的 26.1%（见图 4-5）。

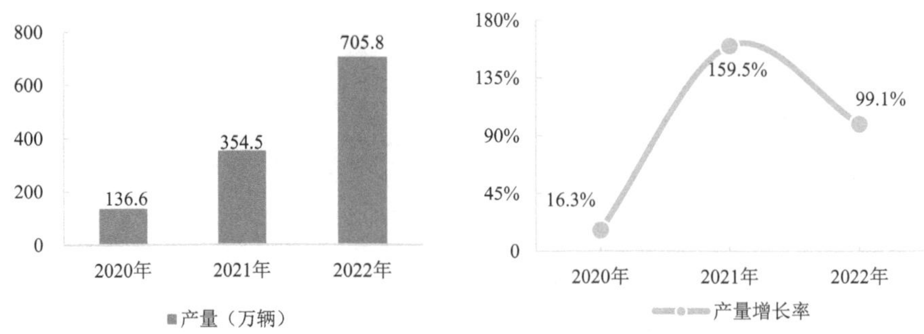

图 4-5　2020—2022 年中国新能源汽车产量与其增长率

（数据来源：赛迪顾问，2023 年 2 月）

三、新能源乘用车占比超 9 成，纯电动乘用车仍是发展主力

2022 年，新能源乘用车仍是推动中国新能源汽车产业快速发展的主要力量。具体来看，新能源乘用车实现年产量 668.7 万辆，占新能源汽车总产量比重高达 94.7%；新能源商用车全年总产量为 37.1 万辆，占新能源汽车总产量比重达 5.3%（见图 4-6）。

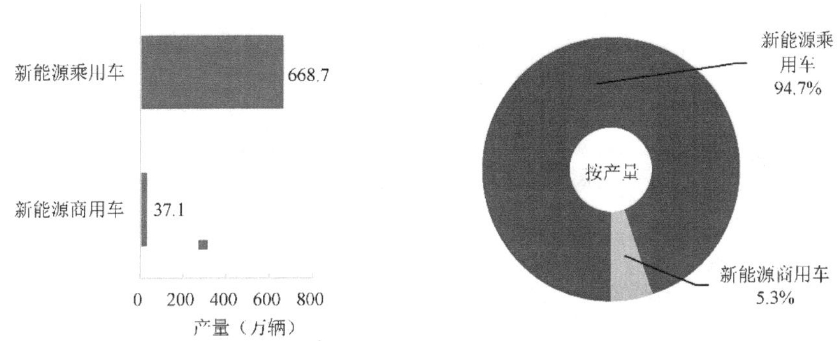

图 4-6　2022 年中国新能源汽车产业结构
（数据来源：赛迪顾问，2023 年 2 月）

2022 年，新能源乘用车与新能源商用车均展现出强劲发展势头，纯电动乘用车表现尤为亮眼。具体来看，在新能源乘用车方面，2022 年纯电动乘用车产量为 510.6 万辆，占新能源汽车总产量比重达 72.3%；插电式混合动力乘用车产量为 158.1 万辆，占新能源汽车总产量比重达 22.4%。在新能源商用车方面，纯电动商用车产量为 36.1 万辆，占新能源汽车总产量比重达 5.1%；插电式混合动力商用车和燃料电池商用车合计产量为 1.0 万辆，占新能源汽车总产量比重达 0.1%。2022 年中国新能源汽车产业重点产品结构，如表 4-3 所示。

表 4-3　2022 年中国新能源汽车产业重点产品结构

产业环节	重点产品	2022 年规模（万辆）
新能源乘用车	纯电动乘用车	510.6
	插电式混合动力乘用车	158.1
新能源商用车	纯电动商用车	36.1

续表

产业环节	重点产品	2022 年规模（万辆）
新能源商用车	插电式混合动力商用车	0.6
	燃料电池商用车	0.4

数据来源：赛迪顾问，2023 年 2 月

四、中南、华东地区新能源汽车产业规模全国占比均超过三成

2022 年，华东地区、中南地区是中国新能源汽车集聚度最高的两个地区，两地新能源汽车产量总计为 542.4 万辆，占全国新能源汽车总产量比重达 76.8%（见图 4-7）。具体来看，在中南地区中，广东、广西两地新能源汽车产量总计为 187.0 万辆，占中南地区新能源汽车总产量比重达 72.1%。在华东地区中，上海新能源汽车产量总计为 99.0 万辆，占华东地区新能源汽车总产量比重达 35.0%。

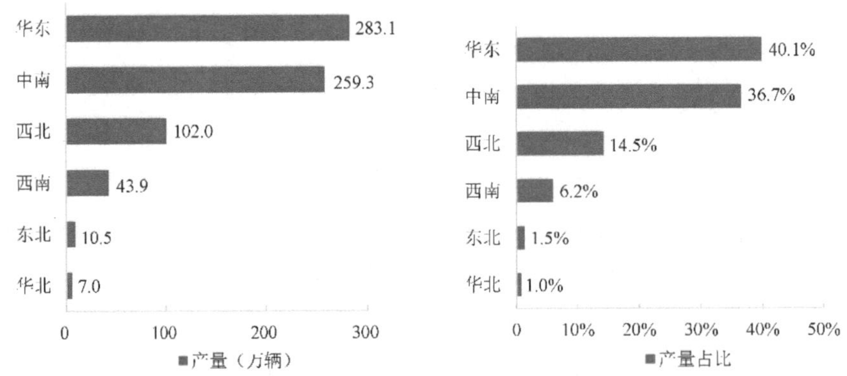

图 4-7　2022 年中国新能源汽车产业区域结构

（数据来源：赛迪顾问，2023 年 2 月）

第三节　产业链分析

新能源汽车产业链主要可以分为上游零部件环节、中游整车环节及下游服务和后市场环节。上游零部件环节主要由动力电池、驱动电机、电控系统、智能座舱、智能驾驶等核心配件构成；中游整车环节是新能源汽车产业链中的核心环节，主要分为新能源乘用车和新能源商用车；下游服务和后市场环节主要包括补能服务、出行服务及汽车后市场（见图 4-8）。

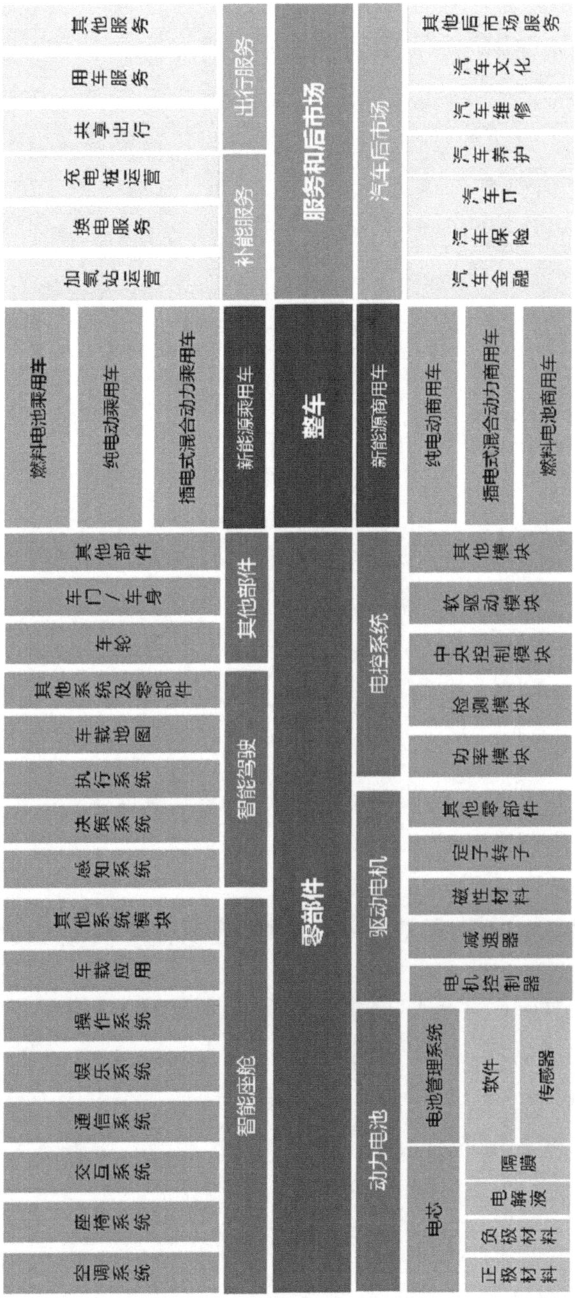

- 零部件
  - 智能座舱：空调系统、座椅系统、交互系统、通信系统、娱乐系统、操作系统、车载应用、其他系统模块
  - 智能驾驶：感知系统、决策系统、执行系统、车载地图、其他系统及零部件
  - 其他部件：车轮、车门/车身、其他部件
  - 动力电池
    - 电芯：正极材料、负极材料、电解液、隔膜
    - 电池管理系统：软件、传感器
  - 驱动电机：电机控制器、减速器、磁性材料、定子转子、其他零部件
  - 电控系统：功率模块、检测模块、中央控制模块、软驱动模块、其他模块
- 整车
  - 新能源乘用车：燃料电池乘用车、纯电动乘用车、插电式混合动力乘用车
  - 新能源商用车：纯电动商用车、插电式混合动力商用车、燃料电池商用车
- 服务和后市场
  - 补能服务：加氢站运营、换电服务、充电桩运营
  - 出行服务：共享出行、用车服务、其他服务
  - 汽车后市场：汽车金融、汽车保险、汽车IT、汽车养护、汽车维修、汽车文化、其他后市场服务

图 4-8　新能源汽车产业链全景图

（数据来源：赛迪顾问，2023 年 2 月）

一、动力电池继续保持高速增长，全年装机量近 300GWh

动力电池是新能源汽车能量储存和转换的基础单元，也是新能源汽车产业链核心环节之一。2022 年，中国新能源汽车渗透率的快速增长，正负极、电解液、薄膜等动力电池上游关键材料产业化能力不断提升，在多种因素共同推动下，中国新能源汽车动力电池保持了高速增长。2022 年中国动力电池装机量为 294.6GW·h，较 2021 年增长 86.8%（见图 4-9）。

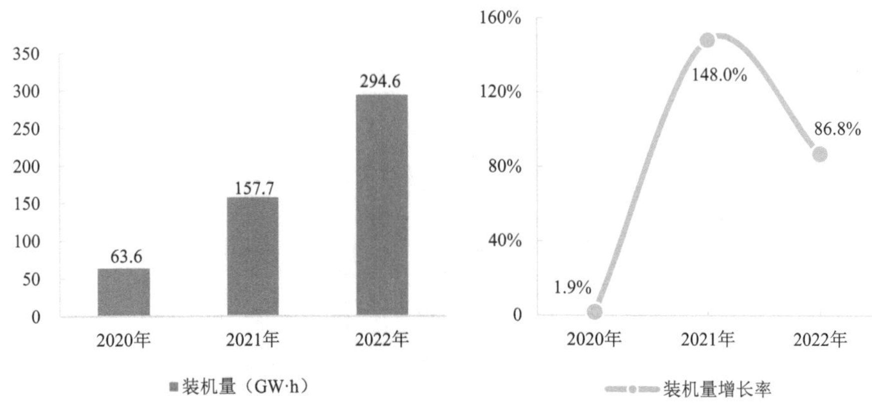

图 4-9　2020—2022 年中国动力电池装机量与其增长率
（数据来源：赛迪顾问，2023 年 2 月）

二、补能服务能力再次提升，充电桩保有量突破 520 万台

2022 年，随着中国新能源汽车保有量快速增加，为进一步保障新能源汽车用户的使用需求，补能服务也进入高速增长阶段。目前，补能服务主要包括充电桩运营、换电服务和加氢站运营 3 个方面，其中，充电桩是目前新能源汽车用户使用最多的领域。2022 年，中国充电桩保有量为 521.0 万台，较 2021 年新增 259.3 万台，新能源汽车与充电桩比例约为 2.7∶1，补能服务能力较 2021 年有所提升（见图 4-10）。

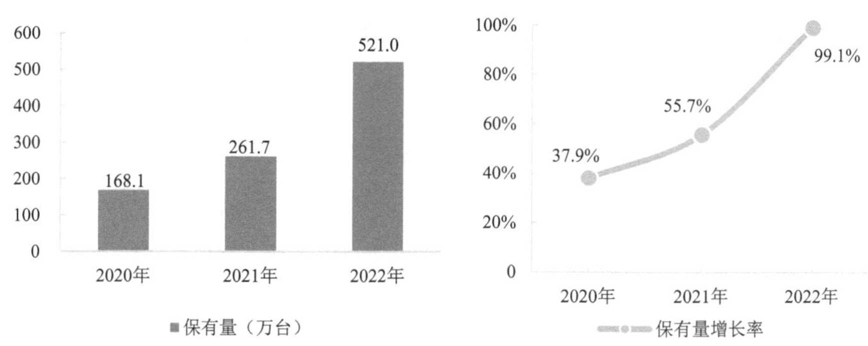

图 4-10 2020—2022 年中国充电桩保有量与其增长率
（数据来源：赛迪顾问，2023 年 2 月）

第四节 存在的问题

一、“缺芯”问题短期仍将掣肘新能源汽车产业发展

自 2020 年以来，车规级芯片紧缺问题始终影响着新能源汽车产业的发展，尽管从 2022 年新能源汽车销量数据来看，由于车规级芯片短缺而造成的减产问题有所缓解，但新能源汽车市场需求的持续增长、汽车智能化进程的加速推进，将会给车规级芯片供应带来更大的挑战。在此背景下，新能源汽车相关企业需要持续增强自身供应链垂直整合能力，更加充分地应对车规级芯片结构性紧缺成为常态的情况。

二、车规级 AI 芯片研发技术难度大，国内厂商较少涉足

汽车电子电气架构正从传统分布式架构向域架构、中央计算架构方向转变，车规级芯片将不再提供单一功能的简单逻辑计算，而是需要提供更为强大的算力以支持多个系统同时运行，这对车规级 AI 芯片的算力提出了更高要求。同时，由于汽车工作环境多变、安全性要求高等原因，相对于消费级芯片，车规级 AI 芯片需要经过严苛的研发、制造、封装、测试和认证流程。因为车规级 AI 芯片需要更高的要求、更大的难度和更多的研发成本，所以目前国内鲜有芯片企业涉足该领域。

三、长尾场景问题难以解决，阻碍新能源汽车在智能网联领域的规模化和商业化落地

长尾场景是指种类繁多、发生概率较低或突发的特殊场景，如闯红灯的车辆、横穿马路的行人、红绿灯损坏的路口、路边违章停靠的车辆等。现阶段的新能源汽车在智能网联方面的决策控制算法只能使车辆完成之前被训练过的场景任务，若让车辆在任何场景下均可做出正确决策，则需提前找到并训练相关场景，但长尾场景种类繁多，难以通过纯理论或推算得到，无法彻底找全所有长尾场景，所以存在大量决策控制算法难以解决的长尾场景。这使得新能源汽车在智能网联方面的事故率和故障率较高，不仅严重影响道路安全和生命安全，而且会因为各种突发的接管需求影响驾驶体验，进而阻碍其规模化和商业化落地。

四、国民消费升级，对新能源汽车搭载的动力电池提出更高要求

近年来中国经济飞速发展，2022 年中国 GDP 达 121.0 万亿元，人均 GDP 达 8.6 万元，同比均增长 3.0%。中国经济稳步向好的发展态势不断巩固和增强，常态化增长态势基本形成。近 10 年来，中国居民可支配收入实现翻番，消费能力也随之提升，为新能源汽车的发展带来了良好的经济环境。近年来，新能源汽车的市场需求增长迅速、发展空间巨大，因而对动力电池的综合性能提出了更高要求。

第五节　措施与建议

一、促进产业升级和提升产业支撑能力

促进产业升级和完善产业生态是持续增强中国新能源汽车产业链价值链竞争力的重要抓手。引导新能源汽车产能升级重组。加快出台促进产能合作、有效利用闲置产能等政策措施，统筹推动传统整车企业闲置产能出清，提升产能利用率、盘活闲置产能。提升产业创新能力。推动新能源汽车高水平科技创新，持续加强新能源汽车领域基础研究和应用基础研究投入。加快关键技术攻关和产业化，推动新能源

汽车与能源、交通、信息通信等领域融合发展。完善产业发展生态。持续支持新能源汽车消费，扩大新能源汽车的推广规模。健全汽车生产风险预警机制，保障产业链供应链畅通。完善补能基础设施建设，加快完善补能基础设施体系。加大新能源汽车领域知识保护力度，构建知识产权运营服务体系。

二、引导新能源汽车产业高质量“走出去”

扩大新能源汽车海外投资力度，是中国新能源汽车产业持续提升竞争力的必然选择。引导企业科学做好“出海”规划和准备。引导新能源车企制定国际化发展战略，主动做好顶层设计。建议政府组织有条件的企业参与实地考察，做好调查研究工作，并在政治、经济、法律等方面提供相应培训指导。给予新能源车企政策技术性指导。引导企业优化海外布局，积极协调各部门为“走出去”企业项目洽谈、产业对接活动牵线搭桥，为车企在技术交流、海外参展等方面提供便利。做好企业“走出去”保障工作。面向中国新能源汽车主要市场所在国家和地区，加快缔结或参加关税同盟协定、自由贸易区协定等区域经济贸易协定，健全境外投资风险防控体系、服务保障体系，完善海外知识产权重大事件快速响应机制。

三、提高充电基础设施投资力度，推动新能源汽车与电力系统融合发展

引导民间资本参与建设，规范行业发展。通过“市场化运作+政府投资”的方式，合理引导民营资本参与充电基础设施建设，进一步提高投资力度。同时积极完善市场准入和退出机制，促进有序竞争和规范发展，保证充电设施建设质量和利用效率。积极推进车网互动技术创新与试点示范。加快车网互动技术的标准制定和产业化进程，在新能源汽车普及率较高的城市开展车网互动技术的应用示范，推动新能源汽车与电力系统融合发展。

四、强化动力电池市场监管，增强用户回收意识

强化动力电池全生命周期质量监管。发挥政府指导作用，利用电子溯源和区块链等信息技术加快建设国家级动力电池溯源综合管理平台，并将动力电池回收企业纳入回收监管体系，加强对动力电池全生命周期的监管。双向发力规范动力电池回收企业发展。制定非正规企业惩罚政策，严厉打击存在违法生产经营建设的动力电池回收企业，对符合动力电池综合利用行业规范条件的企业给予资金支持，鼓励更多优质企业坚持规范发展，不断提高竞争力，进入工业和信息化部制定的《新能源汽车废旧动力蓄电池综合利用行业规范条件》企业名单。增强消费者合理回收利用意识。通过开展多渠道、多方位的宣传，向新能源汽车用户普及动力电池回收必要性，引导其通过正规渠道处理废旧动力电池。

第五章

轨道交通装备

轨道交通装备属于高端装备制造业，是指在特定轨道上运行的交通工具、运输装备及相关配套装备，涵盖铁路运输装备和城市轨道交通装备两大部分。铁路运输装备包括铁路客车、货车、机车等，城市轨道交通装备包括轻轨列车、有轨电车及地铁车辆等。自 2015 年中国发布制造强国战略以来，中国轨道交通装备产业处于高速发展期。2020 年，新冠疫情的蔓延重创全球轨道交通装备产业链、供应链。2021 年，随着世界经济逐步恢复，全球轨道交通装备产业平稳复苏。从全球来看，中国轨道交通装备产品在全球产业链供应链不稳定的情况下实现稳定供应，国际认可度明显提升。从国内来看，国内轨道交通装备头部企业技术研发能力持续增强，如自动识别技术、精准定位技术、智能检测技术和网络技术等智能化技术应用的生产线可显著提高生产效率和产品制造质量，将引领轨道交通装备制造未来发展趋势。

第一节　全球发展综述

一、全球轨道交通装备产业规模逐年上升

轨道交通装备作为高端制造业的典型代表，对于全球各国塑造制造业竞争力具有重大意义。从全球来看，轨道交通装备产业强国主要包括美国、日本、德国、法国等发达国家。同时，在亚太新兴经济体中，中国、东盟十国、南非等新兴市场积极推进基础设施互联互通，轨道交通装备产业发展迅速。2022 年，全球轨道交通装备产业逐渐摆脱新冠疫情影响，呈现复苏态势，但复苏动力略显不足，产业规模为 1436.7 亿欧元，同比增长 5.5%（见图 5-1）。

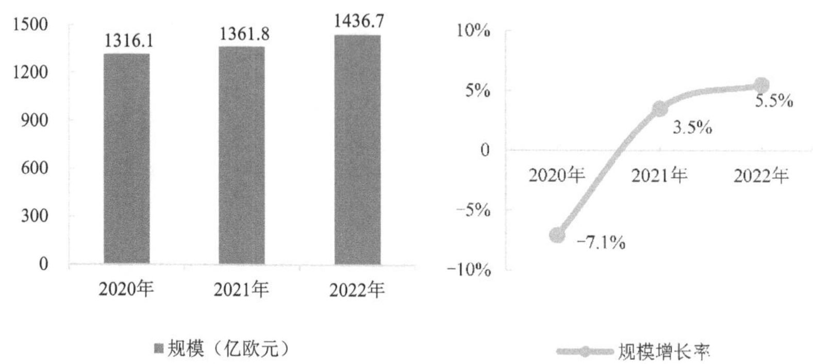

图 5-1　2020—2022 年全球轨道交通装备产业规模与其增长率
（数据来源：赛迪顾问，2023 年 2 月）

二、轨道交通零部件规模占比超一半

轨道交通零部件制造涵盖通信系统、电气系统、牵引系统、转向系统、制动系统及车身配套系统等。零部件作为轨道交通产业最具代表性的核心环节，在轨道交通装备中占比超过一半。2022 年，轨道交通零部件的产业规模为 884.8 亿欧元，占轨道交通装备产业规模的比重超过一半，达 61.6%；整车装备的产业规模为 551.9 亿欧元，占比达 38.4%（见图 5-2）。

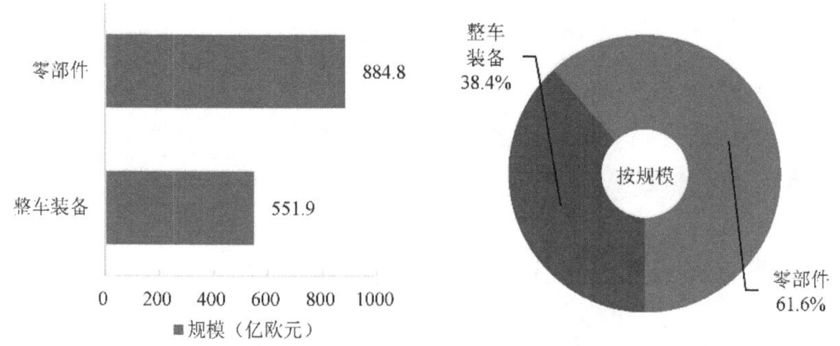

图 5-2　2022 年全球轨道交通装备产业结构
（数据来源：赛迪顾问，2023 年 2 月）

三、亚太地区轨道交通装备产业发展空间巨大

随着“一带一路”建设深入推进和《区域全面经济伙伴关系协定》的生效实施，亚太地区互联互通的大趋势将为轨道交通装备产业带来

巨大发展空间。从全球轨道交通装备产业规模来看，亚太（除日本外）占全球总规模比重最高，达 51.2%，其次为欧洲，占全球总规模比重达 25.3%（见图 5-3）。

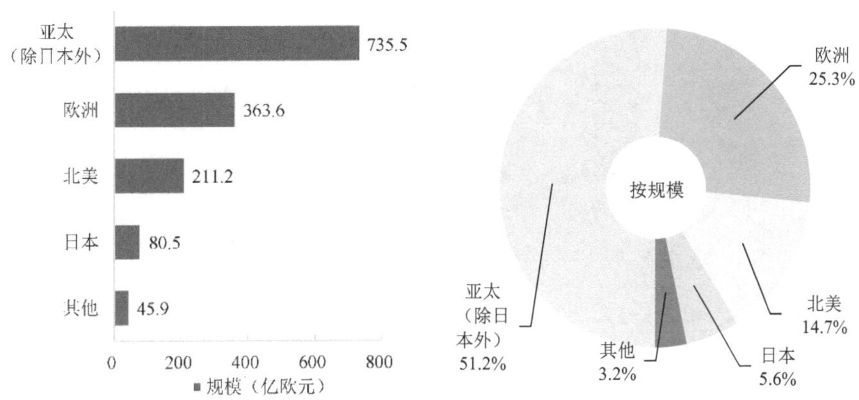

图 5-3 2022 年全球轨道交通装备产业区域结构

（数据来源：赛迪顾问，2023 年 2 月）

四、轨道交通装备绿色化、智能化升级成为未来重要趋势

近年来，永磁牵引变流器、双向变流、SIC 器件、智能运维、全生命周期寿命管理等智能化、绿色化轨道交通装备技术发展迅速。“智能轨道快运系统”等具备安全高效、绿色智能等特点的技术在城市轨道交通中加速运用，有效缓解了城市交通拥堵现状。在“双碳”目标背景下，对轨道交通全领域加快绿色化、智能化装备的应用，可有效节能降碳、提效降耗，探索如何更好更安全地利用清洁能源，建成“低碳排、高效能、大运量”的绿色轨道交通体系，正成为轨道交通装备未来发展的重要趋势之一。

第二节 中国发展概况

一、产业规模及增长

2020—2022 年，新冠疫情的持续对制造业产业链供应链稳定性造成冲击，使中国轨道交通整车装备及零部件制造受到较大影响，增长动力较缓。2022 年，中国轨道交通装备产业规模为 4828.6 亿元，同比增长 4.1%，低于 2021 年增速（见图 5-4）。

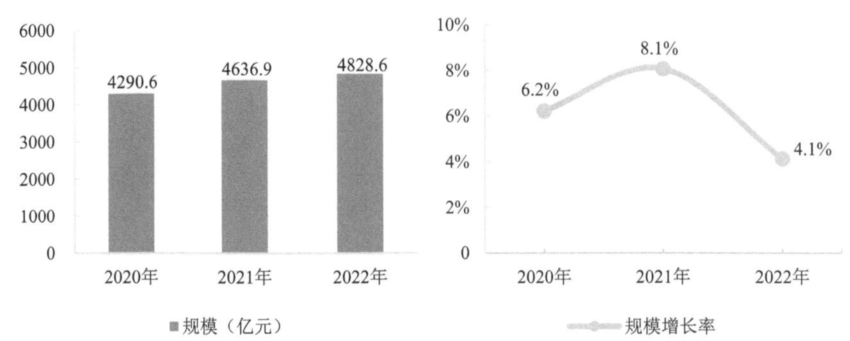

图 5-4　2020—2022 年中国轨道交通装备产业规模与其增长率

（数据来源：赛迪顾问，2023 年 2 月）

二、零部件产业规模最高

从产业结构来看，2022 年，轨道交通整车装备与零部件的产业规模达到 4828.6 亿元。其中，零部件产业规模约为 2974.9 亿元，占比最高，达 61.1%；整车装备产业规模约为 1853.7 亿元，占比达 38.4%（见图 5-5）。

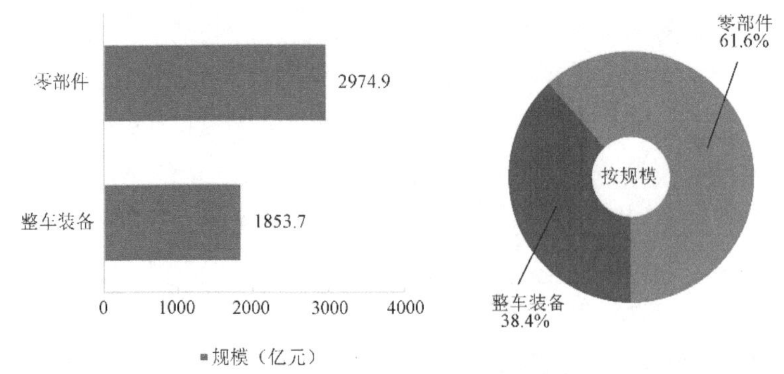

图 5-5　2022 年中国轨道交通装备产业结构

（数据来源：赛迪顾问，2023 年 2 月）

三、中南地区轨道交通装备产业规模占全国比重近三成

湖南省株洲先进轨道交通装备产业集群是中国及全球轨道交通装

备领域最大的产业集群。2022 年，中南地区轨道交通装备产业规模为 1394.0 亿元，占全国比重最高，达 28.9%；华东地区次之，其轨道交通装备产业规模为 1306.4 亿元，占全国比重达 27.1%（见图 5-6）。

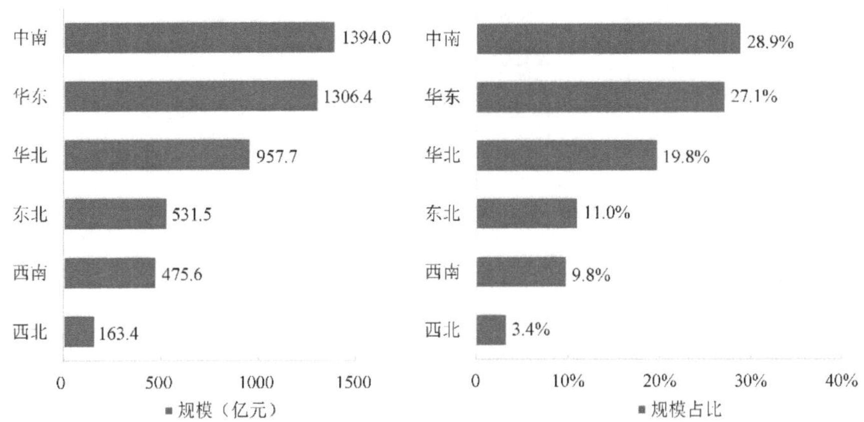

图 5-6　2022 年中国轨道交通装备产业区域结构

（数据来源：赛迪顾问，2023 年 2 月）

四、进出口分析

（一）轨道交通装备部分产品进口规模同比降低

在中国轨道交通装备进口产品中，海关有统计的类别是铁道及电车道机车、车辆及其零件；铁道及电车道轨道固定装置及其零件、附件；各种机械（包括电动机械）交通信号设备。2020—2022 年，中国上述轨道交通装备产品的进口额持续降低，2022 年为 36.2 亿元，其增长率为-4.7%（见图 5-7）。

（二）轨道交通装备部分产品出口规模大幅降低

2022 年，在中国轨道交通装备出口产品中，相关铁道及电车道机车、车辆及其零件；铁道及电车道轨道固定装置及其零件、附件；各种机械（包括电动机械）交通信号设备产品的出口额降低至 1218.7 亿元，其增长率为-27.7%（见图 5-8）。

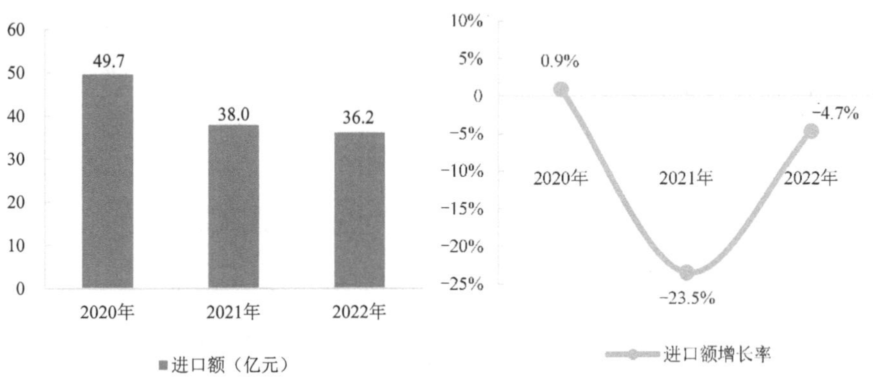

图 5-7　2020—2022 年中国轨道交通装备产业部分产品进口额与其增长率
（数据来源：赛迪顾问，2023 年 2 月）

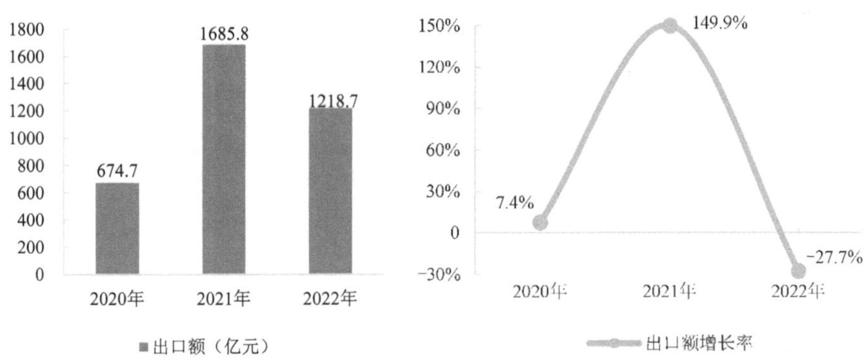

图 5-8　2020—2022 年中国轨道交通装备产业部分产品出口额与其增长率
（数据来源：赛迪顾问，2023 年 2 月）

第三节　产业链分析

从轨道交通装备产业链来看，轨道交通装备产业主要包括原材料及配套、整车装备与零部件及运维服务三大环节。其中，上游原材料及配套主要用于整车装备和零部件制造，涵盖原材料、轨道基建配套和机械配套等；中游整车装备与零部件是产业发展的核心环节，主要包括动车组、地铁、有轨列车等整车装备，转向、牵引、制动等关键系统，传感器、制动盘等基础器件及空调、信号、钩缓装置等配套系统；下游运维服务主要用于整车装备的运营、检测与维护，包括车辆检测、维保与机电及运输服务（见图 5-9）。

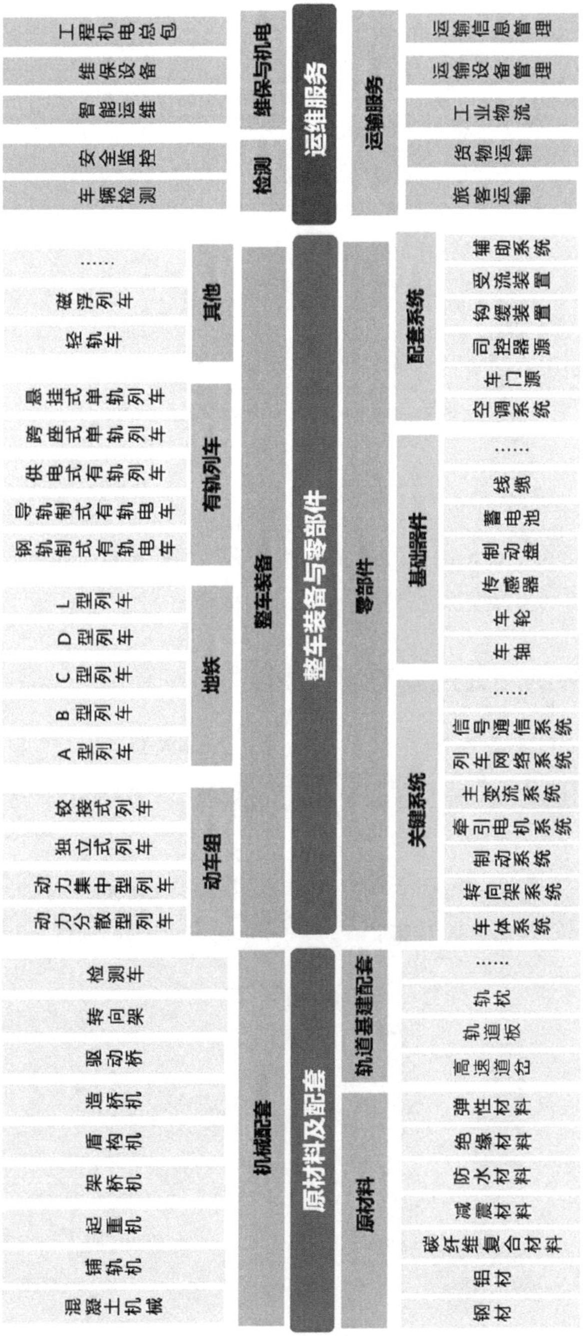

原材料及配套

机械配套

混凝土机械
铺轨机
起重机
架桥机
盾构机
造桥机
驱动桥
转向架
检测车

原材料

钢材
铝材
碳纤维复合材料
减震材料
防水材料
绝缘材料
弹性材料

轨道基建配套

高速道岔
轨道板
轨枕
……

整车装备与零部件

整车装备

动车组

动力分散型列车
动力集中型列车
独立式列车
铰接式列车

地铁

A型列车
B型列车
C型列车
D型列车
L型列车

有轨列车

钢轨制式有轨电车
导轨制式有轨电车
供电式有轨列车
跨座式单轨列车
悬挂式单轨列车

其他

轻轨车
磁浮列车
……

零部件

关键系统

车体系统
转向架系统
制动系统
牵引电机系统
主变流系统
列车网络系统
信号通信系统
……

基础器件

车轴
车轮
传感器
制动盘
蓄电池
线缆
……

配套系统

空调系统
车门源
司控器源
钩缓装置
受流装置
辅助系统

运维服务

检测

车辆检测
安全监控

维保与机电

智能运维
维保设备
工程机电总包

运输服务

旅客运输
货物运输
工业物流
运输设备管理
运输信息管理

图 5-9　轨道交通装备产业链全景图

（数据来源：赛迪顾问，2023 年 2 月）

一、轨道交通装备原材料及配套

随着交通运输部鼓励适度超前开展交通基础设施投资，2022 年，全国完成交通固定资产投资超 3.8 万亿元，同比增长 6%以上。受此拉动，2022 年中国轨道交通装备原材料及配套的产业规模持续增至 2328.2 亿元，其增长率达 8.9%（见图 5-10）。

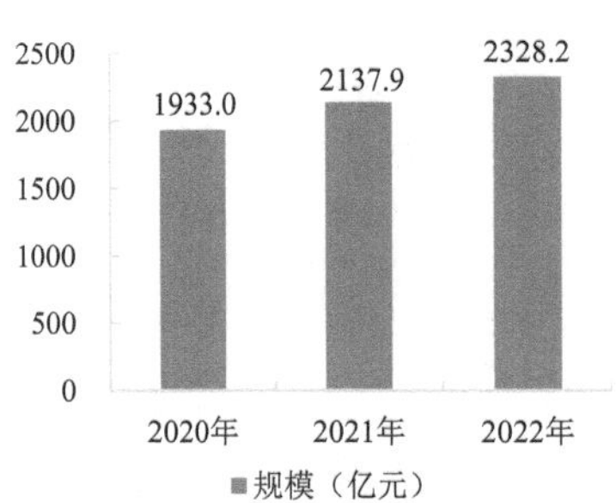

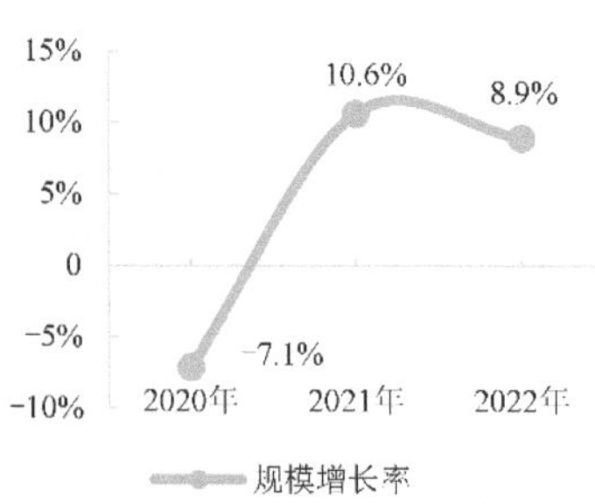

图 5-10　2020—2022 年中国轨道交通装备原材料及配套产业规模与其增长率

（数据来源：赛迪顾问，2023 年 2 月）

二、运维服务产业规模增速有所降低

受新冠疫情的持续影响，2022 年，全国城市轨道交通完成客运量 194.0 亿人次，同比减少 43.1 亿人次，降低 18.2%；国家铁路完成客运量 16.1 亿人次，为 2010 年以来的最低值。国内客运出行需求减少，造成轨道交通装备运维服务发展有所降低。2022 年，中国轨道交通装备运维服务产业规模为 2107.5 亿元，其增长率为-0.1%（见图 5-11）。

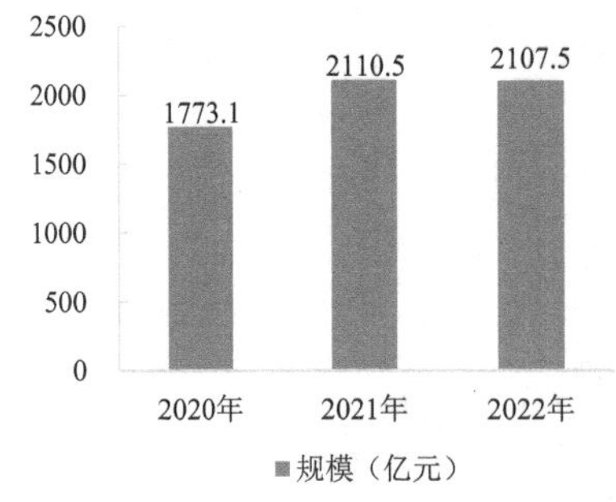

图 5-11　2020—2022 年中国轨道交通装备运维服务产业规模与其增长率

（数据来源：赛迪顾问，2023 年 2 月）

第四节 存在的问题

一、中国轨道交通装备的国际竞争力略显不足

与轨道交通装备传统出口强国相比，中国轨道交通装备的国际竞争力略显不足。一方面，中国和世界轨道交通装备强国在技术层面仍然存在一定差距。例如，德国铁路先进的自动化技术全球领先，法国轨道交通的绿色创新技术环保度高，日本轨道交通装备的舒适安全性备受国际市场青睐。另一方面，中国轨道交通装备的国际品牌认可度不够广泛，在法国、德国等拥有成熟高铁产品且品牌认可度高的国家和地区，中国高铁的市场占有率还有待突破，在国际范围内的认可度仍需提升。

二、中国轨道交通装备产业链创新水平有待提升

近年来，中国轨道交通装备集群化发展成效显著，但产业链整体创新水平有待提升。目前，中国分别以湖南株洲、山东青岛、吉林长春等为中心形成多个轨道交通装备产业集群，拥有多项国际领先的技术和产品。但各个集群较为分散，研发力量不够集中，技术研发中心、实验室等创新资源共享度不足，造成关键共性技术供给相对薄弱，科技成果转化不甚通畅，从而影响了中国轨道交通装备产业链整体创新水平的提升。

三、技术进步带来创新挑战

当今世界面临新一轮科技革命和产业变革，各国在技术和产业方面的竞争加剧，数字化、网络化、智能化成为国际竞争主阵地，现代技术的进步促使中国轨道交通装备产业探索未来发展新方向，占据未来发展的制高点和主动权。目前，中国在动车组和地铁面临系统设备老化等问题方面，亟须发展基于人工智能、现代自动控制技术、计算机和网络技术、数字通信技术等新一代信息技术以实现自动检测、智能维保等服务，以保障列车运行安全性能。

第五节 措施与建议

一、聚焦提升轨道交通装备产业技术创新能力

政府应将提升轨道交通装备产业技术创新能力作为提升产业核心竞争力的重要落点，可通过整合轨道交通装备重点企业、行业协会、联盟等多方面的创新力量，聚焦科研平台组织关键核心技术攻关，打造产学研用政金商创新体系，大力引进轨道交通装备相关著名专家学者，组建轨道交通装备产业高端科研人才团队，建立院士工作站、专家委员会，围绕产业链布局创新链，全面提升轨道交通装备产业的技术创新能力。

二、着力提升轨道交通装备国际市场竞争力

一方面，积极探索智能运维、主动检测系统、智能综合监控系统等智能系统的研发与推广应用，加快高温超导、节能环保、永磁电机等前沿技术突破，促进高强钢、轻合金、碳纤维复合材料等新型轻质材料的大规模应用，开发低能耗、低排放的绿色交通工具，强化中国轨道交通装备产品在国际市场的综合竞争力。另一方面，深入分析机车、客车、货车和地铁车辆各产品板块的区域市场潜力，推动智能动车组等高端产品在欧洲等发达市场的应用；探索实现EPC（设计采购施工）总包、交钥匙工程等新型业务模式，建立与出口目的地国家和地区稳固的合作共赢关系，进一步拓宽轨道交通装备的国际市场。

三、积极推进轨道交通装备数字化、智能化转型

近年来，焊接自动化、激光切割下料、PLC控制系统、电气自动化等一系列智能化、数字化的先进技术保证了中国高铁生产制造的质量与效率。未来，轨道交通装备企业可通过开展数字化、智能化制造实现轨道交通装备智能化，使装备产品向安全保障、装备轻量、保质保寿和节能环保等技术方向发展。同时，轨道交通整车及核心部件企业可建设数字化、智能化工厂/车间，借助大数据系统和云服务技术，促进研究设计、生产制造、检验检测、运营管理等各个环节向数字化和智能化发展。

第六章

清洁能源装备

清洁能源装备是将清洁能源转换为电力的装备，它是构建现代能源体系的核心支撑，具有系统性强、集成创新要求高、研发应用周期长等特点，是高端重型装备的重要组成部分。清洁能源装备主要包括光伏装备、风能装备、核能装备、水电装备、天然气装备、地热能装备、生物质能装备、海洋能装备和氢能装备。随着多国能源转型，清洁能源装备产业规模呈现持续稳步上升趋势，其各细分产业呈现不同的发展态势，其中，光伏装备、风能装备、核能装备、水电装备等发展较为快速，地热能装备、海洋能装备等仍未实现规模化生产。

第一节　全球发展综述

一、全球清洁能源装备产业规模持续增加

随着全球多国提出“碳中和”承诺，清洁能源受到了越来越多的重视，多国已经开始能源转型，清洁能源装备作为将清洁能源转换为电力的载体同样备受关注。2022 年，全球清洁能源装备产业规模持续提升，为 3068.8 亿美元，产业规模增长率达 8.6%（见图 6-1）。

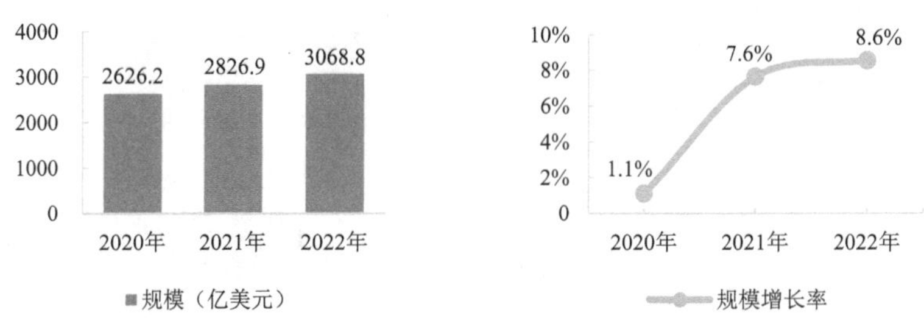

图 6-1　2020—2022 年全球清洁能源装备产业规模与其增长率

（数据来源：赛迪顾问，2023 年 5 月）

二、光伏装备在产业结构中占比最高

从清洁能源装备产业结构来看，光伏装备和风能装备占比近七成。2022 年，光伏装备产业规模为 1375.9 亿美元，规模占比最大，达 44.80%；风能装备产业规模为 712.8 亿美元，占比达 23.21%；天然气装备、地热能装备、生物质能装备、海洋能装备和氢能装备产业规模较小，其规模总和为 399.3 亿美元，占比达 13.00%（见图 6-2）。

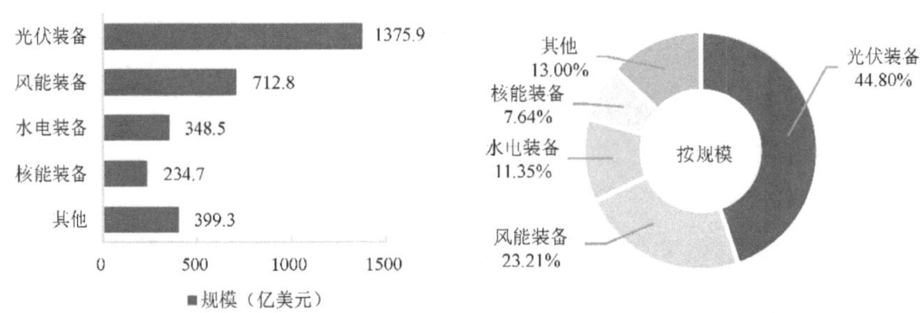

图 6-2　2022 年全球清洁能源装备产业结构

（数据来源：赛迪顾问，2023 年 5 月）

三、亚太地区清洁能源装备产业规模全球领先

全球清洁能源装备产业主要集中在亚太地区，在光伏装备领域，亚太地区拥有完整的光伏装备产业链，国际领先的技术水平。在风能装备、核能装备、水电装备等细分领域，亚太地区持续突破相关技术，产业规模不断扩张。2022 年，亚太地区清洁能源装备产业规模为 1891.8 亿美元，占比超 60%（见图 6-3）。

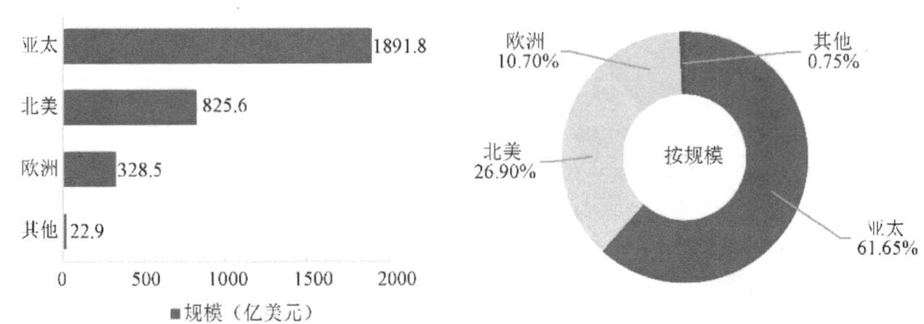

图 6-3　2022 年全球清洁能源装备产业区域结构

（数据来源：赛迪顾问，2023 年 5 月）

四、清洁能源装备细分领域技术路线趋于多元化

在光伏装备中，为降本增效，电池零部件正在由P型电池向N型电池方向迭代，P型电池即单晶硅PERC电池，其技术成熟且市场占有率高，但理论转换效率极限较低。与P型电池相比，N型电池转换效率更高，是目前光伏电池主要的技术方向。N型电池主要包括TOPCon、HJT、IBC，目前，TOPCon和HJT技术效率相似，但TOPCon的综合成本更低，TOPCon将率先替代P型电池。在风能装备中，分散式风电装备和海上风电装备是下一步的发展方向。氢燃气轮机主要包括两种发展路线：混氢和纯氢。目前，混氢燃气轮机发展较快，纯氢燃气轮机对燃气轮机系统的要求较为严苛，多种技术亟须突破。

第二节　中国发展概况

一、顶层设计助推清洁能源装备产业快速发展

国家有关部门出台多项清洁能源装备产业相关政策，积极推动中国清洁能源装备产业快速发展。2022年，工业和信息化部、财政部、商务部、国务院国有资产监督管理委员会和国家市场监督管理总局联合印发《加快电力装备绿色低碳创新发展行动计划》（以下简称《行动计划》），明确提出“通过5～8年时间，电力装备供给结构显著改善”“基本满足适应非化石能源高比例、大规模接入的新型电力系统建设需要”“可再生能源发电装备供给能力不断提高，风电和太阳能发电装备满足12亿千瓦以上装机需求，核电装备满足7000万千瓦装机需求”等目标。《行动计划》重点围绕火电装备、水电装备、核电装备、风电装备、太阳能装备、氢能装备、储能装备等电力装备领域，提出了装备体系绿色升级行动、电力装备技术创新提升行动、网络化智能化转型发展行动、技术基础支撑保障行动、推广应用模式创新行动和电力装备对外合作行动六项行动。中国清洁能源装备产业主要政策，如表6-1所示。

表 6-1 中国清洁能源装备产业主要政策

颁布时间	颁布主体	政策名称
2020 年	财政部、国家发展改革委、国家能源局	《关于促进非水可再生能源发电健康发展的若干意见》
2021 年	国家能源局	《抽水蓄能中长期发展规划（2021—2035 年）》
2021 年	国务院	《2030 年前碳达峰行动方案》
2022 年	工业和信息化部、住房和城乡建设部、交通运输部、农业农村部、国家能源局	《智能光伏产业创新发展行动计划（2021—2025 年）》
2022 年	国家发展改革委、国家能源局	《"十四五"现代能源体系规划》
2022 年	国家能源局、科学技术部	《"十四五"能源领域科技创新规划》
2022 年	工业和信息化部、财政部、商务部、国务院国有资产监督管理委员会、国家市场监督管理总局	《加快电力装备绿色低碳创新发展行动计划》

数据来源：赛迪顾问整理，2023 年 5 月

二、中国清洁能源装备产业规模稳步增长

受“双碳”目标推进和构建新型电力系统影响，风能装备、光伏装备、核能装备、水电装备需求不断提升，氢能装备、海洋能装备技术水平不断提高，中国清洁能源装备产业规模持续稳步增长。2022 年，中国清洁能源装备产业规模为 7443.2 亿元，同比增长 9.7%（见图 6-4）。

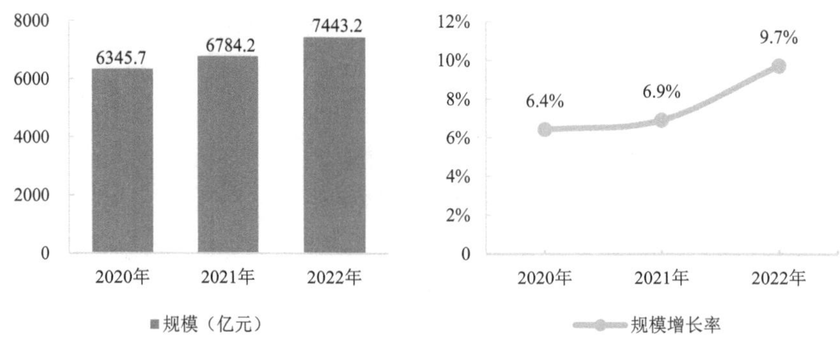

图 6-4 2020—2022 年中国清洁能源装备产业规模与其增长率
（数据来源：赛迪顾问，2023 年 5 月）

三、光伏装备占据清洁能源装备产业领先地位

中国光伏装备产业发展成熟，拥有较为完善的产业链和国际领先的技术水平。2022 年，中国光伏装备产业规模为 4192.6 亿元，占比超 50%。目前，氢能装备处在发展初期，地热能装备、生物质能装备和海洋能装备等产业规模均不大，占比较小（见图 6-5）。

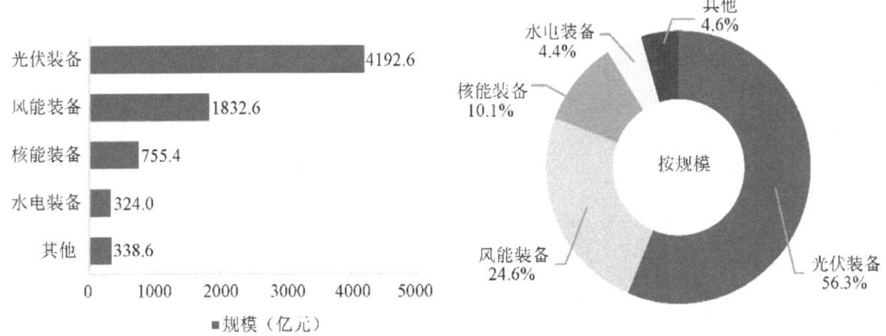

图 6-5　2022 年中国清洁能源装备产业结构
（数据来源：赛迪顾问，2023 年 5 月）

四、华东地区清洁能源装备产业规模占全国近一半比重

2022 年，华东、西南和西北地区清洁能源装备产业规模占全国总比重达 80%。华东地区工业基础好，整体生产制造能力强，正在打造各类清洁能源装备相关产业集群，产业链供应链较为完善，创新能力较强，2022 年，华东地区清洁能源装备产业规模为 3617.4 亿元，占全国比重达 48.60%。西南和西北地区清洁能源资源丰富，近年来，西南和西北地区清洁能源装机量快速提升，西南和西北地区的生产端易于直送消费端。2022 年，西南地区清洁能源装备产业规模为 1247.0 亿元，占全国比重达 16.75%；西北地区清洁能源装备产业规模为 1083.7 亿元，占全国比重达 14.56%（见图 6-6）。

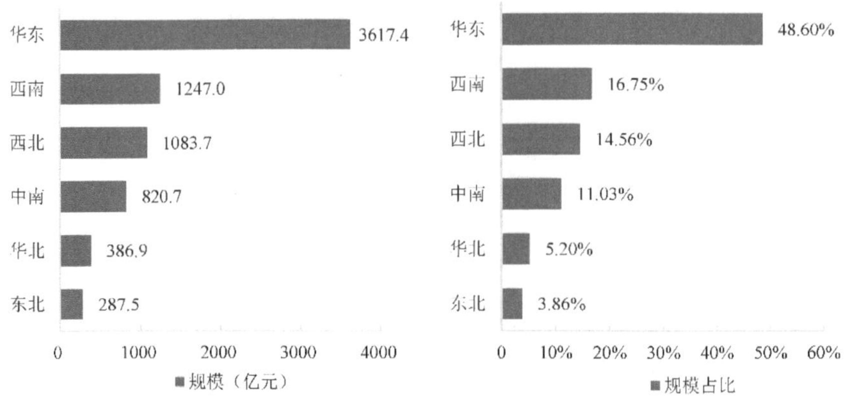

图 6-6　2022 年中国清洁能源装备产业区域结构

（数据来源：赛迪顾问，2023 年 5 月）

第三节　产业链分析

清洁能源装备产业链由上游的零部件及系统、中游的整机制造及下游的运营与应用构成。上游的零部件及系统主要包括叶片、主轴、齿轮、主泵、水轮发电机、高压球罐、压裂设备、电池组件、焚烧炉、新型电解槽、锚泊系统、液压系统等。其中，电池组件和水轮发电机等光伏装备、水电装备零部件及系统发展较为成熟，技术水平世界领先；主轴等风能装备零部件及系统仍有进步空间；压力容器、蒸汽发生器、堆内构件等核能装备零部件及系统技术近年来进步较大。中游的整机制造包括风能装备、核能装备、水电装备、天然气装备、地热能装备、光伏装备、生物质能装备、氢能装备和海洋能装备，其中，光伏装备出口需求较大，水电装备出口区域较为分散，风能装备整机制造受上游零部件及系统影响较大。下游的运营与应用主要包括水利电站、风能电站、光伏电站、核电站和其他电站的运营及在工业、商业、居民及其他领域的应用，随着“双碳”目标的推进和新型电力系统的建设完成，清洁能源装备需求将持续增长（见图 6-7）。

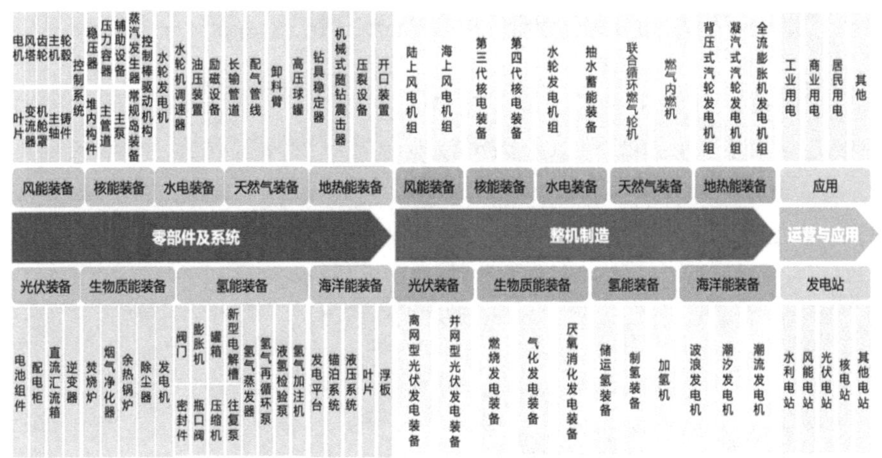

图 6-7 清洁能源装备产业链图

（数据来源：赛迪顾问，2023 年 5 月）

一、清洁能源装备零部件及系统产业规模持续上升

2022 年，清洁能源装备部分高端零部件受原材料成本上升等影响，价格普遍上涨，压缩了中游清洁能源装备整机制造的利润空间。2022 年，中国清洁能源装备零部件及系统产业规模为 4946.5 亿元，同比增长 7.6%（见图 6-8）。

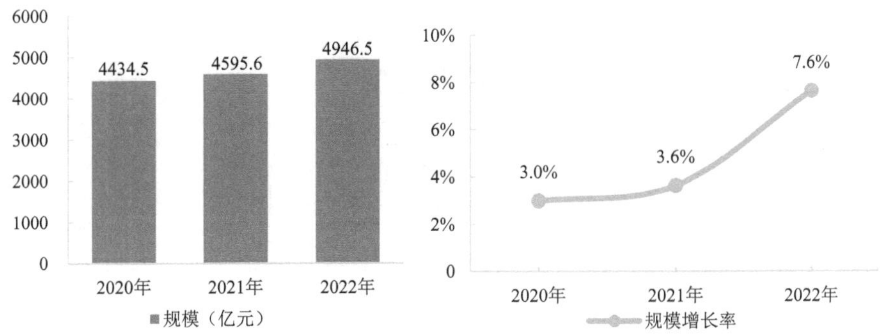

图 6-8 2020—2022 年中国清洁能源装备零部件及系统产业规模与其增长率

（数据来源：赛迪顾问，2023 年 5 月）

二、下游需求引领清洁能源装备产业快速增长

中国清洁能源发电装机量不断上涨，清洁能源发电将成为中国电力供应的重要支撑。2022 年，中国清洁能源发电量快速增长，全年发电量为 29 599.0 亿千瓦时，同比增长 28.1%（见图 6-9）。其中，风电和光伏发电量总和超 11 900.0 亿千瓦时，占比超 40%。清洁能源发电装机量需求的不断提升将促进清洁能源装备产业规模的扩张。

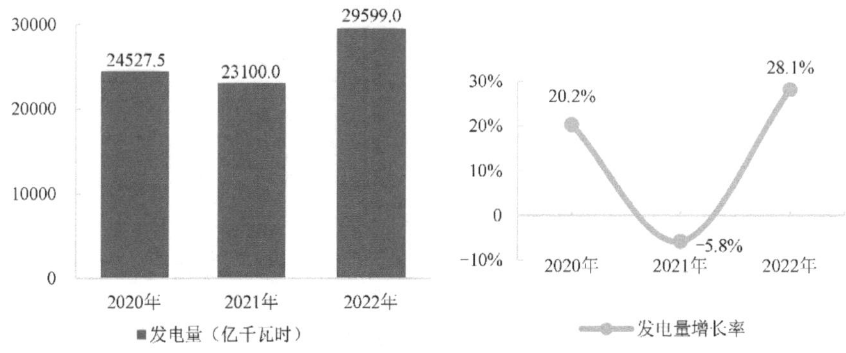

图 6-9　2020—2022 年中国清洁能源发电量与其增长率

（数据来源：赛迪顾问，2023 年 5 月）

第四节　存在的问题

一、清洁能源装备产业结构不协调

近年来，中国光伏装备产业快速发展。2022 年，其产业规模为 4192.6 亿元，产能过剩趋势日显。风电装备产业陆上风电装备技术较为成熟，其产业规模为 1832.6 亿元。2022 年，中国光伏装备和风电装备产业规模占清洁能源装备产业比重已超 80%，氢能装备仍在发展初期，地热能装备、生物质能装备、海洋能装备等技术较为滞后，总体占比较小。中国清洁能源装备产业结构不协调，多种细分产业潜力未得到有效开发。

二、清洁能源装备产业部分关键零部件亟须突破

经过数 10 年的发展，中国清洁能源装备取得了长足的进步，其产

业规模已居世界前列，光伏装备、风电装备和核电装备等细分领域技术已达世界领先水平，但部分零部件技术仍需突破。目前，我国海上风电装备超长叶片、主轴承、变流器关键模块、主控制器等，光伏装备大功率直流升压变压器、万安级高效率直流电解变换器等，海洋能装备锚泊技术、兆瓦级波浪能发电技术等，核电装备关键泵阀、核级仪器仪表等仍依靠外国进口，清洁装备产业链供应链稳定性和安全性仍有提升空间。

三、电网消纳能力抑制清洁能源装备需求

近年来，中国清洁能源装机量快速增长，2022 年，光伏发电装机容量约为 3.9 亿千瓦，同比增长 28.1%；风电装机容量约 3.7 亿千瓦，同比增长 11.2%。由于清洁能源具有波动性、间歇性、随机性等特点，清洁能源装备快速并网对电网的消纳能力要求较高。目前，中国电网消纳能力有限，且未建立全国统一的电力市场，不能完全打破区域间壁垒，完成清洁能源跨区域消纳，且电网智慧化水平不高，不能优化接入清洁能源，并对其进行系统调用。电网消纳能力不强在一定程度上制约了清洁能源装备并网速度，影响着清洁能源装备的需求。

第五节　措施与建议

一、构建完备的清洁能源装备产业链供应链体系

中国清洁能源装备产业链较为完善，但仍存在明显的薄弱环节。建议地方政府加强统筹规划，依据本地清洁能源装备产业基础、特点，围绕重点企业，统筹对清洁能源装备产业链上下游进行布局，对供应链前后端进行规划，构建配套完善的产业链。同时，建议地方政府积极搭建共性技术研发平台，聚焦清洁能源装备具有重大需求、重要意义的关键装备研发，着重培育清洁能源装备产业上游企业，聚焦关键原材料和关键零部件方面的技术突破，形成更加完备的清洁能源装备产业链供应链，提升中国清洁能源装备产业链供应链的安全性、稳定性和韧性。

二、推动海洋能装备产业化

目前，在中国清洁能源装备细分领域中，光伏装备、风能装备、水电装备、核能装备等产业发展较好，但海洋能装备产业基础较为薄弱，技术大多处于实验验证阶段，距离市场化、规模化生产仍有一定距离。中国海洋能储量丰富，分布广泛，具备开发利用条件，海洋能装备作为清洁能源装备的组成部分，其比光伏装备或风能装备的使用期限更长，且市场尚未被完全开发，处于蓝海状态。建议国家及地方政府出台针对波浪发电机、潮流发电机和潮汐发电机等海洋能装备的政策，积极推动海洋能装备产业化发展。

三、支持企业加大创新研发力度，注重提升核心竞争力

近年来，中国清洁能源装备产业规模已位列全球前列，尤其是光伏装备、风能装备等细分产业，但部分清洁能源装备仍以中低端产品为主，高端产品或其零部件仍有较大的成长空间。建议清洁能源装备生产企业围绕中国清洁能源装备的发展重点和重大需求，加强基础研发，超前部署前沿技术和颠覆性技术突破，注重产学研用深度融合，共建具有共性技术研发、试验检验、产品检测等一系列功能的创新平台，注重协同创新，加快重大技术攻关突破，加速研发成果转换，以技术为核心在市场上形成竞争优势。

第七章

无人机

2022 年，无人机在安防领域的应用规模快速提升，同时无人机在全球参与物流运输的规模持续增长。中国无人机产业规模依然遥遥领先，占比超过 87%，大疆创新依然是全球最具竞争力的无人机企业之一。2022 年，在政策的持续拉动和无人机产品迭代更新的影响下，中国无人机产业规模增速进一步提高至 36.4%，产业规模增长至 889.6 亿元。

第一节　全球发展综述

一、全球无人机产业规模持续高速增长

2022 年，全球无人机产业规模持续增长，为 152.3 亿美元。随着无人机技术的快速发展和实用性的不断提高，无人机在诸多应用领域中加速拓展，拉动产业规模增长率进一步提高至 29.4%（见图 7-1）。

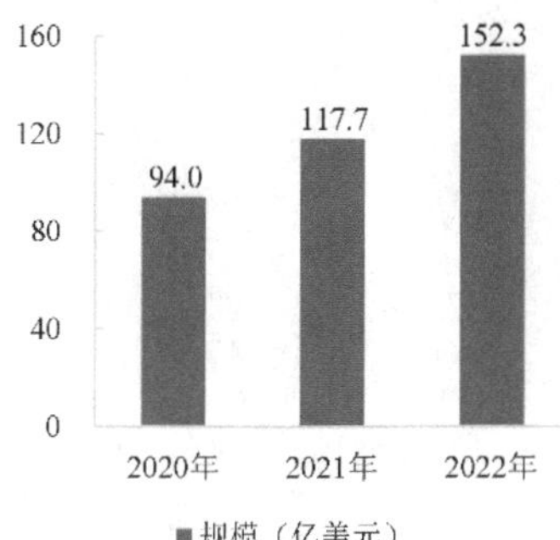

图 7-1　2020—2022 年全球无人机产业规模与其增长率

（数据来源：赛迪顾问，2023 年 2 月）

二、消费级无人机产业规模占比超三成

2022 年，无人机在安防和物流领域的应用规模快速提升，带动全球工业级无人机产业规模增长至 104.2 亿美元，同比增长 30.3%。此外，娱乐和航拍等消费级无人机被更多用户接纳，带动产业快速发展，消费级无人机产业规模增长至 48.1 亿美元，同比增长 27.6%（见表 7-1）。

表 7-1　2022 年全球无人机产业结构

无人机类型	2021 年规模（亿美元）	2022 年规模（亿美元）	同比增长（%）	2022 年规模占比（%）
工业级无人机	80.0	104.2	30.3	68.4
消费级无人机	37.7	48.1	27.6	31.6
合计	117.7	152.3	29.4	100

数据来源：赛迪顾问，2023 年 2 月

三、中国无人机产业规模大幅领先

2022 年，凭借着领先的产品性能、丰富的产品类别和突出的价格优势，中国无人机的市场竞争优势进一步增强，拉动产业规模持续高速增长，在全球无人机产业中的优势地位进一步强化，产业规模占比提升至 87.1%。同时，美国、欧洲的产业规模占比有所收缩，分别为 6.7%和 4.4%（见图 7-2）。

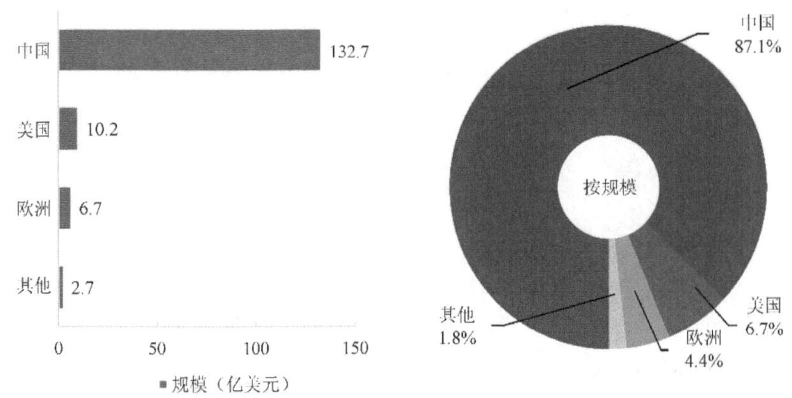

图 7-2　2022 年全球无人机产业区域结构

（数据来源：赛迪顾问，2023 年 2 月）

四、无人机场景应用持续深化和拓展

一方面，无人机正加速替代传统载人飞机进行作业。例如，大型固定翼长航时无人机具有信息智能化处理能力强、综合飞行成本低、安全性高等优点，比载人飞机更适合执行人工增雨、野外搜救、安防侦查、农业植保等任务，无人机将在这类应用场景中加速抢占市场。另一方面，无人机也在加快开拓更多新型应用场景。例如，大型固定翼长航时无人机可以凭借其在工作区域留空时间长的特征承担应急通信保障任务，也可以凭借其携带载荷丰富的特征承担地质勘查和考古任务；小型无人机可以凭借其操作门槛低、控制方式智能多样的优势承担新闻报道、交通指挥等任务。随着无人机产品的不断发展，无人机产业将迎来更广阔的发展空间。

第二节　中国发展概况

一、《“十四五”通用航空发展专项规划》助推无人机广泛应用

2022 年 6 月，中国民航局印发《“十四五”通用航空发展专项规划》（以下简称《规划》），将无人机应用列为五大重点领域之一，助推无人机广泛应用。《规划》指出，坚持包容审慎、创新引领，拓展无人机应用领域，引导建立市场化、社会化服务保障体系，大力发展新型智能无人驾驶航空器驱动的低空新经济。在支持应用服务拓展方面，强调深化农业服务、拓展工业应用、支持物流配送、推动跨界融合。在配套规章标准方面，强调推动法规体系建设、建立健全标准体系，提出制定无人机标准框架，加强与产业界、标准化组织的合作。2020—2022 年中国无人机产业主要政策的颁布时间、颁布主体及政策名称，如表 7-2 所示。

表 7-2　2020—2022 年中国无人机产业主要政策的颁布时间、颁布主体及政策名称

颁布时间	颁布主体	政策名称
2020 年	国家市场监督管理总局、国家标准化管理委员会	《无人机用氢燃料电池发电系统》
2020 年	中国民用航空局	《民用无人驾驶航空试验基地（试验区）建设工作指引》
2020 年	国务院办公厅	《国务院办公厅关于推进人工影响天气工作高质量发展的意见》

续表

颁布时间	颁布主体	政策名称
2020年	中国民用航空局	《推动新型基础设施建设促进高质量发展实施意见》
2021年	中国民用航空局	《关于推进民航统计现代化改革的若干意见》
2021年	工业和信息化部、国家标准化管理委员会、中国民用航空局、国家能源局、自然资源部、农业农村部	《无人驾驶航空器系统标准体系建设指南（2021年版）》
2021年	交通运输部办公厅	《交通运输“十四五”立法规划》
2022年	中国民用航空局	《“十四五”通用航空发展专项规划》
2022年	交通运输部	《无人机物流配送运行要求》
2022年	中国民用航空局	《民用无人驾驶航空器系统分布式操作运行等级划分》

数据来源：赛迪顾问整理，2023年2月

二、中国无人机产业规模增速提升

2022年，随着国际市场对无人机的需求量显著上升，中国无人机产品线更加丰富，更多新技术的融入使无人机产品性能持续升级，受此影响，中国无人机产业链更加完善，产业规模增长至889.6亿元，产业规模增长率进一步提高至36.4%（见图7-3）。

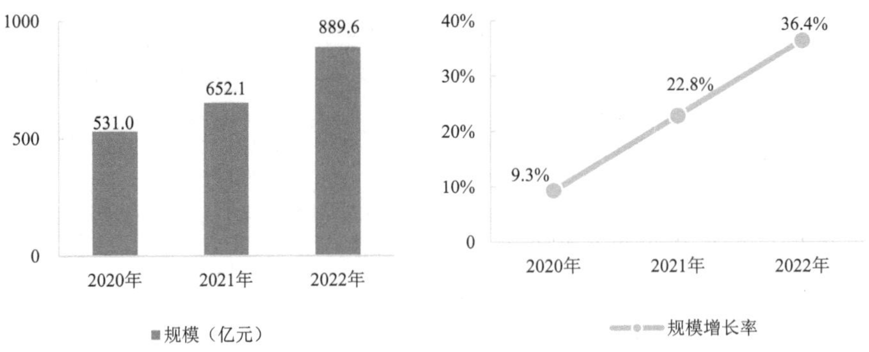

图7-3　2020—2022年中国无人机产业规模与其增长率

（数据来源：赛迪顾问，2023年2月）

三、工业级无人机产业规模占比持续提高

2022 年，国际市场对应用于安防领域的无人机需求快速增加，国内加快开展物流无人机应用试点示范，带动工业级无人机产业规模高速增长，产业规模增长至 564.9 亿元，产业规模占比提高至 63.5%；在娱乐无人机的进一步拓宽市场的带动下，消费级无人机产业规模增长至 324.7 亿元，产业规模占比达 36.5%（见图 7-4）。

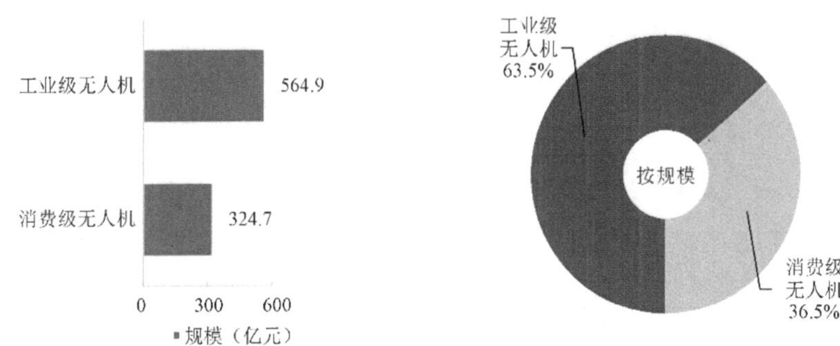

图 7-4　2022 年中国无人机产业结构
（数据来源：赛迪顾问，2023 年 2 月）

四、中南地区无人机产业规模优势依旧明显

从产业规模总体分布来看，中国无人机产业主要集中在中南地区，其中，深圳已形成无人机产业集聚度最高的产业集群。2022 年，中南地区无人机产业规模为 670.9 亿元，占全国比重达 75.4%；华东、华北地区无人机产业规模分别为 91.3 亿元和 82.4 亿元，占全国比重分别达 10.3%和 9.3%（见图 7-5）。

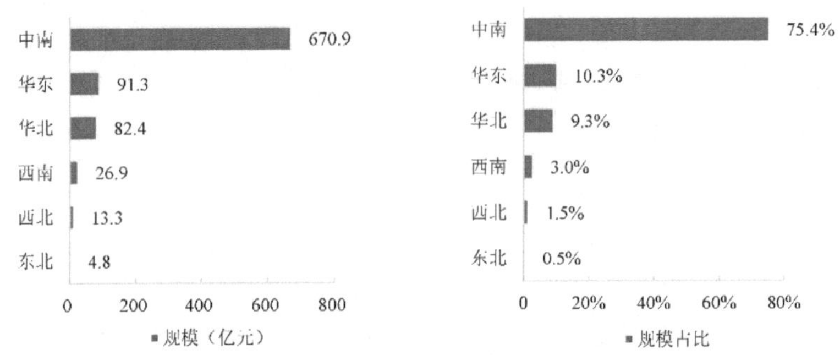

图 7-5　2022 年中国无人机产业区域结构
（数据来源：赛迪顾问，2023 年 2 月）

五、航拍产品规模占比超三成

总体来看，2022 年航拍无人机、植保无人机和电力巡检/巡检无人机是中国前三大无人机细分领域，规模分别为 255.9 亿元、228.8 亿元和 116.4 亿元（见表 7-3）。在工业级无人机中，受国内多个区域开展无人机物流应用试点带动，以及国际市场安防无人机需求大增的拉动影响，物流无人机和安防无人机的规模增速相对领先，同比分别增长 57.1%和 51.8%。在消费级无人机领域，随着无人机产品易用性、可玩性持续提高，以及无人机逐渐被用户熟悉、接纳，娱乐无人机增速相对领先，同比增长 33.5%。

表 7-3　2022 年中国无人机产业重点产品结构

产业环节	重点产品	2022 年规模（亿元）
工业级无人机	植保无人机	228.8
	电力巡检 /巡检无人机	116.4
	安防无人机	90.9
	物流无人机	50.3
	测绘无人机	27.1
消费级无人机	航拍无人机	255.9
	娱乐无人机	33.8
	航模无人机	19.2

数据来源：赛迪顾问，2023 年 2 月

第三节　产业链分析

中国无人机产业链主要由上游设计测试、中游整机制造和下游运营服务 3 个环节构成（见图 7-6）。上游设计测试包括总体设计和集成测试两个方面，是技术要求较高的环节。随着无人机在各个行业持续扩展及在不同场景的深入应用，2022 年，设计测试环节整体保持良好增长势头，行业呈现更多元的设计理念和多样的产品设计。中游整机制造包括飞行系统、任务载荷、地面系统 3 个方面，是无人机产业链核心和竞争最为激烈的环节。2022 年，中国无人机整机制造向智能化、绿色化、

协作化加速转变，制造飞行控制系统等的企业具备竞争优势。下游运营服务主要包括维保服务、租赁服务、培训服务、飞行服务 4 个方面，是产业附加值较高的环节。2022 年，行业整体解决方案、培训等服务模式成为企业盈利新的增长点，市场对相关线下培训服务类的需求将迎来增长。

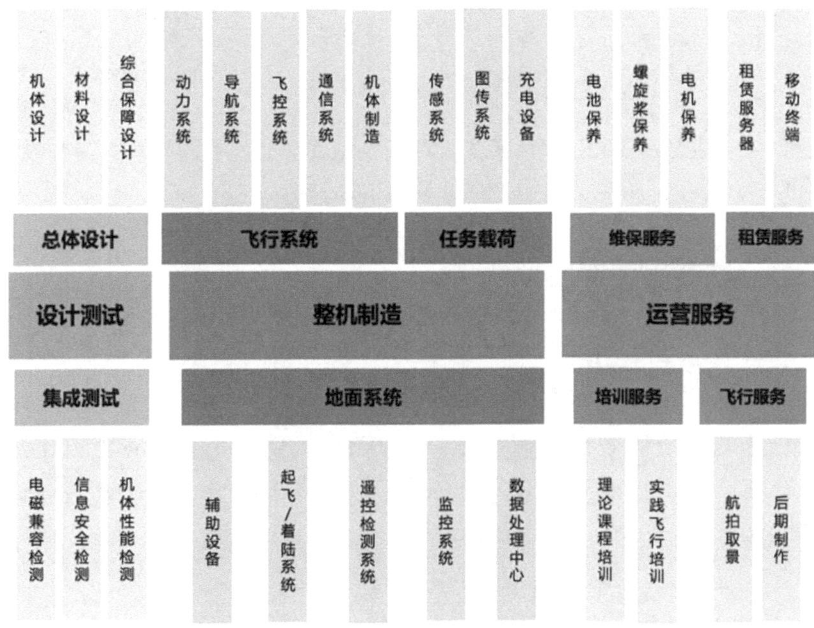

图 7-6　中国无人机产业链

（数据来源：赛迪顾问，2023 年 2 月）

一、设计测试环节

2022 年，无人机设计测试环节依然保持良好增长势头，随着无人机技术的不断发展及其他领域技术的加入和融合，无人机新概念、新产品不断涌现，同时随着无人机产品应用的不断拓展，用户对无人机产品的需求更加明确和细化，也推动了无人机产品的进一步发展，带动无人机设计测试环节规模进一步提升。2022 年，中国无人机产业规模为 182.6 亿元，同比增长 40.1%（见图 7-7）。

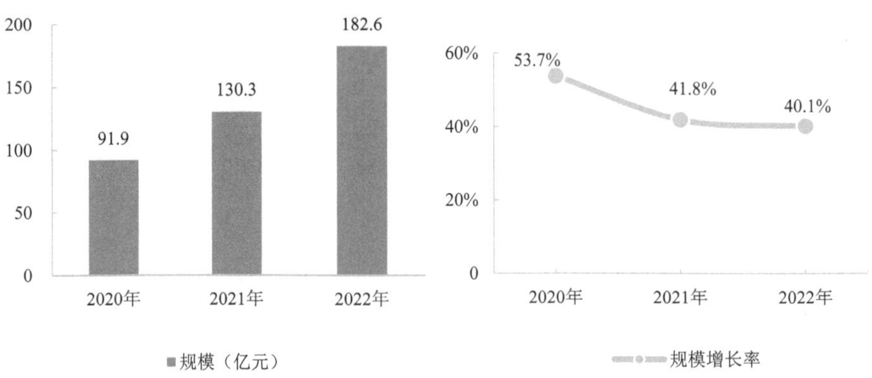

图 7-7　2020—2022 年中国无人机设计测试环节产业规模与其增长率
（数据来源：赛迪顾问，2023 年 2 月）

二、运营服务环节

2022 年，无人机在国内多次参与应急救援、通信保障等重要任务，也在物流运输试点应用方面取得重要进展，无人机生产企业和终端用户更积极地与运营服务商开展合作，部分无人机生产企业也着力自建运营服务体系，推动产业规模增速回升。2022 年，中国无人机运营服务环节产业规模为 107.2 亿元，同比增长 25.4%（见图 7-8）。

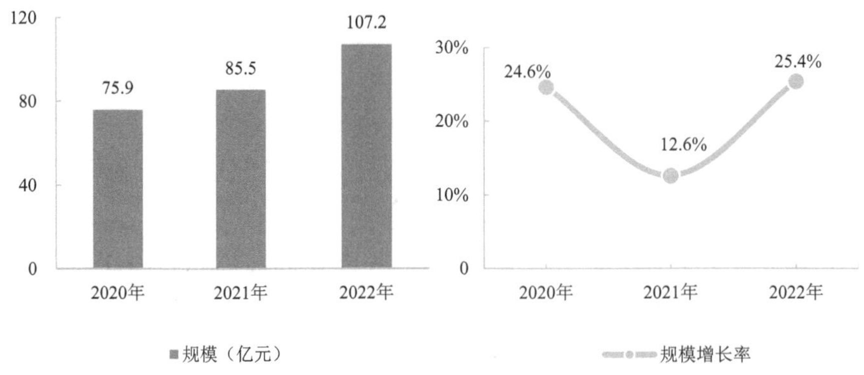

图 7-8　2020—2022 年中国无人机运营服务环节产业规模与其增长率
（数据来源：赛迪顾问，2023 年 2 月）

第四节　存在的问题

一、产业链供应链韧性和安全水平有待提升

目前，中国民用无人机产业链供应链基本稳定，但在部分关键零部件环境存在一定风险。以芯片为例，从民用无人机芯片制程来看，民用无人机芯片的使用以 28 纳米以上的成熟制程为主，国内芯片供应商设计、制造能力基本可以满足主要产品供应需求。从民用无人机芯片装机情况来看，高性能视频芯片、陀螺仪、惯性传感器、避障传感器及部分飞控与通信用高端芯片以国外供应商为主。从民用无人机芯片需求侧来看，芯片供应紧缺问题在 2022 年有所缓解，企业对于成熟制程芯片的供应基本形成了国内和国际双供给的态势，部分头部企业开始自主研制核心芯片，但高端芯片尚难以较好地规避供应链风险。

二、产业生态势能尚未充分释放

无人机是多学科交叉、技术密集的高科技领域，不仅需要电子信息、5G 通信、人工智能等多个相关领域的技术支持，而且需要形成一批规模实力和创新能力强大的骨干企业。但目前，一方面，中国产业体系优势尚未得到充分释放，缺少面向科技创新、产业链供应链资源整合的专业化公共服务平台及国家级创新载体，未能充分调动传感器、电子元器件、航空机载设备、地面设备、人工智能、大数据等产业主体的积极性，存在无人机整机产品集成成本高、任务载荷研制滞后等问题。另一方面，中国无人机优质企业梯度培育格局尚未形成，截至 2021 年，中国拥有无人机产业单项冠军企业 2 家、专精特新“小巨人”企业 10 家，创新型企业、优质企业数量偏少，在基础零部件及元器件、基础材料等领域的创新能力需要提升。

三、无人机产业政策体系亟待完善

目前，中国已初步建立涵盖法律、行政法规、规章、规范性文件等维度的无人机管理法律体系，也初步形成了包含生产和销售、适航审定、事故处置等方面的无人机运行管理体系，但仍存在以下几个方面的问

题。一是法律和行政法规尚不完善。中国尚未在法律和行政法规层级对无人机做出明确、直接、具体的规定，现行的一系列规范性文件缺乏顶层设计和协调，在具体内容方面不一致，对无人机规范管理造成了较大困难。二是管理权责尚不明晰。无人机全生命周期管理涉及空管、民航、工信、交通、公安、工商、海关、市场监督管理等诸多部门，各部门间的权责界定和协作方式难以厘清，无法形成高效完善的监管体系，对飞行计划审批、适航审定、进口销售、运营人管理、隐私保护等的具体问题的管理规范也需要进一步细化。三是审批流程繁复。当前，无人机飞行申请需要准备大量材料、涉及多个管理部门，申请人和管理部门均需要付出大量的时间和精力，现行管理规则已无法适应大量低风险无人机飞行的需求。同时，中国无人机管理缺乏先进的技术手段，尚未有全国统一的空域及飞行计划线上申请平台，也缺乏便捷获知空域限制等信息的权威渠道，无人机驾驶员的使用体验不佳，对无人机产业的快速发展造成一定阻碍。

第五节　措施与建议

一、摸底提升产业韧性

一是建立以市场需求、应用场景为牵引的产学研合作模式。引导物流、测绘等重点领域相关单位发布“揭榜挂帅”技术需求，提升产品对应用场景的适配性，优化载荷集成能力，通过产学研合作增强产业链各环节的交流融合，丰富无人机产品谱系，提高民用无人机飞行平台的研制能力。二是深入调研评估产业链供应链风险点。开展民用无人机关键领域供应链韧性评估，在民用无人机领域组织开展相关供应链风险调查研究工作，特别关注在基础零部件及元器件、基础材料、基础工艺、基础技术、基础软件等工业基础相关领域的风险点。

二、培育强化产业生态

一是优化优质企业梯度培育体系。建立由专精特新“小巨人”、制造业单项冠军和领航企业组成的优质企业梯队培育体系，引导优质企业整合产业资源，提升产业链竞争力和抗风险能力，引导中小型民用无人机企业走“专精特新”之路，探索多样的民用无人机商业化路径。二是开展提升产业链供应链韧性行动。充分调动各级政府积极性，支持有一定民用无人机或通用航空产业发展基础的地区开展提升民用无人机产业链供应链韧性专项行动，形成民用无人机产业空间分布相对优化的空间格局，为突破我国民用无人机及其所在区域的产业链供应链安全提供标杆示范。三是开展关键供应产品的集中攻关。聚焦民用无人机、无人船、机器人等多链条共性风险点和需求痛点，研究建立产业联盟或实体平台，充分发挥相关产业主体的需求引导作用，联合发布共性产品“揭榜挂帅”技术需求，提升集中攻关效率。

三、优化完善产业政策

一是优化法律和行政法规顶层设计。这需要国家制定无人机产业发展规划，统一和明确无人机的定义、分类，制定适用于无人机的空域划分规则，明确无人机产业发展思路，明确各监管部门的管理权责划分，修改和厘清在有关法律和行政法规中的相关条款，为未来无人机产业持续高质量发展扫清障碍、创造良好环境。二是加快推动低空改革进程。以重点区域低空改革试点为牵引，加强与国家低空空域改革意见的匹配性，优化各类审批流程的便利性，加强空域的精细化管理，建立与民用无人机发展相适应的空域环境。三是补充关键细节，完善规章规范。细化和完善当前缺乏具体规定的规章，加快落实基于风险等级的无人机飞行规范，重点加强对驾驶员和培训机构管理、适航管理、“黑飞”处置等流程的规范，加快填补当前规章尚未涉及的空缺，重点加强对运营人管理、隐私保护、数据安全等问题的关注。四是强化信息赋能，提升管理手段。推动新一代信息技术赋能无人机管理，加快建立全国统一且功能强大的无人机综合管理系统，将详细的法律规范转化为信息化、智能化的算法，全面保障飞行安全，减轻监管负担、方便用户使用。

第八章

电子信息制造业

2022 年，全球电子信息制造业规模达到 76 658.7 亿美元，同比增长 5.0%，增速较 2021 年有所下降。电子信息制造业实现稳定增长，规模为 15.4 万亿元，同比增长 5.5%。虽然国际局势复杂严峻、逆全球化进程等问题仍在持续，但随着数字中国建设不断铺开和新型工业化扎实推进，中国电子信息产业长期向好的基本面没有改变，到 2025 年，中国电子信息制造业规模有望突破 21 万亿元，中南、华东地区将继续保持领跑态势。

第一节　全球发展综述

一、全球电子信息制造业产业规模增速降低

2022 年，人工智能、电子制造等细分领域保持强劲发展势头，全球电子信息制造业产业规模持续增长，达到 76 658.7 亿美元，但由于受到新冠疫情、国际局势紧张、消费电子市场表现低迷等因素影响，计算机、手机、集成电路等细分行业受到一定压力，2022 年全球电子信息制造业规模增速不及 2021 年，较 2021 年降低 2.6 个百分点（见图 8-1）。

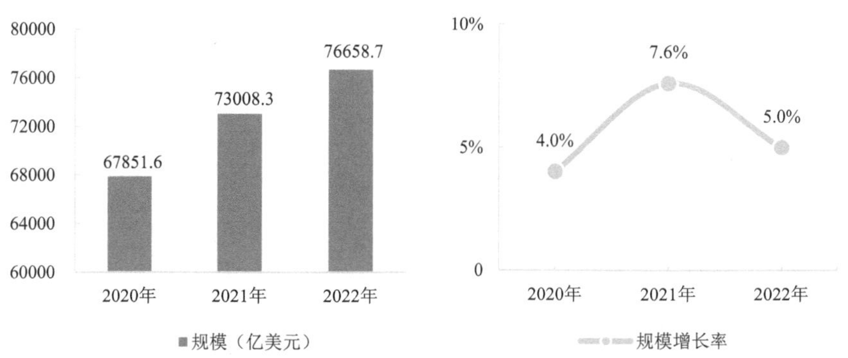

图 8-1　2020—2022 年全球电子信息制造业规模与其增长率

（数据来源：赛迪顾问，2023 年 2 月）

二、亚太（除日本外）和北美地区领跑全球电子信息制造业

从全球电子信息制造业的区域分布来看，亚太（除日本外）和北美地区领跑全球，2022 年产业规模分别为 33 806.5 亿美元和 16 711.6 亿美元，这两个区域占比超过 60%。其中，中国、韩国稳居亚太（除日本外）国家前列，韩国在半导体、显示器等行业领跑；2022 年日本电子信息制造业占全球份额有所降低（见图 8-2）。

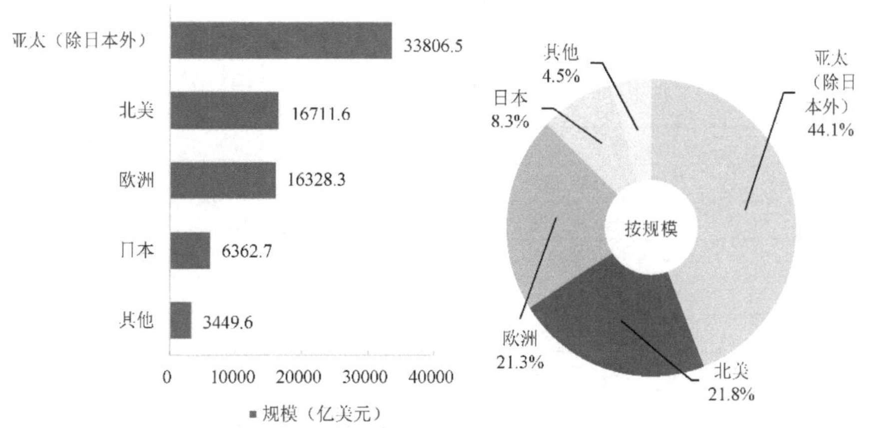

图 8-2　2022 年全球电子信息制造业区域结构

（数据来源：赛迪顾问，2023 年 2 月）

三、集成电路设计与集成系统、电子信息工程等驱动电子信息创新加速

2022 年，随着各国数字经济的发展，电子信息技术不断创新。电子信息技术主要包括集成电路设计与集成系统、电子信息工程、电子信息科学与技术、信息通信技术等。以集成电路设计与集成系统为例，2022 年 AMD 半导体公司将 Chiplet 技术引入 GPU 中，使 Chiplet 技术通过对原本复杂的 SoC 芯片的解构，将满足特定功能的裸片通过 Die-to-Die 内部互联技术与底层基础芯片封装组合在一起，从而大幅提升了 GPU 性能。在信息通信技术方面，随着 5G、网络游戏、超高清视频、VR/AR 等应用的发展，网络流量需求持续提升，全球光模块厂商陆续推出了 400G 硅光模块产品，使光纤和硅光芯片之间无源耦合，不仅降低了制造成本，而且提高了数据吞吐量，并提升了数据中心的带宽和端口密度。

四、TOP 10 企业数量中国排名第二

按 2022 年营业收入排序，电子信息制造业企业 TOP 10 营收均高于 300 亿美元；从国别来看，美国企业占据全球电子信息制造业企业 TOP 10 中的 4 个席位，中国企业占据其中的 3 个席位，韩国和日本分别有 2 家和 1 家企业入围（见表 8-1）。

表 8-1　2022 年全球电子信息制造业企业 TOP10 排名

排名	企业名称	营收（亿美元）	国家和地区
1	苹果公司	3943.3	美国
2	三星电子	2455.0	韩国
3	鸿海精密工业股份有限公司	2153.0	中国台湾
4	微软	1982.7	美国
5	戴尔科技公司	1023.0	美国
6	华为投资控股有限公司	924.4	中国
7	索尼	882.9	日本
8	台积电公司	759.4	中国台湾
9	英特尔公司	630.5	美国
10	SK 集团	340.3	韩国

数据来源：赛迪顾问，2023 年 2 月

第二节 中国发展概况

一、政策不断加码为电子信息制造业发展持续赋能

2022 年，《“十四五”数字经济发展规划》中明确提出，协同推进千兆光纤网络和 5G 网络基础设施建设，推动 5G 商用部署和规模应用。对此工业和信息化部等部门陆续出台了《智能光伏产业创新发展行动计划（2021—2025 年）》《关于促进云网融合 加快中小城市信息基础设施建设的通知》等一系列与电子信息产业相关的政策文件，大力推进云网等新型基础设施建设应用。不仅如此，《数字中国建设整体布局规划》中提到的“数字基础设施高效联通”“政务数字化智能化水平明显提升”将为中国电子信息产业发展赋予持续动能（见表 8-2）。

表 8-2 2022—2023 年 2 月中国电子信息产业主要政策（国家层面）

颁布时间	颁布主体	政策名称
2022 年	国务院	《“十四五”数字经济发展规划》
2022 年	工业和信息化部等五部门	《智能光伏产业创新发展行动计划（2021—2025 年）》
2022 年	工业和信息化部办公厅、国家发展改革委办公厅	《关于促进云网融合 加快中小城市信息基础设施建设的通知》
2022 年	工业和信息化部等五部门	《虚拟现实与行业应用融合发展行动计划（2022—2026 年）》
2022 年	工业和信息化部等七部门	《信息通信行业绿色低碳发展行动计划（2022—2025 年）》
2022 年	工业和信息化部等五部门	《加快电力装备绿色低碳创新发展行动计划》
2022 年	工业和信息化部办公厅、国家市场监督管理总局办公厅	《关于做好锂离子电池产业链供应链协同稳定发展工作的通知》
2023 年	中共中央、国务院	《数字中国建设整体布局规划》
2023 年	工业和信息化部等六部门	《关于推动能源电子产业发展的指导意见》

数据来源：赛迪顾问整理，2023 年 2 月

二、2022 年中国电子信息制造业规模为 15.4 万亿元

2022 年，中国电子信息制造业产业规模突破 15 万亿元，比 2021 年增长 9.2%，增速较 2021 年降低 5.4 个百分点（见图 8-3）。整体来看，中

国电子信息制造业生产平稳增长，2022 年全国规模以上电子信息制造业增加值比 2021 年增长 7.6%，分别超出工业、高技术制造业 4.0 和 0.2 个百分点。

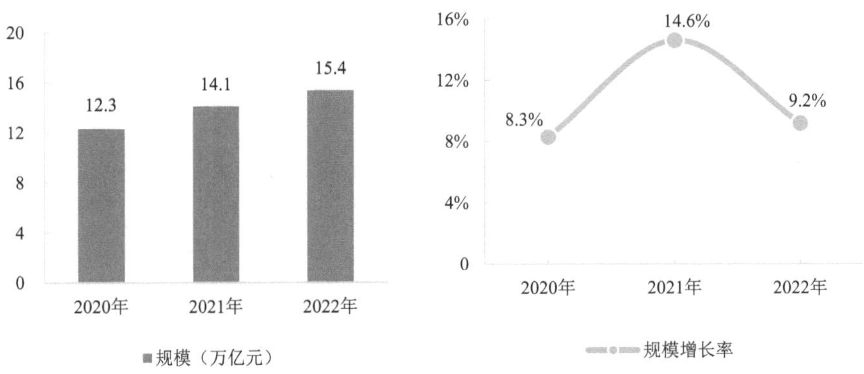

图 8-3　2020—2022 年中国电子信息制造业规模与其增长率

（数据来源：赛迪顾问，2023 年 2 月）

三、手机、微型计算机等产品产量有所下滑

2022 年，受宏观经济不景气、换机潮持续冷却等影响，手机、微型计算机等部分电子信息制造产品产量有所下滑。其中，微型计算机产量下滑 7.0%，较 2021 年减产 3273.8 万台。2022 年手机产量为 15.6 亿台，增长率为-6.0%，较 2021 年下滑 18.9 个百分点（见图 8-4）。

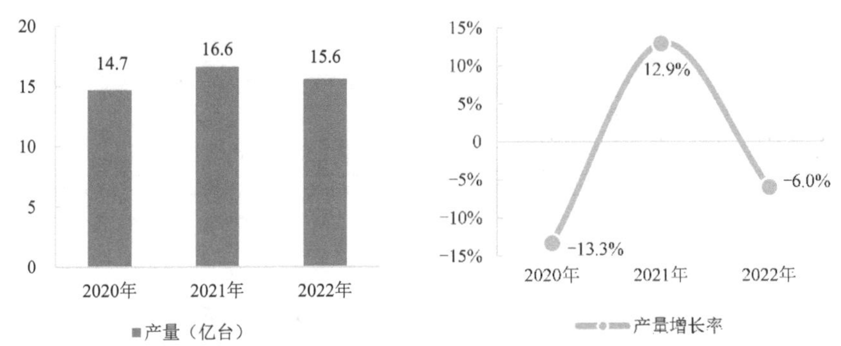

图 8-4　2020—2022 年手机产量与其增长率

（数据来源：赛迪顾问，2023 年 2 月）

四、中南地区产业规模占全国总规模比重最高

2022年，中国电子信息制造业仍主要集聚在中南地区和华东地区，这两个地区占比分别达到40.91%和35.06%（见图8-5）。其中，作为一直以来的电子信息制造业强省，广东省电子信息制造业规模在国内占比超过三成，远远拉开了与其他省（区、市）的差距。

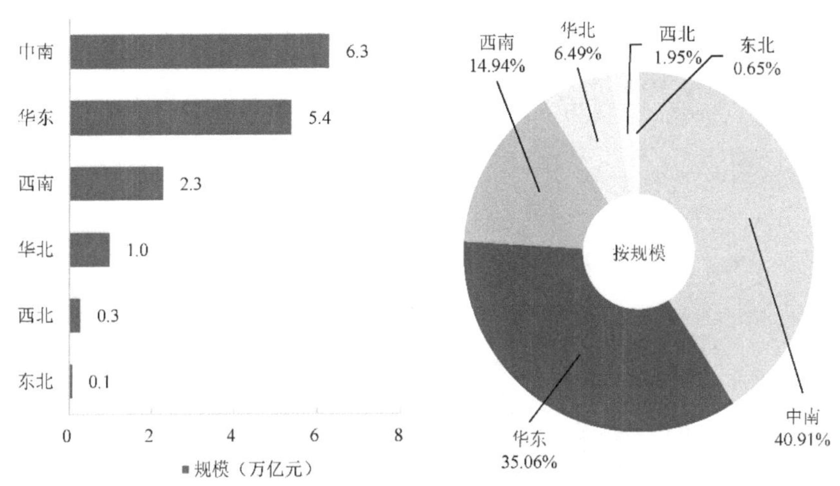

图8-5　2022年中国电子信息制造业区域结构

（数据来源：赛迪顾问，2023年2月）

第三节　产业链分析

电子信息制造业产业链（见图8-6）包括上游的封装与装联材料、电子元件、电子信息机电产品和电子器件，中游的电子计算机、通信设备、广播电视设备等产品，以及下游的制造业、互联网等应用。2022年，在国际局势紧张、欧美及非洲地区通货膨胀严重的大背景下，供应链压力仍在持续，消费市场需求疲软，中国电子信息产业增速放缓，集成电路、微型计算机、服务器等硬件产品产量均出现不同程度的增速下滑。软件和信息技术服务业属于贯穿电子信息制造业全产业链的产业，涵盖软件产品、信息安全产品和服务、信息技术服务和嵌入式系统软件4类产品。

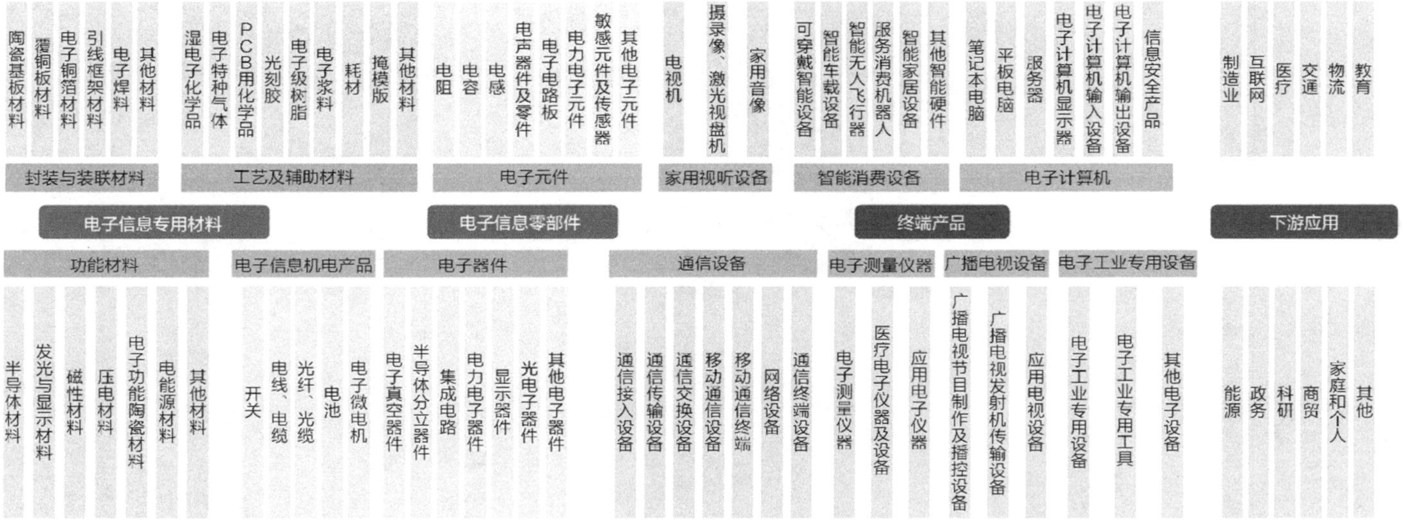

- 电子信息专用材料
  - 封装与装联材料：陶瓷基板材料、覆铜板材料、电子铜箔材料、引线框架材料、电子焊料、其他材料
  - 工艺及辅助材料：湿电子化学品、电子特种气体、PCB用化学品、光刻胶、电子级树脂、电子浆料、耗材、掩模版、其他材料
  - 功能材料：半导体材料、发光与显示材料、磁性材料、压电材料、电子功能陶瓷材料、电能源材料、其他材料
  - 电子信息机电产品：开关、电线、电缆、光纤、光缆、电池、电子微电机
- 电子信息零部件
  - 电子元件：电阻、电容、电感、电声器件及零件、电子电路板、电力电子元件、敏感元件及传感器、其他电子元件
  - 电子器件：电子真空器件、半导体分立器件、集成电路、电力电子器件、显示器件、光电子器件、其他电子器件
- 终端产品
  - 家用视听设备：电视机、摄录像、激光视盘机、家用音像
  - 智能消费设备：可穿戴智能设备、智能车载设备、智能无人飞行器、服务消费机器人、智能家居设备、其他智能硬件
  - 电子计算机：笔记本电脑、平板电脑、服务器、电子计算机显示器、电子计算机输入设备、电子计算机输出设备、信息安全产品
  - 通信设备：通信接入设备、通信传输设备、通信交换设备、移动通信设备、移动通信终端、网络设备、通信终端设备
  - 电子测量仪器：电子测量仪器、医疗电子仪器及设备、应用电子仪器
  - 广播电视设备：广播电视节目制作及播控设备、广播电视发射机传输设备、应用电视设备
  - 电子工业专用设备：电子工业专用设备、电子工业专用工具、其他电子设备
- 下游应用：制造业、互联网、医疗、交通、物流、教育、能源、政务、科研、商贸、家庭和个人、其他

图 8-6　电子信息制造业产业链

（数据来源：赛迪顾问，2023 年 2 月）

一、集成电路

集成电路产业是关系国民经济和社会发展全局的基础性、先导性和战略性产业，是电子信息制造业发展的核心和关键。2022 年，部分地区受新冠疫情影响，物流受阻严重，加之国际局势复杂动荡和逆全球化使贸易难度加剧，中国集成电路产业供应链压力持续增加。2022 年中国集成电路产量为 3241.9 亿块，增长率为-9.8%，较 2021 年降低了 47.3 个百分点（见图 8-7）。

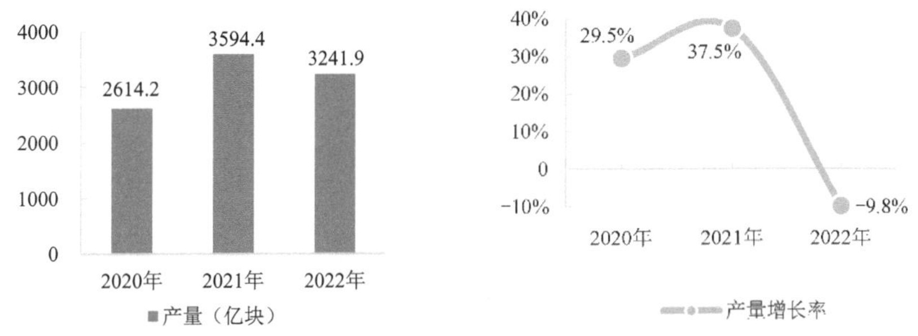

图 8-7 2020—2022 年中国集成电路产量与其增长率
（数据来源：赛迪顾问，2023 年 2 月）

二、微型计算机

2022 年，受宏观经济不景气、换机潮持续冷却等因素影响，以笔记本电脑、平板电脑等为代表的微型计算机产品产量下滑明显，全年产量为 4.3 亿台，增长率为-8.5%，较 2021 年降低 32.2 个百分点（见图 8-8）。

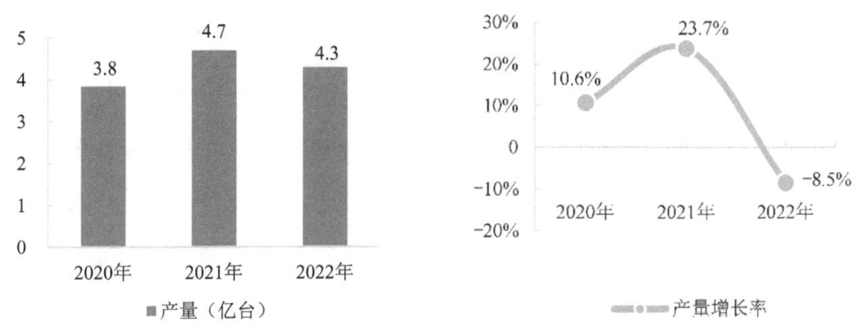

图 8-8 2020—2022 年中国微型计算机产量与其增长率
（数据来源：赛迪顾问，2023 年 2 月）

第四节　存在的问题

一、产业链层次有待提升

美国、德国等主要发达国家依托电子信息技术优势，较早在信息基础设施、核心技术产业等领域加快战略部署，在技术、产业方面保持领先优势，占据了电子信息制造业领域全球价值链的有利位置。虽然随着全球电子信息产业转移，中国作为产业转移的承接方获得了较大程度的发展，但是产业模式大部分仍处在代工、组装等阶段，芯片、信息装备等核心部件及智能整机等生产企业数量与发达国家相比仍有差距，中国电子信息制造企业大部分仍处在产业链较低层次。电子信息制造业高质量发展是制造业高质量发展的主力军，提升中国企业产业链层次是电子信息高质量发展的迫切需要。

二、关键核心技术仍待突破

近年来，我国科技强国建设加快，电子信息制造业高质量发展也取得重大成效，但仍存在部分核心环节和关键技术受制于人，产业基础能力不足等问题，特别是芯片、材料、精密仪器、数控机床等领域能力仍待提升，尤其是在关键核心技术领域仍缺少重大突破，原创能力还有待提高。在国际局势复杂、逆全球化进程加深的当下，加强核心技术攻关，成为中国经济在向前发展的过程中最关键的科技支撑。

三、核心技术人才缺口较大

当前，我国战略科学家和高精尖人才较为匮乏，在国际上能产生重要影响的电子信息制造领域领军人才明显偏少，能够把握、规划和推动关键领域取得创新突破，带领我国占据科技创新制高点的战略科学家群体极为稀缺。这与我国的大国地位不相称，我们与世界主要科技强国存在差距。目前，我国电子信息制造业处于提质升级的关键阶段，高层次、核心信息技术人才成为创新驱动产业发展的关键，只有不断丰富我国的人才储备，实现核心技术上的创新突破，才能重塑我国电子信息制造业的国际竞争力。

第五节　措施与建议

一、加快产业链与创新链融通发展，提升产业链核心竞争力

提升产业链层次关键在于提升产业链核心环节的竞争优势，产业链的核心竞争优势体现为对关键环节、关键链条的自主控制力和影响力。加快创新链和产业链融通发展，以科技创新为先导，以产业链安全为目标，依托强大的创新链提升产业链附加值，增强产业链竞争力；稳健产业链反向激发创新活力，促进科研成果从样品到产品再到商品的转化，推动产业链从中低端向中高端迭代升级。加快创新链和产业链的精准对接、融通发展，助力做大做强实体经济，推动中国从制造大国迈向制造强国，从跻身创新型国家行列到位列创新型国家前列。

二、发挥各类创新主体技术优势，推动核心技术攻关

一方面，给予各创新主体更多发挥空间。在关键核心技术攻关任务中，建立法人负责制，对承担主体合理赋权，发挥法人的积极性与主动性，让承担关键核心技术攻关主体责任的创新主体成为技术攻关的方案制定者、实施者和技术成果集成者。另一方面，实施产业基础再造工程，加快补齐基础零部件及元器件、基础材料、基础工艺和产业技术基础等瓶颈，打好基础、关键技术和重要产品攻坚战。在重点领域继续布局建设一批国家电子信息制造创新中心，发展先进适用技术，强化核心技术供给。

三、建立人才引育平台，完善人才引育机制

在北京、上海、粤港澳大湾区等地建设高水平人才高地，一些高层次人才集中的中心城市要积极建设吸引和培育人才的平台，开展人才发展体制机制综合改革试点，集中国家优质资源，重点支持建设一批国家实验室和新型研发机构，发起国际“大科学”计划，为人才提供国际一流的创新平台，加快形成战略支点和雁阵格局。同时，要根据需要和实际向用人主体充分授权，发挥用人主体在人才培养、引进、使用中的积极作用。用人主体要发挥主观能动性，增强服务意识和保障能力，建立有效的自我约束和外部监督机制，确保下放的权限接得住、用得好。

第九章

医药健康

医药健康产业是我国发展战略性新兴产业的重点方向，根据 2022 年工业和信息化部公布的国家先进制造业集群名单，生物医药及高端医疗器械领域获评 5 个国家级集群。在“人口红利”和“人才红利”助推中国经济社会持续发展的背景下，2022 年中国医药健康产业规模突破 3 万亿元，为 32 019.6 亿元，同比增长 10.6%。在产业结构方面，化学药仍占主导地位。在产业资源分布方面，华东地区的比较优势依然明显。

第一节　全球发展综述

一、全球医药健康产业规模持续增长

2020—2022 年，全球医药健康产业保持高速增长趋势。2022 年全球医药健康产业规模突破 2.5 万亿美元，为 25 021.0 亿美元，增长率达 17.7%（见图 9-1）。

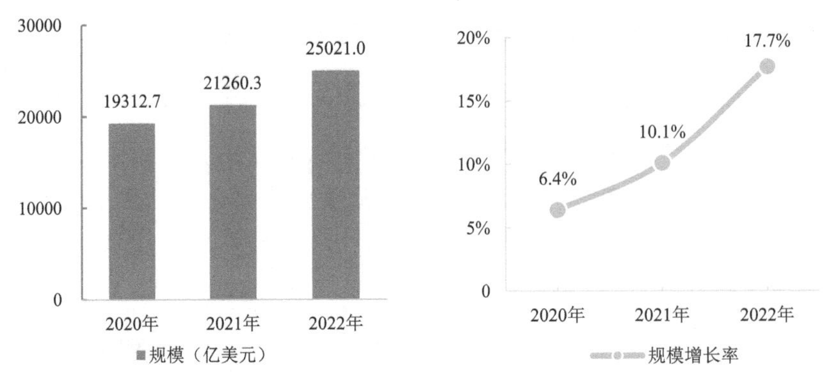

图 9-1　2020—2022 年全球医药健康产业规模与其增长率

（数据来源：赛迪顾问，2023 年 2 月）

二、化学药在产业中的统治地位正受到严重挑战

在产业结构方面，化学药的地位依然无法撼动，2022 年全球化学药产业规模为 9489.8 亿美元，占全球医药健康产业规模比重为 37.9%，占比同比降低 2.6 个百分点。值得注意的是，2022 年全球生物药产业规模突破 5000 亿美元，为 5248.1 亿美元，占全球医药健康产业规模比重为 21.0%，同比增长 2.2 个百分点（见图 9-2）。

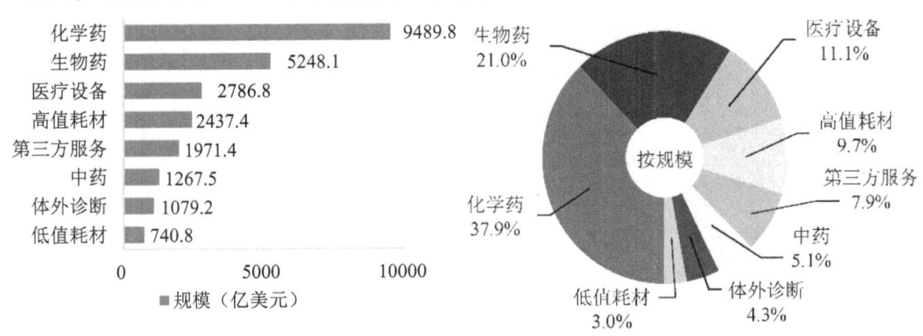

图 9-2　2022 年全球医药健康产业结构

（数据来源：赛迪顾问，2023 年 2 月）

三、北美地区医药健康产业规模接近万亿美元

北美地区依然是全球医药健康产业最发达的地区，从产业规模来看，2022 年北美地区医药健康产业规模为 9957.5 亿美元（接近万亿美元），占全球医药健康产业规模比重达 39.8%，同比增长 0.6 个百分点（见图 9-3）。

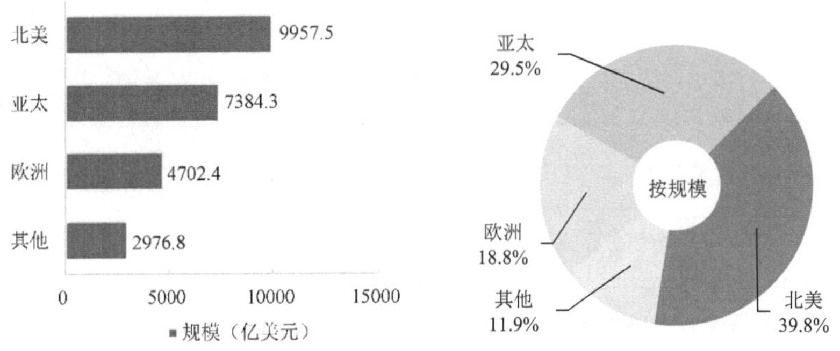

图 9-3　2022 年全球医药健康产业区域结构

（数据来源：赛迪顾问，2023 年 2 月）

四、医疗技术呈“横纵双向”进化

医疗技术演进呈“横纵”两大方向，主要从专业技术精深程度和学科交叉程度两大维度进行分析。高专业性、高学科融合性是健康医疗技术发展的主要趋势。健康医疗技术向未来趋势演进的逻辑有两条。其一，健康医疗专业技术先纵深发展，在实现高专业化后与其他学科交叉浸透，实现融合化。例如，纳米生物技术是健康医疗技术在对病理进行充分研究的基础上，与纳米技术进行结合的产物。其二，健康医疗技术率先与其他学科进行融合，随后向高专业化方向发展。例如，医疗大数据技术在健康医疗基础数据与大数据技术初步融合之后，正朝着健康管理、病因分析、治疗决策建议等纵深方向发展。基于此，可以推断健康医疗技术未来两大发展趋势：一是健康医疗基础理论和专业技术不断发展，诊疗手段不断革新；二是其他学科与健康医疗技术持续渗透，医疗健康产业形态持续变革。

第二节　中国发展概况

一、政策不断加码，推动医药健康产业高质量发展

2022 年最值得关注的是医保控费方面，国家医疗保障局办公室发布了《关于做好支付方式管理子系统 DRG/DIP 功能模块使用衔接工作的通知》，将有效提高医保资金利用率，鼓励企业创新升级。2021—2022年中国医药健康产业主要政策的颁布时间、颁布主体、政策名称，如表 9-1 所示。

表 9-1　2021—2022 年中国医药健康产业主要政策

颁布时间	颁布主体	政策名称
2021 年	国务院办公厅	《“十四五”全民医疗保障规划》
2021 年	国家药品监督管理局等八部门	《“十四五”国家药品安全及促进高质量发展规划》
2022 年	国家医疗保障局办公室	《关于做好支付方式管理子系统 DRG/DIP 功能模块使用衔接工作的通知》
2022 年	国家市场监督管理总局	《药品网络销售监督管理办法》

数据来源：赛迪顾问整理，2023 年 2 月

二、中国医药健康产业规模突破 3 万亿元

受新冠疫情、药械集中带量采购、注册制等多重因素的影响，2020—2022 年中国医药健康产业规模保持稳定增长态势，但增速有所降低。2022 年，中国医药健康产业规模突破 3 万亿元，为 32 019.6 亿元，同比增长 10.6%。（见图 9-4）。

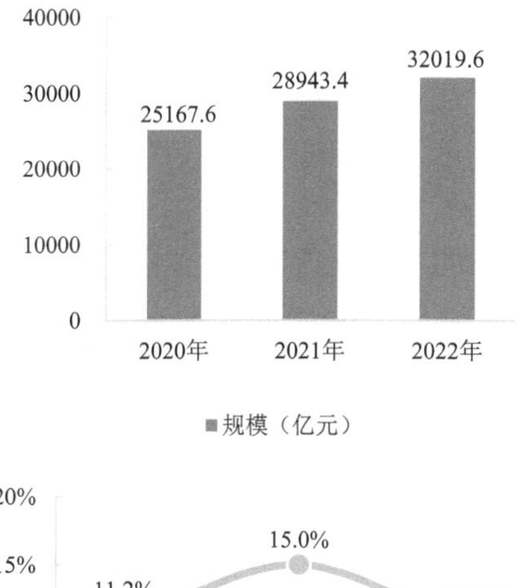

图 9-4　2020—2022 中国医药健康产业规模与其增长率
（数据来源：赛迪顾问，2023 年 2 月）

三、化学药仍占主导地位，医疗设备增速明显

从产业结构来看，2022 年化学药产业规模为 9545.3 亿元，占中国医药健康产业规模比重达 29.8%，同比降低了 1.7 个百分点。从增速来看，医疗设备增速最快，2022 年医疗设备产业规模为 5361.2 亿元，占中国医药健康产业规模比重达 16.7%，同比增长 24.7%（见图 9-5）。

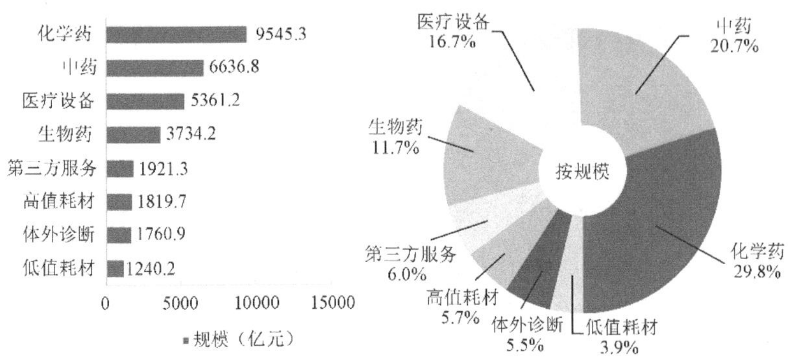

图 9-5　2022 年中国医药健康产业结构

（数据来源：赛迪顾问，2023 年 2 月）

四、华东和中南地区医药健康产业规模占全国比重超六成

华东地区和中南地区是中国医药健康产业集聚度最高的地区，2022 年华东地区和中南地区医药健康产业规模占全国比重达 62.4%。其中，华东地区产业规模为 11 912.2 亿元，同比增长 14.9%；中南地区产业规模为 8073.4 亿元，同比增长 11.7%（见图 9-6）。

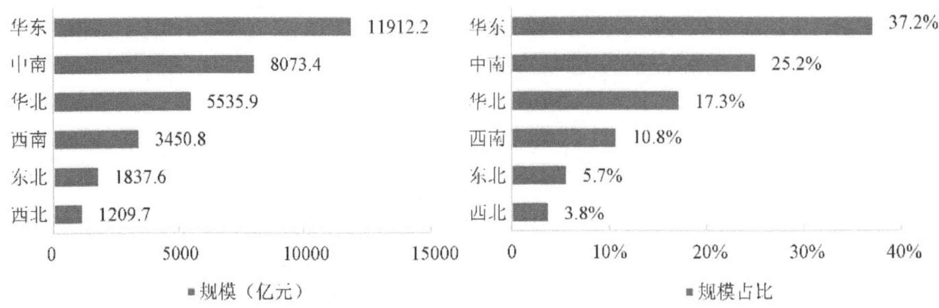

图 9-6　2022 年中国医药健康产业区域结构

（数据来源：赛迪顾问，2023 年 2 月）

第三节　产业链分析

医药健康产业链由原材料供给与研发（上游）、药械生产制造（中游）、药械流通与医疗服务（下游）3 个环节构成。原材料供给与研发主

要包括原材料供给和药械研发，其中，原材料供给主要包括零部件、金属原料、化工原料、药材种植等；药械研发是指药物的研发和医疗器械的研发，主要包括企业研发中心、科研院所、合同研究组织（Contract Research Organization，CRO）等。药械生产制造主要包括药物生产、医疗器械生产和第三方服务，其中，药物生产主要包括化学药、中药和生物药的生产；医疗器械生产主要包括医疗设备、体外诊断、高值医用耗材和低值医用耗材的生产；第三方服务主要包括研发生产外包组织（Contract Development and Manufacturing Organization，CDMO）和合同生产组织（Contract Manufacture Organization，CMO）的生产。药械流通与医疗服务环节主要包括药械流通和医疗服务，其中，药械流通主要包括物流企业、药房和合同销售组织（Contract Sales Organization，CSO）；医疗服务主要包括医院、卫生所、急救站等医疗服务机构（见图 9-7）。

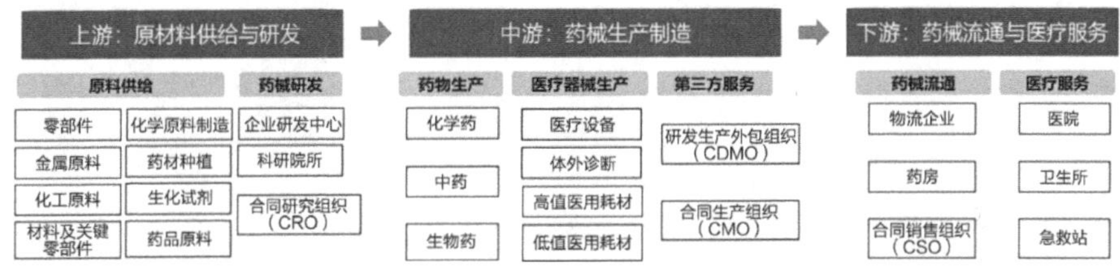

图 9-7 医药健康产业链全景

（数据来源：赛迪顾问，2023 年 2 月）

一、数字化技术应用，加速产品迭代，助力医药健康产业研发模式创新发展

2022 年年初，工业和信息化部、国家发展和改革委员会、科学技术部等九部门联合发布《“十四五”医药工业发展规划》，明确了 5 项重点任务，重点强调了推动产业数字化转型。数字化赋能医药健康产业各环节已经成为药企降本增效、高速发展的关键环节。药械研发生产正加速由工业化转向数据化。一方面，研发环节将从基于化合物、靶点的研发方式，发展为具备精准数据支撑、以病人为核心的研发方式。另一方面，

基于人工智能、虚拟现实等新兴技术，对药械前期研发进行辅助，对临床试验进行模拟，对生产活动进行预判，大大提升全链条的协同效率。

二、精准医疗备受关注，诊疗方式由同病同治到同病异治

在新技术应用和消费观念转变的推动下，未来治疗将以患者年龄、性别、基因等数据信息为基础，发展个体化诊疗。精准医疗贯穿预防、诊断、治疗和康复的全生命周期。因此，针对个体化医疗和精准医疗的细胞治疗、基因测序、新型诊断、可穿戴医疗设备、智慧诊断辅助系统等领域受关注度最高，这些领域的研发创新及生产活动十分活跃。例如，新型诊断中的蛋白芯片，基于免疫识别技术，属于免疫诊断方法的一种。虽然蛋白芯片概念早在 20 世纪就被提出，但主要应用于蛋白质组学研究等科研领域，在临床诊断领域市场普及较慢。中国企业在蛋白芯片研发领域起步晚于国外企业，加上技术壁垒较高，行业发展较为缓慢。近年来，受新冠疫情影响，得益于精准医疗的发展、临床市场的不断增长及企业技术的进步，中国蛋白芯片市场已进入导入期，市场规模持续增长。2018—2022 年，中国蛋白芯片行业市场规模从 9.2 亿元增长至 21.7 亿元，复合年均增长率达 22.2%，高于全球水平。

第四节　存在的问题

一、医药健康产业创新动能与创新环境的培育存在一定隔阂

一方面，49%的国家重点实验室集中在一线城市，北京、上海、广州最多，为第一、第二梯队省（区、市）培育创新型企业构建了良好的创新基础。但是，在整体布局上，针对前沿领域、创新型产品的检验检测机构及相关设备配套不足，检验量相对有限，检测速度较慢。另一方面，由于医保和商业保险对创新型药械产品的支付体系尚不完善，加之创新型药械产品价格较高，造成民众对创新药械的使用渴望度与支付能力不匹配，使得医疗机构对创新药械产品的接受程度不高，企业的商业模式不能形成闭环，增加了医药健康产业商业化的难度。

二、创新能力不足制约医药健康产业高质量发展

经过多年的发展，中国医药健康产业保持高速增长，中国已成为全球第三大制药国。但是，中国医药健康产业仍欠缺“从 0 到 1”的原创性技术成果，在医疗设备、高值医用耗材、化学药等领域仍存在技术空白，市场被国外龙头企业占据。一方面，国内多数医药健康产业创新能力不足，市场上以临床效果为导向的创新产品少之又少，多数产品创新性不高。另一方面，基础学科建设亟待加强，医药健康产业具有高技术、高投入、高风险的特点，产业创新呈现多学科交叉联动的趋势。因此，推动中国医药健康产业快速发展应加强基础学科建设，搭建多领域互动平台，提升创新内驱动力。

三、供应链安全问题日益凸显

党的二十大报告提出，“着力提升产业链供应链韧性和安全水平”，保障供应链安全已经成为国家发展的战略制高点。“十四五”时期，统筹推进强链补链，解决供应风险是维护供应链安全的重要举措。医药健康产业是保障人民群众生活质量的基础，是中国实现产业链供应链安全的关键点之一，但目前国内医药健康产业大多数高端生产设备、高端产品的核心技术和关键原材料依然被国外垄断。外部环境日趋复杂严峻，这不仅增加了医药健康产业链供应链的风险，而且制约了中国医药健康产业的健康发展，构建自主安全的医药健康产业链供应链体系迫在眉睫。

第五节　措施与建议

一、突破创新，探索分阶段分类别设置审查规范

一方面，根据基础研究、临床应用和产业化等不同阶段，以及创新型药械产品的不同类别，综合考量原料、工艺等多方位因素，设置不同严格程度、不同审查标准的审查规范，加强基础研究，明确审查细则。另一方面，在保证有效监管的基础上，减少行政审批事项，建立高效的创新产品上市机制。

二、修订相关行业标准，促进前沿医疗领域快速发展

充分发挥生物医药领军企业在细分领域技术攻关优势和创新实践，联合一流科研机构围绕技术规范、研究标准、医学伦理等，合作完善创新型药械产品的临床试验、质控质检、疗效评价等行业标准，缩短创新型药械产品所属领域的全流程规范和标准的制定周期。

三、策划实施医药健康产业提升工程

一是要以企业为主体，搭建高效立体的先进医药健康产业创新体系，以行业创新需求为导向，实现产业链、创新链、资金链和政策链相互协同。二是要升级产学研用模式，重视科技成果转化，重点解决高端生产设备、高端产品的核心技术和关键原材料等共性问题，推动科技成果工程化、产业化。三是搭建专项国家公共实验平台、国家重点实验室、国家工程中心等科研创新设施，完善研发创新基础配套设施。

第十章 新材料

新材料产业是先进制造业的重要组成部分。2022 年，受地缘冲突、经济下行等因素影响，全球新材料产业上游原材料和能源价格攀升，下游需求低迷，增加了新材料产业的经营压力。为应对市场营销、供应链管理、成本控制等方面的挑战，保持各自领域的市场竞争优势，各大新材料产业纷纷提高售价并进行业务重组，重点布局可持续增长型市场，加速拓展创新材料、高附加值产品及解决方案等新领域，提高业务运营效率，寻求新的利润增长点。中国新材料产业正在面对复杂多变的发展环境，但依然表现出发展活力与韧性。2022 年，在新能源、电子信息、智能装备等新兴领域快速发展的带动下，中国新材料产业发展呈现稳中向上的态势。

第一节　全球发展综述

一、全球新材料产业面临考验，产业规模增速放缓

2022 年，受地缘冲突等多重因素影响，全球新材料产业发展面临原材料和能源价格攀升、供应链管理、市场营销等多方考验，产业增速有所放缓，产业规模为 3.45 万亿美元，同比增长 8.5%（见图 10-1）。

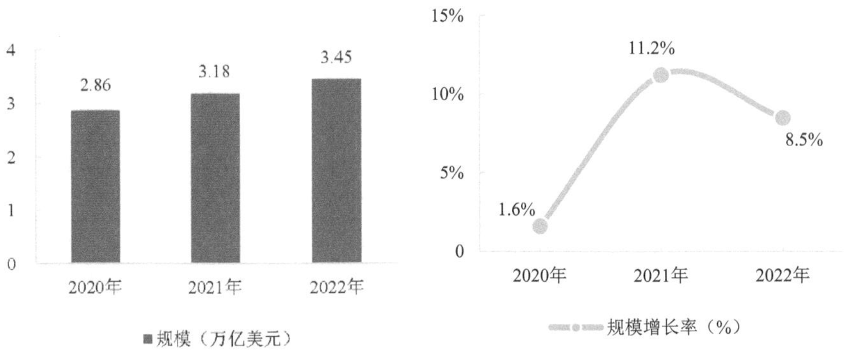

图 10-1 2020—2022 年全球新材料产业规模与其增长率

（数据来源：赛迪顾问，2023 年 2 月）

二、新兴领域市场活跃，带动关键战略材料规模提升

从全球新材料产业结构来看，2022 年，先进基础材料产业规模为 1.61 万亿美元，占据主要份额；关键战略材料受新能源、高端装备、新一代信息技术等新兴领域市场带动，产业规模提升，达到了 1.58 万亿美元，同比增长 8.8%（见图 10-2）。

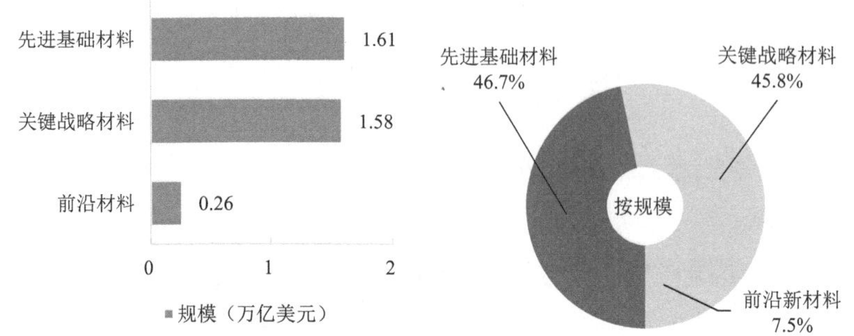

图 10-2 2022 年全球新材料产业结构

（数据来源：赛迪顾问，2023 年 2 月）

三、北美地区占比最大，欧洲市场快速增长

2022 年，北美地区新材料产业规模全球领先，占比达 32.75%。欧洲、中东和非洲地区产业规模排在第二位，占比达 32.46%，受新兴地区

市场拉动等影响，占比有所提升。亚太地区产业规模排在第三位，占比达 28.12%（见图 10-3）。

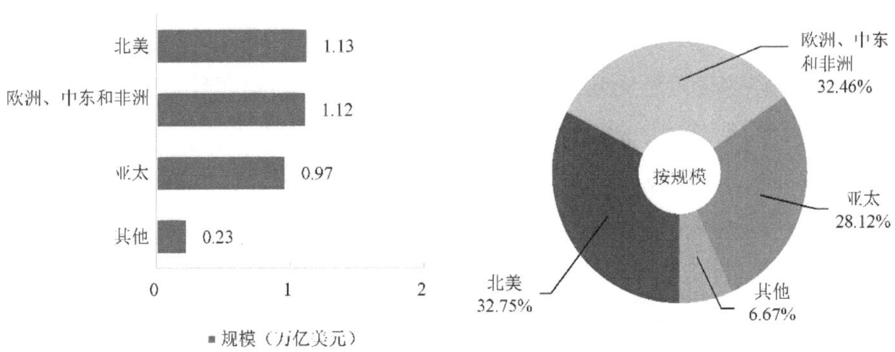

图 10-3　2022 年全球新材料产业区域结构
（数据来源：赛迪顾问，2023 年 2 月）

四、全球新材料竞争格局初步形成

新材料产业一直以来都是高技术竞争的关键领域，目前全球已经形成三级梯队竞争格局。美国、欧洲、日本等发达国家和地区在研发能力及市场占有率等方面具有绝对优势，处于竞争格局中的第一梯队。其中，美国新材料产业全面领先，欧洲国家在结构材料、光电材料等领域优势明显，日本新材料产业优势在纳米材料、电子信息材料等方面。第二梯队的中国、韩国、俄罗斯等国家和地区新材料产业正处在快速发展期。其中，中国稀土功能材料、光伏材料等产能位于世界前列，韩国在电子信息材料等领域具有优势，俄罗斯在新材料领域（如航空航天材料、金属材料等）方面优势明显。巴西、印度等国家和地区为第三梯队，目前正处于追赶阶段。

第二节　中国发展概况

一、多方政策助推新材料产业高质量发展

2021 年 12 月，工业和信息化部、科学技术部和自然资源部联合发

布《“十四五”原材料工业发展规划》(以下简称《规划》)。《规划》在“供给高端化水平不断提高”的发展目标中提出，“先进基础材料高端产品质量稳定性可靠性适用性明显提升。部分前沿新材料品种实现量产和典型应用。突破一批重点战略领域关键基础材料。”为新材料产业在“十四五”时期的高质量发展指明了方向。2022 年，工业和信息化部等部门围绕新材料上下游相关产业发布多个专项政策，包括钢铁、石化化工、化纤等领域，引导新材料上下游相关产业融合发展，推动关键材料升级换代。2021—2022 年中国新材料产业主要政策（国家层面）的颁布时间、颁布主体及政策名称，如表 10-1 所示。

表 10-1　2021—2022 年中国新材料产业主要政策（国家层面）的颁布时间、颁布主体及政策名称

颁布时间	颁布主体	政策名称
2021 年	工业和信息化部等三部门	《“十四五”原材料工业发展规划》
2021 年	工业和信息化部	《重点新材料首批次应用示范指导目录（2021 年版）》
2022 年	工业和信息化部等三部门	《关于促进钢铁工业高质量发展的指导意见》
2022 年	工业和信息化部等六部门	《关于“十四五”推动石化化工行业高质量发展的指导意见》
2022 年	工业和信息化部、国家发展和改革委员会	《关于化纤工业高质量发展的指导意见》
2022 年	工业和信息化部等三部门	《工业领域碳达峰实施方案》
2022 年	工业和信息化部等四部门	《原材料工业“三品”实施方案》

数据来源：赛迪顾问整理，2023 年 2 月

二、中国新材料产业规模快速增长

2022 年，由于下游新能源、电子信息等新兴领域市场需求高速增长，中国新材料产业发展依然保持增长态势，产业规模为 6.17 万亿元，同比增长 17.7%，其增速高于全球增速（见图 10-4）。

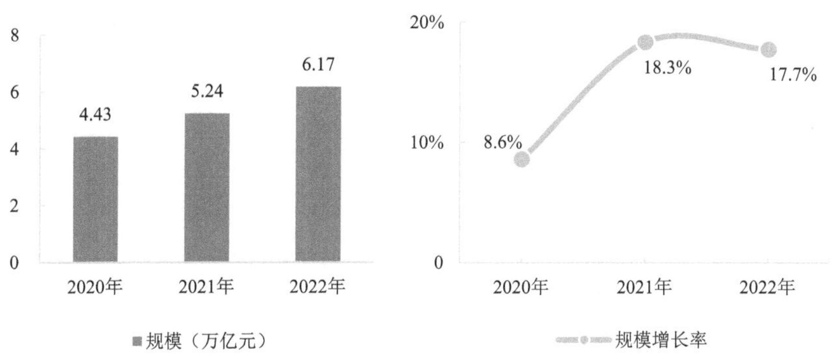

图 10-4　2020—2022 年中国新材料产业规模与其增长率
（数据来源：赛迪顾问，2023 年 2 月）

三、关键战略材料占比提升

2022 年，中国新材料产业结构持续优化。先进基础材料受到原材料价格变动等环境因素影响较大，产业规模增速大幅放缓，2022 年规模占比达 54.0%；关键战略材料需求刚性较大，下游新能源、高端装备等领域市场旺盛，2022 年产业规模占比进一步提升，达 42.3%；前沿新材料产业规模同比增长 25.6%，2022 年规模占比达 3.7%（见图 10-5）。

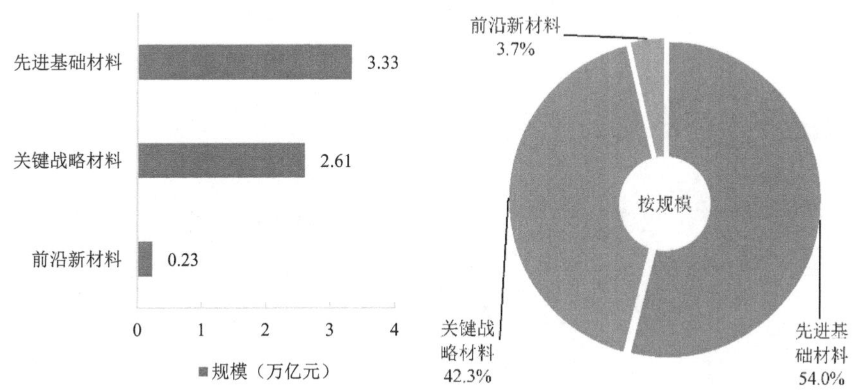

图 10-5　2022 年中国新材料产业结构
（数据来源：赛迪顾问，2023 年 2 月）

四、华东地区新材料产业规模占全国新材料产业规模比重超过四成

华东地区是中国新材料产业集聚度最高的地区，布局领域较多，整体综合实力领先。2022年，华东地区新材料产业规模为2.6万亿元，占全国新材料产业规模比重达41.9%（见图10-6）。其中，江苏省占华东地区新材料产值的主要份额，浙江省、山东省紧随其后。

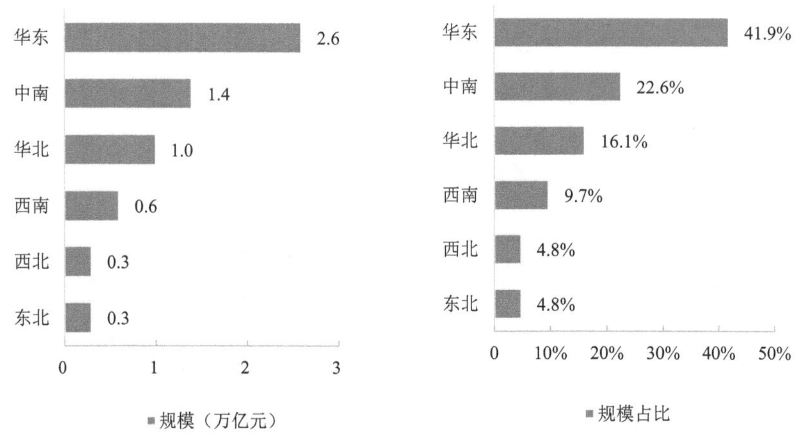

图10-6　2022年中国新材料产业区域结构

（数据来源：赛迪顾问，2023年2月）

第三节　产业链分析

新材料产业链主要可以分为先进基础材料、关键战略材料和前沿新材料。先进基础材料主要包括先进钢铁材料、先进有色金属材料、先进化工材料、先进无机非金属材料四类，产量大、普适性强，广泛用于各类制造业，是传统产业转型升级的重点方向。关键战略材料以高性能纤维及复合材料、稀土功能材料、先进半导体材料、新型显示材料等为主，是新一代信息技术、高端装备等领域发展急需的关键材料。前沿新材料是新材料产业未来的发展方向，主要有增材制造材料、纳米材料、超导材料等，整体处于产业化初期（见图10-7）。

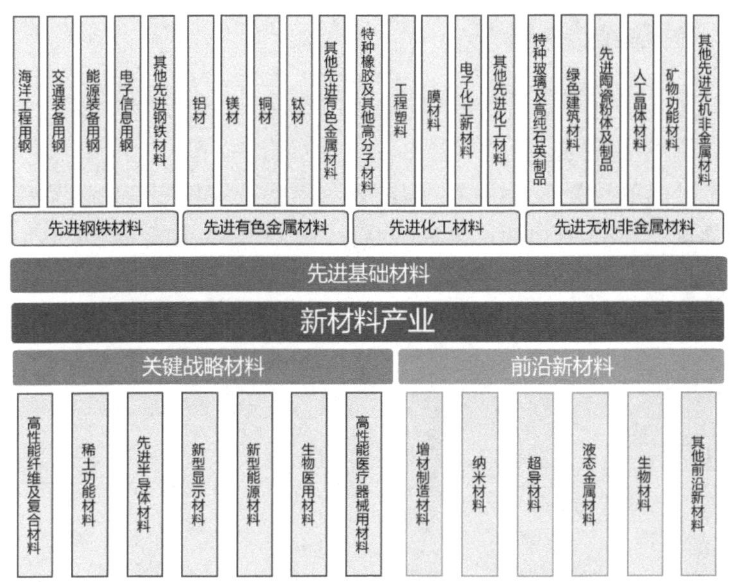

图 10-7　新材料产业三大方向主要材料

（数据来源：赛迪顾问，2023 年 2 月）

一、先进基础材料

先进基础材料以钢铁、有色、化工等传统领域为基础，是传统材料产业的高端化产品，广泛应用于各领域，是实体经济的发展基础。目前，中国部分基础材料产量全球领先，随着传统材料产业支持创新力度逐渐加大，先进基础材料将加快向高端化、高附加值、高性能方向转型升级。2022 年，中国先进基础材料产业规模为 3.33 万亿元，同比增长 15.6%，增速相较 2021 年小幅提高（见图 10-8）。

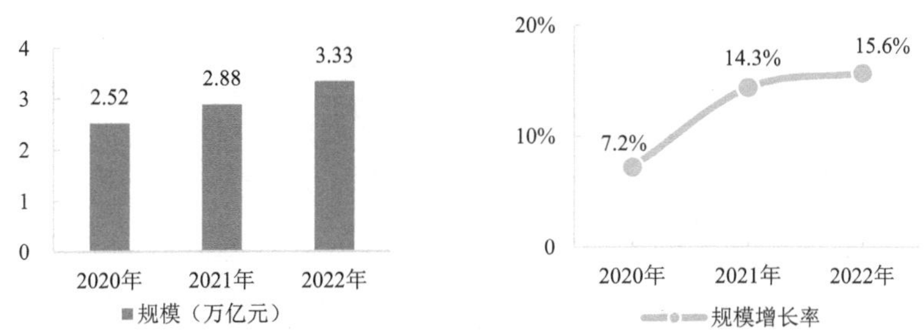

图 10-8　2020—2022 年中国先进基础材料产业规模与其增长率

（数据来源：赛迪顾问，2023 年 2 月）

二、关键战略材料

2022年，国际环境日趋复杂、地缘政治危机等对世界经济产生重大影响，关键战略材料的重要性日益凸显。在新能源、新一代信息技术等下游市场热度持续的背景下，中国关键战略材料产业保持高速发展态势，2022年产业规模为2.61万亿元，同比增长27.3%（见图10-9）。

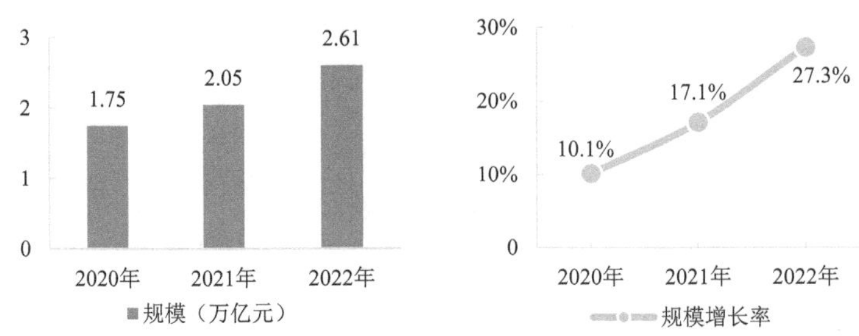

图10-9　2020—2022年中国关键战略材料产业规模与其增长率
（数据来源：赛迪顾问，2023年2月）

三、前沿新材料

前沿新材料是最具发展潜力的新材料领域，代表新材料产业未来的发展方向。因此，前沿新材料成为全球主要经济体大力布局的关键技术领域之一。目前，中国在石墨烯、超导材料等前沿新材料领域的研发与应用技术不断突破，产业化进程持续推进。2022年，受益于增材制造、5G通信设备等下游领域规模持续增长影响，中国前沿新材料产业规模为0.23万亿元，同比增长27.8%（见图10-10）。

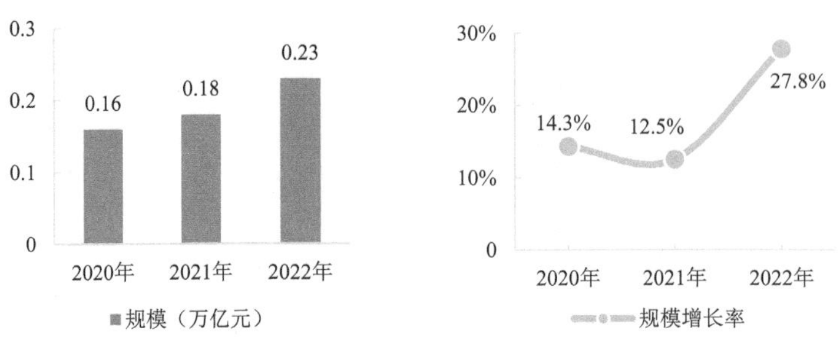

图10-10　2020—2022年中国前沿新材料产业规模与其增长率
（数据来源：赛迪顾问，2023年2月）

第四节 存在的问题

一、关键技术研发创新与应用推广能力不足

新材料产业对自主创新要求较高，总体来看，中国在新材料关键技术研发创新和产业化水平上与发达国家仍有较大差距，技术推广应用难是突出问题之一。一方面，由于中国新材料产业起步晚，尚处于培育发展期，新材料产业发展与先进制造业发展的需求尚不能完全匹配，高端创新人才缺乏，研发创新与应用脱节的情况需要持续推动优化。另一方面，新材料稳定性、可靠性等需要验证，“有材不敢用，有材不好用”的情况仍然存在，不利于新材料的应用推广。

二、新材料产业结构不合理

目前，中国新材料产业存在中低端产品重复建设与高端产品供给不足的情况。一方面，某些领域一旦成为热点，会有大批企业进入，出现低水平重复建设的情况，地区产业布局雷同。例如，在石墨烯领域，在技术水平与应用上，中国已经处于全球领先水平，但多集中于涂料、复合材料、纺织等低端、低附加值领域。另一方面，中国新材料产业大量高端材料需要进口。例如，聚乳酸的原材料——丙交酯仍主要从国外进口，提高了聚乳酸生产成本，丙交酯已成为制约产业发展的重大技术瓶颈。

三、产业发展生态不够完善

国外的新材料产业已形成以大型企业为主导、中小企业“专精特新”发展的产业生态系统。从中国的发展情况来看，一方面，目前中国新材料产业仍以中小企业居多，产业规模较小，大型企业参与度低或多集中于钢铁、有色等传统基础材料领域，新材料产业规模占比较低。例如，在石墨烯领域，90%的企业为初创型中小企业，创新研发等专业配套能力较差，使得石墨烯产业发展难度加大。另一方面，中国新材料产业大、中、小企业的协同合作发展生态仍未形成，新材料产业品种多、用途广，对企业多样化要求高，不能只依靠单个企业。

第五节　措施与建议

一、加大研发创新投入，提升产业发展能级

建议加强技术创新攻关，围绕新能源、新一代信息技术、航空航天等高端领域，进行关键材料技术攻关，突破材料供应瓶颈，开展国际交流合作，保持与国际先进水平同步发展，依托重点企业、科研院所、高校等机构，构建不同主体结构的新型研发平台，赋能产业创新发展，推动新材料产业加大研发创新投入，提升产业发展能级。

二、完善产业保障体系，推动产业可持续发展

建议通过建立多主体参与的监督约束机制，推动新型创新载体管理机制建设，释放载体创新活力；通过探索制定新时期新材料领域人才发展规划，在人才培养、引进、评价、激励等方面制定可执行的机制，建设高质量人才队伍，为产业发展打下坚实基础。探索建立多元化的资源供给渠道，加快推进资源合理开发，构建稳定、开放的资源保障体系，提升关键原材料保障能力；梳理新材料产业供应链的薄弱环节，开展关键环节供应链安全评估，加强关键产品供需对接，完善新材料产业供应链体系。

三、构建产业生态体系，加快产业集聚发展

建议构建新材料产业生态圈，推动新材料产业上下游协同发展，发挥企业引领作用，构建高水平全产业链，营造良好的新材料应用生态，促进新材料规模化应用；推动新材料产业与其他产业的联动开放发展，提升产业协同发展水平，着力打造具有全球影响力的产业集群，塑造产业发展新优势。

区　域　篇

第十一章

中国先进制造业城市发展概况

制造业是立国之本、兴国之器、强国之基。先进制造业是全球科技创新的主阵地，是世界未来经济发展的主导力量，彰显国家综合国力和核心竞争力。党的十八大以来，我国高度重视先进制造业的发展，作出了“加快建设制造强国，加快发展先进制造业”“促进我国产业迈向全球价值链中高端，培育若干世界级先进制造业集群”等多项重要部署。城市作为先进制造业发展的重要载体，其在激发创新活力、加快动能转换、培育企业梯队、加速产业集聚、推动绿色发展等方面具有不可替代的作用。

第一节　发展现状

一、实体经济重要性凸显，先进制造业加速重回中心城区

当前，城市外扩趋势愈发明显，产业外迁、居住需求溢出所造成的中心城区“制造业空心化”现象将有可能造成技术、资本等生产要素持续流出，进而造成中心城区失去产业生态的核心支撑，最终中心城区的城市功能可能仅存旅游、商贸、医疗和教育等。另外，随着中心城区现代化程度逐步升级，城区的土地、交通、劳动力、环保等成本问题将愈加突出，部分中心城区的“制造业空心化”现象有向更大范围延伸的可能。《中华人民共和国国民经济和社会发展第十四个五年规划和 2035 年远景目标纲要》明确指出，坚持把发展经济着力点放在实体经济上，坚定不移建设制造强国、质量强国、网络强国、数字中国，推进产业基础

高级化、产业链现代化，提高经济质量效益和核心竞争力。近年来，多个区域中心城市的中心城区以科技创新、产城融合、绿色低碳为导向，推动以先进制造业为代表的“都市工业”发展，制造业重回主城区速度明显加快，北京市、上海市、广州市、深圳市、成都市、武汉市、南京市等纷纷释放出“产业第一”“都市制造业回流”等强烈信号，从空间规划、产业更新、城市再塑等多方面多层次进行探索，都市工业将成为中心城区解决“制造业空心化”难题、具备城区核心竞争力、谋求可持续发展的核心抓手。

二、数字技术赋能实体经济，助力城市先进制造业发展提速

近年来，一系列前沿技术加快突破和应用，特别是人工智能、云计算、物联网等新一代信息技术正在快速发展，大数据技术、宇宙空间技术、量子技术等诸多领域取得突破性进展，由此推动产业组织模式、研发、生产、制造方式，以及要素资源配置方式、价值创造方式均发生了重大变革。在此背景下，中国各城市纷纷加大数字技术与实体经济推动力度，2022 年，我国数字经济规模为 50.2 万亿元，稳居世界第二，占 GDP 比重提升至 41.5%，同时，建设 5G 基站 231.2 万个，5G 用户超过 5.61 亿户，全球占比达 60%以上，移动物联网终端用户数为 18.45 亿户，成为全球主要经济体中首个实现“物超人”的国家，千兆光网具备覆盖超过 5 亿户家庭的能力。

三、集聚发展成效显著，打造先进制造业集群逐步成为城市发展的重要抓手

近年来，中国加速推进先进制造业产业园区和基地的建设，使具有联动效应的相关产业实现了地理位置上的聚集，并对周边地区的经济产生了积极的辐射带动作用。工业和信息化部于 2019 年、2020 年和 2022 年先后组织开展了三批全国先进制造业集群竞赛，通过初赛和决赛遴选出了 45 个具有较强实力和竞争力的先进制造业集群作为培育对象，涵盖了新一代信息技术领域的 11 个、高端装备领域的 13 个、新材料领域

的7个、生物医药及高端医疗器械领域的5个、消费品领域的6个、新能源及智能网联汽车领域的3个，覆盖制造强国建设相关重点领域，成为引领带动重点行业和领域创新发展的重要力量。45个国家级先进制造业集群2022年主导产业产值为20万亿元，布局建设了18家国家制造业创新中心，占全部国家级创新中心数量的70%，拥有国家级技术创新载体1700余家，培育创建了230余家国家级单项冠军企业、3000余家国家级专精特新“小巨人”企业，成为推动制造业高质量发展的重要载体。其中，深圳市、苏州市、广州市、南京市、无锡市、青岛市、成都市、武汉市、长沙市、株洲市、宁波市等制造业强市均有多个先进制造业集群入围，足以证明先进制造业集群以其强大的产业综合实力和出色的科技创新能力进一步为城市先进制造业发展提供了有力支撑。

四、生态环境保护迈入新阶段，先进制造业助力城市探索绿色发展新路径

随着环境保护理念不断深化，污染防治意识逐步加强，环境法治建设不断完善，重大生态修复工程持续推进，中国在环境保护和生态文明建设方面取得了显著成效。其中，在促进工业绿色循环低碳发展方面，中国通过推行绿色制造，进一步提高了制造业产品的可回收性与可拆解性，减少了对有毒有害材料的应用。同时，通过大力推行绿色供应链管理，发挥大企业的带动作用，培育一批固体废弃物产生量小、循环利用率高的示范企业。据工业和信息化部统计，2021年，中国规模以上工业企业增加值能耗累计降低36.2%，年均降低4.9%，分别比单位GDP能耗累计和年均降幅高9.8和1.6个百分点，这也充分说明以绿色制造为重点的先进制造业，已逐步成为城市高质量发展过程中的重要选择。

第二节　发展曲线

赛迪顾问智能装备产业研究中心结合近年来对先进制造业城市发展的观察和研究，将先进制造业城市发展分为跃升期、扩张期、发展期、起步期4个阶段（见图11-1）。

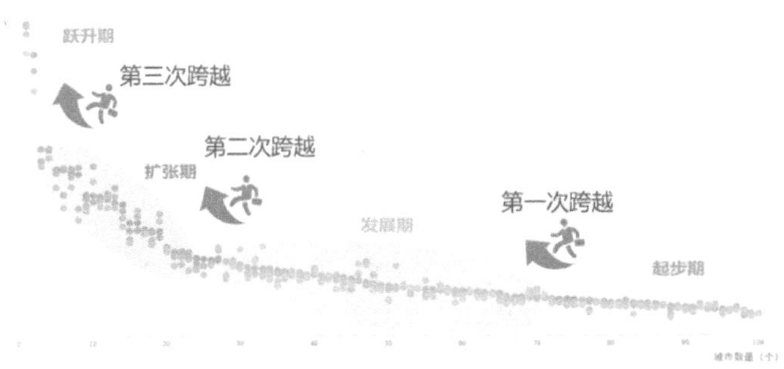

图 11-1　先进制造业发展演进分布
（数据来源：赛迪顾问，2023 年 2 月）

一、跃升期城市：领跑全国先进制造业发展，示范效应逐步显现

深圳市、苏州市、广州市等处于跃升期的先进制造业城市已拥有雄厚的制造业基础，产业具有较强的竞争力，创新机制、产业链协同机制、企业培育机制已基本完善，在各维度的发展均保持较高水准，开放包容的人才环境、稳中求进的产业发展政策及成熟的资源配套机制，为这些城市先进制造业跃升发展奠定了坚实基础。同时，这些城市普遍大力培育世界级先进制造业集群，不断提升要素产出效率，对城市产业结构的优化升级和经济的高质量发展产生了积极的带动作用，进一步助力其先进制造业发展持续提速。跃升期城市各维度发展平均水平与中国先进制造业城市发展平均水平对比，如图 11-2 所示。

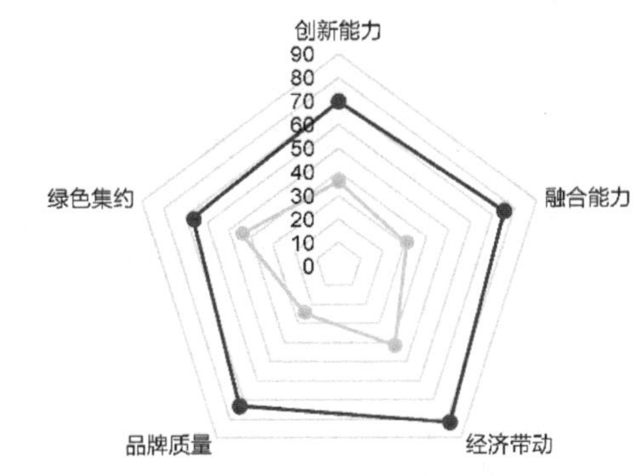

图 11-2　跃升期城市各维度发展平均水平与中国先进制造业城市发展平均水平对比
（数据来源：赛迪顾问，2022 年 10 月）

二、扩张期城市：多领域优势明显，五边形能力建设效果明显

处于扩张期的城市各维度发展平均水平皆高于全国先进制造业城市发展平均水平，这些城市大多形成了扎实的制造业基础，产业发展各有特色，拥有多条较为完整的产业链，部分领域市场占有率全国领先，但总体实力较跃升期城市存在一定差距。处于扩张期的城市普遍在品牌质量、融合能力、创新能力等方面具有较为明显的优势，具体来看，分别领先先进制造业城市平均水平的 40.6%、37.0%、31.0%。尽管绿色集约维度领先优势较小，但总体来讲保持了较高的发展水平，是我国先进制造业发展的中流砥柱。扩张期城市各维度发展平均水平与中国先进制造业城市发展平均水平对比，如图 11-3 所示。

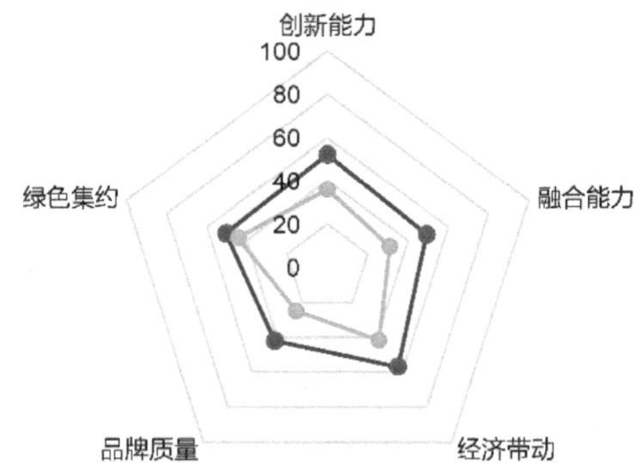

图 11-3　扩张期城市各维度发展平均水平与中国先进制造业城市发展平均水平对比

（数据来源：赛迪顾问，2022 年 10 月）

三、发展期城市：品牌建设亟待加强，发展潜力与日俱增

处于发展期的城市普遍拥有了较为完整的产业链，在产业链细分环节拥有竞争实力较强的企业，未来发展潜力较大。这些城市主要由东部地区和中部地区的次中心城市组成，创新能力、融合能力、经济带动能力、品牌质量的平均水平皆略低于全国先进制造业城市发展平均水平。其中，融合能力与全国先进制造业城市融合能力平均水平差距较为明

显，低于平均水平的 9.5%，经济带动能力与全国城市先进制造业经济带动发展平均水平相近。但是，在绿色集约方面，得益于日趋健全的资源循环利用体系和传统产业绿色低碳转型的加快推进，发展期城市具备一定的优势。发展期城市各维度发展平均水平与中国先进制造业城市发展平均水平对比，如图 11-4 所示。

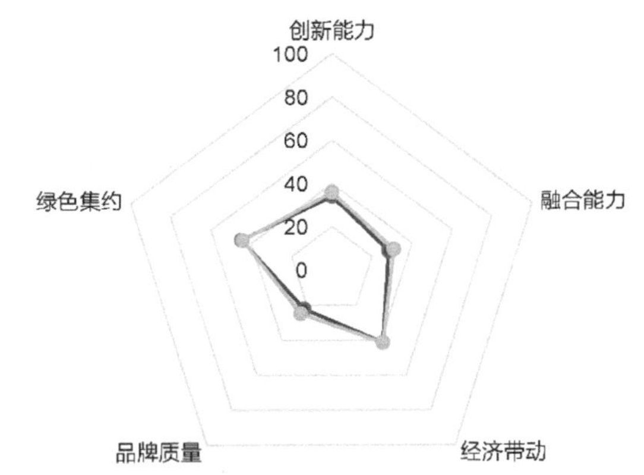

图 11-4　发展期城市各维度发展平均水平与中国先进制造业城市发展平均水平对比
（数据来源：赛迪顾问，2022 年 10 月）

四、起步期城市：着力打造新动能，开辟先进制造业发展新空间

处于起步期的城市普遍拥有一定的传统制造业基础，但是原有产业链的竞争优势正在逐步降低，先进制造业领域发展尚处于起步阶段，加快新旧动能转换是这些城市现阶段的主要工作。这些城市各维度的平均水平皆低于中国先进制造业城市发展平均水平，特别是在经济带动、品牌质量、融合能力维度存在较大差距。这意味着相较于其他三类城市，处于起步期的城市在产业创新活力、产品市场竞争力、发展经济基础等方面的能力亟待增强，亟须加快产业转型升级步伐，提升制造业现代化水平。但是，起步期城市普遍产业要素综合成本低、产业承载空间大，随着制造业发展环境的不断改善，未来这些城市或将在先进制造业领域取得更多成果。起步期城市各维度发展平均水平与中国先进制造业城市发展

平均水平对比，如图 11-5 所示。

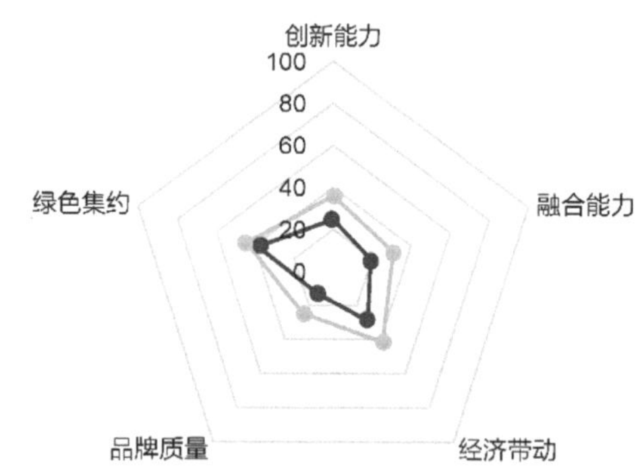

图 11-5　起步期城市各维度发展平均水平与中国先进制造业城市发展平均水平对比

（数据来源：赛迪顾问，2022 年 10 月）

第三节　发展建议

一、创新引领，培育先进制造业发展新动能

创新是先进制造业发展的核心要素，新时代新征程，我国在加速推进新型工业化战略背景下，坚持创新驱动发展战略，是塑造先进制造业发展优势、推进新型工业化的重要战略选择。具体来看，一是推动重大科技创新平台建设。高质量建设国家级创新平台，完善省（区、市）创新网络体系，大力孵化培育创新型企业，同时，供需两端双向发力，加快开展新技术、新产品示范应用，着力推动研究成果落地转化。二是强化企业创新主体地位。鼓励企业建立研发投入增长机制和研发准备金制度，支持产业链“链主”企业联合高校、科研院所和行业企业共建产业创新中心，攻关关键核心技术和行业共性技术，推动产业基础高级化。三是激发人才创新活力。建立先进制造业人才评价、激励机制，着力引培一批创新思维活跃的青年人才、储备一批视野开阔的管理人才、培养一批技能扎实的复合型技能人才。加快探索建立跨行业、跨地区的技能培训与人才交流合作长效机制，鼓励各城市根据自身发展需要完善人才发展战略。

二、融合赋能，培育先进制造业发展新模式

融合是先进制造业发展的重点领域，是增强制造业核心竞争力、推动高质量发展的重要支撑。加快推动先进制造业和现代服务业、新一代信息技术等领域深度融合，培育融合发展新业态、新模式，能够有效提升城市先进制造业发展水平。具体来看，一是持续拓展数字产业化和产业数字化发展空间。深化新一代信息技术与制造业融合发展，促进制造业与服务业高效融合，充分运用数字技术赋能传统产业转型升级，打造和推广一批数字技术和制造业融合发展典型应用场景。二是分行业、分场景探索智能制造发展路径。大力发展智能化解决方案服务，推广柔性化定制生产方式，提升总集成总承包水平，开展关键技术装备和先进制造业工艺集成应用，鼓励企业加强全生命周期管理，提升供应链管理水平。三是提升生产性服务业供给能力。加快提升工业设计、商务咨询、检测认证等服务专业化水平，积极培育定制化制造、共享制造等高附加值的新业态、新模式。

三、集群建设，形成先进制造业发展新格局

集群是产业分工深化和集聚发展的高级形式，培育发展先进制造业集群是优化稳定产业链供应链、推动制造业高质量发展的重要举措。培育发展先进制造业集群，不仅需要培育世界级先进制造业集群，提升制造业全球竞争力，而且需要聚焦县域经济发展，培育一批中小企业特色产业集群，进一步助力构建现代化产业体系。具体来看，一是培育世界级先进制造业集群。坚持顶层谋划、统筹推进，充分挖掘区域先进制造业发展潜力，进一步明确集群培育方向和具体路径，完善支持先进制造业发展的政策体系，搭建集群培育交流平台，建设专业化集群发展促进组织，探索跨区域协同培育集群模式，着力提升集群综合实力和产业链完整度，构建完善的区域产业发展生态。二是培育中小企业特色产业集群。聚焦县域经济，立足本地特色资源和产业基础，进一步明确主导产业定位，以中小企业为主体，完善中小企业梯度培育体系，提升产业链关键环节配套能力，强化产业链供应链协同能力，提高集群治理水平，进一步促进中小企业高质量发展。

四、品牌跟进，释放先进制造业发展新活力

品牌是制造业高质量发展的重要象征，加强先进制造业领域品牌质量建设，营造品牌质量发展的良好环境，已成为各个城市发展先进制造业的重要途径。具体来看，一是强化头部企业的引领带动能力。支持企业开展技术水平提升工作和质量管理数字化升级工作，鼓励企业制定高于国际标准的企业标准，进一步带动产业链上下游进行技术迭代、质量升级。二是培育梯次有序的企业队伍。构建以头部企业带动、单项冠军企业跟进、专精特新“小巨人”企业集聚，梯次有序、融通发展的市场主体结构。积极推广供应链协同、创新能力共享、数据协同开放和产业生态融通发展等模式，推动上中下游企业协同发展。

五、绿色助推，开创先进制造业发展新局面

在“双碳”目标引领下，绿色制造已逐步成为先进制造业发展的主旋律。深入实施绿色制造，大力推进工业节能降碳，已成为各个城市落实“双碳”目标、推动先进制造业发展的重要抓手。具体来看，一是构建全生命周期绿色制造体系。以节能降碳和绿色转型为牵引，鼓励企业按照产品全生命周期理念开展绿色设计工作。引导现有绿色工厂开展提标改造工作，打造一批“零碳”工厂。推进产业园区循环化改造，总结提炼绿色园区发展经验，加快形成可复制、可推广的绿色园区建设模式。发挥核心骨干企业的引领作用，提升供应链全链条减碳能力，加快形成绿色低碳供应链。二是着力推动工业能效提升。支持有条件的企业、园区加大在绿色低碳技术创新应用上的投资力度。强化绿色低碳技术、标准等基础研究，推广应用一批先进适用绿色技术。鼓励企业从局部、单体节能向全流程、系统节能转变。推动再制造和资源综合利用，探索建立新兴固体废弃物综合利用体系，培育一批在制造和资源综合利用领域的核心骨干企业。

第十二章 上海市

第一节　发展概况

一、工业战略性新兴产业发展势头强劲

上海市工业生产增长较快，产业升级成效显著，先进制造业发展良好。2022 年，上海市规模以上工业企业总产值超 4 万亿元，全年新能源、高端装备、生物、新一代信息技术、新材料、新能源汽车、节能环保、数字创意等工业战略性新兴产业完成规模以上工业企业总产值为 17 406.86 亿元，比 2021 年增长 5.8 %，占全市规模以上工业企业总产值比重达 43.0%。上海市全年规模以上工业企业产品销售率达 99.6%。在规模以上工业企业主要产品中，太阳能电池产量为 36.19 万千瓦，增长 1.2 倍；发电机组产量为 2618.08 万千瓦，增长 70.3%；新能源汽车产量为 98.86 万辆，增长 56.5%；电站用汽轮机产量为 1735.60 万千瓦，增长 40.6%，工业战略性新兴产业发展势头强劲。

二、“3+6”新型产业体系基本形成

产业是高质量发展的顶梁柱，也是上海城市核心竞争力的硬支撑。现阶段，上海市已经初步构建起了“3+6”新型产业体系，一批标志性产业链基本形成。集成电路、生物医药、人工智能三大先导产业发挥引领作用，带动上海市产业发展。2022 年，上海市三大先导产业总规模超 1.4 万亿元，增长 10%以上。在集成电路产业方面，上海市聚焦“全链发展 + 芯机联动”，制造、封测、设计、装备、材料等全产业链能级不断提升，集聚重点企业超过 1000 家，产业总规模为 2500 亿元，吸引了

全国 40%的人才。在生物医药产业方面，产业规模持续发展，2022 年产业规模为 8537 亿元，同比增长 5.7%，新增获批 1 类新药 4 个，数量居全国第一；新增通过国家创新医疗器械特别审批通道获批的器械 9 项，累计 33 项获批上市，数量占全国的 1/6；生物医药资本活跃，一级市场融资金额达 241.86 亿元，为全国第一。同时，上海市科创板上市的生物医药企业新增 11 家，累计 30 家，企业总数及募资总数为全国第一。在人工智能产业方面，上海市是国内最早布局人工智能产业的城市之一。上海市自 2017 年起在全国率先布局发展人工智能产业。2018 年上海市举办首届世界人工智能大会，推动产业规模持续扩大，从 2018 年的 1340 亿元到 2022 年突破 3800 亿元，年均增长超 29%。电子信息、生命健康、汽车、高端装备、先进材料、时尚消费品六大重点产业规模快速发展，产值超 5000 亿元，“3+6”新型产业体系基本形成。

三、优质中小企业梯度培育体系逐步完善

中小企业是提升产业链供应链稳定性和竞争力的关键环节，是构建新发展格局的有力支撑。现阶段，上海市形成了优质中小企业梯度培育体系，全市新增科技“小巨人”企业和“小巨人”培育企业 155 家，累计超 2600 家，2022 年新认定高新技术企业 9956 家，有效期内高新技术企业数突破 2.2 万家。上海市培育了金山、青浦、宝山、松江、临港 5 个国家级中小企业特色产业集群，数量居全国第一。企业成为创新驱动的主要力量。2022 年，上海市 353 家“专精特新”企业建立国家级或市级企业技术中心，574 家企业开展市级专利工作试点；309 家企业建有院士专家工作站，占全市建站数量的 48.3%。科创板上市企业 79 家，总市值约为 1.5 万亿元，融资额约为 1956 亿元，科创板首发募集资金总额和总市值排名全国第一。上海市全年共落实研发费用加计扣除 2021 年度减免税额 2622.14 亿元，享受企业数 35 686 家；落实高新技术企业减免所得税额 243 亿元，享受企业数 3221 家；新认定技术先进型服务企业 186 家，有效期内 211 家；落实技术先进型企业减免所得税额 10.19 亿元，享受企业数 143 家。上海市全年共认定高新技术成果转化项目 751 项，其中，电子信息、生物医药、新材料、先进制造与自动化等重点领域项目占比达 84.3%。截至 2022 年年底，上海市累计认定高新技

术成果转化项目 15 092 项。上汽集团乘用车临港工厂得益于焊接、涂装、整车装配实现了数字装备全链接，通过供应链一体化协同平台，以点带链、以链带面，拉动上下游 1100 多家零部件配套企业协同生产。华谊新材料充分利用数字化设备监控平台，保持设备持续健康、稳定、安全运行。安波福中央电气自主创新的“研、产、供、销、人、财、物”高效协同的智能信息系统和高度模块化、自动化、柔性化的智能装备，实现智能化生产制造及智能化运营管理，显著增强产业链供应链生产资源的动态分析与柔性配置能力，使产品研发周期提升 26%、运营成本降低 30%。这 3 家企业都获得了“国家级标杆性智能工厂”称号。据统计，近 3 年上海全市智能工厂生产效率平均提升 50%，运营成本平均降低 30%，优于全国平均水平。

第二节　主要特点

一、创新驱动产业发展取得新成效

上海市将创新作为产业经济发展的第一驱动力，优化“政府有为、专班推进”+“市场主导、揭榜挂帅”机制，全力打好产业基础高级化、产业链现代化的攻坚战，主要成果体现在以下两个方面。一是重大装备竞相涌现。C919 大飞机成功交付，ARJ21 支线客机商业运营，首艘国产大型邮轮坞内起浮，“雪龙 2”号极地科学考察破冰船等先进船舶相继推出，世界首条超公里级高温超导电缆正式投运。二是创新体系不断完善。上海市形成国家级 100 家、市级 915 家、区级 2000 余家的企业技术中心体系，规模以上工业企业研发投入强度占比达 1.65%。上海市创建集成电路、智能传感器两个国家制造业创新中心，成立中国工程院院士成果展示与转化中心。

二、智能制造发展水平取得新成效

上海市是国内最大的智能制造系统集成解决方案输出地之一。现阶段，上海市智能制造系统集成工业企业总产值突破 500 亿元，智能制造装备（工业机器人与高档数控机床、增材制造装备、智能传感与控制装

备、智能检测与装配装备、智能物流与仓储装备）规模突破 1000 亿元，全国领先。2022 年，上海市工业机器人产业规模近 240 亿元，产量为 7.67 万台（约占全国总产量的五分之一），该市机器人密度为 260 台/万人，是国际平均水平（126 台/万人）的两倍多。截至 2023 年 5 月，上海市已累计建成 100 家市级智能工厂、3 家国家级标杆性智能工厂、8 家国家级示范性智能工厂，培育 10 余家产值超 10 亿元人民币的智能系统集成商，49 个场景获评国家级智能制造优秀场景。到 2025 年，上海市计划规模以上制造业企业数字化诊断全覆盖，数字化转型比例不低于 80%。

三、数字技术融合取得新成效

数字化是工业升级的必然方向，全面推进城市数字化转型，是事关上海市发展全局和长远目标的重大战略。近年来，上海市累计推动 1000 多家企业智能化技术改造（其中数字化设备、智能机器人等占比约为 35%，投资额占比约为 54%），激发了行业企业转型升级的新动能。上海市共牵头国家智能制造综合标准化与新模式应用 37 项，实现关键装备、核心部件与工业软件创新突破 40 余项；聚焦汽车、高端装备、生物医药等重点行业骨干企业，开展智能工厂试点建设，重点培育离散型智能制造、流程型智能制造、网络化协同制造、大规模个性化定制、远程运维服务 5 类智能制造新模式。

第三节　推进举措

一、坚持高端化发展，提升创新策源能力

为强化高端产业引领功能，促进经济社会高质量发展，2022 年，上海市政府出台《上海市推进高端制造业发展的若干措施》，提出多项政策措施。在具体做法上，上海市围绕高端产业，构建“基础研究+技术攻关+成果产业化”的创新生态链，推动一批共性技术、关键技术取得重大突破，增强核心技术供给能力；奋力实施产业基础再造工程，聚焦基础零部件/元器件、基础工业软件、基础制造工艺和装备、产业标准与基础技术检验检测系统等“五基”领域，打造具备更强韧性的产业链供应链。

二、坚持数字化赋能，构建发展新优势

上海市推进数字技术全面赋能制造业发展，对总投入 1000 万元以上的技术改造项目，实施分类分档支持，对经认定的重点产业领域重大技术改造项目，支持上限提高至 1 亿元；扩大采取贴息方式范围，推动企业加大投资和项目建设力度。上海市引导优先采购符合国家和本市重点发展导向的工业软件和智能硬件，对使用上述产品的企业提供资金扶持比例，通过奖励或算力券形式支持中小企业采购人工智能算力服务。上海市对年产值 1 亿元以上的企业，由市级资金给予不超过 5 万元券值的奖励，鼓励各区加大支持力度，并给予国家级、市级智能工厂一定的支持。

三、全面实施智能工厂领航行动

上海市着力实施智能制造、“工赋上海”行动计划，遴选出 20 家智能工厂评估诊断机构和 40 家智能工厂数字化转型服务商，全面实施智能工厂领航行动。具体分 4 点来看：一是“金字塔型”分级推进，建立标杆性智能工厂、智能工厂、优秀场景三级智能工厂梯度培育体系；二是“一业一策”分类推进，聚焦电子信息、汽车、高端装备等六大重点产业，推动制造业向数字化转型和智能化升级；三是建立“一厂一专员”专班机制，制定“一厂一案”，指导企业向标杆奋进；四是推进机器人化智能制造融合工程，即机器人赋能千行百业工程和工业母机提升工程，让智能工厂成为机器人和工业母机集成创新应用的赛马场。在加大优质企业扶持力度方面，上海市对工业企业产值首次突破 10 亿元、50 亿元、100 亿元等不同规模的先进制造业企业，鼓励各区按照规定给予支持。上海市、区联合以奖励或成长券形式支持“小升规、规转强”，按照企业产值增速分档，支持其采购数字化管理、技术创新、法律咨询、检验检测等服务，市级给予最高不超过 50 万元券值的奖励，鼓励各区配套支持，开展市级制造业单项冠军企业培育工作，各区对各梯度优质企业加大扶持力度。

第十三章

苏州市

第一节　发展概况

一、工业经济综合实力稳步增强

2022 年，苏州市实现规模以上工业企业总产值 4.36 万亿元，同比增长 4.1%，位居全国第二；实现全部工业企业增加值 1.06 万亿元，位居全国第三。苏州市工业企业增加值占 GDP 比重高达 44.2%，凸显苏州工业制造业在全市经济中的地位更加重要，规模以上工业企业增加值同比增长 2.4%，总体实力稳中有进。同时，苏州市工业投资持续稳定增长，2022 年完成工业投资额为 1708.1 亿元，同比增长 6.4%。其中高技术制造业完成投资额为 747.8 亿元，同比增长 18.2%；技术改造业完成投资额为 916.6 亿元，同比增长 15.2%，占工业投资比重达 53.7%。

二、先进制造业重点领域发展蹄疾步稳

在苏州市 35 个行业大类中，2022 年有 22 个行业累计产值实现增长，占全部产业的 62.9%。其中，电子信息产业实现产值 12 819.7 亿元，同比增长 6.2%；装备制造产业实现产值 13 777.4 亿元，同比增长 7.9%；生物医药产业实现产值 2188.1 亿元，同比增长 4.9%；先进材料产业实现产值 10 578.2 亿元。四大主导产业规模稳中有进。

三、梯队培育促优质企业量质齐升

苏州市工业企业总体效益持续改善，2022 年全市规模以上工业企业实现利润总额为 2384 亿元，同比降低 12.9%，降幅比上半年收窄 7.5

个百分点，全市规模以上工业企业营业收入实现 44 770 亿元，同比增长 0.6%。企业亏损面达 22.6%，比上半年收窄 8.1 个百分点，整体呈现改善向好的趋势。同时，苏州市优质企业数量和规模快速提高，2022 年全市新增国家级专精特新“小巨人”企业 122 家，占江苏省入选数量的 28.8%；新增省级“专精特新”中小企业 1017 家，占全省总数的 28.3%。至此，苏州市已拥有国家级专精特新“小巨人”企业 171 家和省级“专精特新”中小企业 1415 家，数量均居江苏省第一名。

第二节　主要特点

一、以建设产业创新集群作为抓手，助力苏州制造向苏州创造转变

苏州市大力推进产业创新集群建设，强化机制统筹推进，制定支持产业创新集群建设若干政策，围绕电子信息、装备制造、生物医药、先进材料四大产业创新集群，按照“八个一”工作要求，“整体统筹、区域聚焦、错位布局、协作联动”推进产业创新集群高质量发展，形成“产业在沿江转型、创新在城区集聚”发展格局，做优做强纳米新材料、生物医药及高端医疗器械、高端纺织等国家先进制造业集群，推动产业耦合发展，开辟新能源、智能网联汽车等更多引领未来发展的新赛道，召开电子信息、生物医药产业创新集群建设大会及光子、创新药物、智能网联汽车等 9 个细分领域工作推进会，围绕生物医药、新型显示、集成电路、工业软件等重点产业链开展供需对接活动，聚焦重点产业链，梳理关键核心技术攻关项目清单，加快推进关键核心技术突破，助力苏州制造向苏州创造转变，推动制造业迈向产业链中高端。

二、纵深推进智能化转型，推动制造业健康发展

苏州市持续加大智能化改造、数字化转型行动计划推进力度，高质量完成规模以上工业企业智能化改造、数字化转型全覆盖，持续扩大中小企业普及面，分行业、分领域、分集群、分规模精准组织对接活动，公开招标全国优秀服务商为企业开展智能制造诊断服务，强化“灯塔工

厂”培育，鼓励优秀企业特别是民营企业创建全球“灯塔工厂”，建设一批覆盖企业生产全流程、管理全方位和产品全生命周期的智能制造示范工厂，推动标杆企业面向行业加强技术服务输出，并出台加快培育智能化改造、数字化转型技术服务输出企业实施意见。2022年，苏州市入选江苏省制造业智能化改造、数字化转型成效明显地区，通过编制问卷完成对8150家工业企业进行数字化能力评估的报告，新增1家全球“灯塔工厂”、1个国家级智能制造示范工厂、4个国家级智能制造优秀场景，数量均位居江苏省第一。同时，苏州市进一步推进制造业服务化转型，新增6家国家级服务型制造示范企业（平台、项目）。苏州市吴中区科沃斯机器人股份有限公司的“地宝X1家族（地面清洁机器人）”产品获中国优秀工业设计奖银奖。常熟纺织服装创意产业园入选工业和信息化部第二批纺织服装创意设计示范园区（平台）。

三、以强化数字经济为引擎，助力产业高质量发展

苏州市认为融合发展是时代的大趋势，将数字经济视为新赛道、主赛道，把数字经济时代产业创新集群作为产业发展的方向和目标，从三大角度推进数字经济核心产业加速发展，一是壮大数字经济核心产业，编制数字经济核心产业加速发展行动计划，新增3个国家大数据产业发展试点示范项目，培育7家国家重点软件企业，2022年全市软件和信息技术服务完成业务收入同比增长8.7%。二是加快建设国家区块链发展先导区，苏州市制定出台国家区块链发展先导区建设工作方案，2022年新增49个国家互联网信息办公室区块链信息服务备案项目，成功举办第五届中国区块链开发大赛成果发布会，推动成立苏州产业技术研究院区块链技术研究所。三是推动应用场景创新和开放，2022年，苏州市新增5个工业和信息化部人工智能产业创新重点任务“揭榜挂帅”项目，8个项目入围工业和信息化部、国家药品监督管理局人工智能医疗器械创新任务揭榜名单，召开数字人民币对公支付业务应用场景推进会，形成86 115家工业企业清单，8家单位信息消费体验中心入围江苏省3A级以上体验中心名单。

第三节　推进举措

一、大力培育优质企业梯队

苏州市将培育优质企业作为工作的重中之重，持续优化企业发展环境，开展重点企业大走访、重点纳税大户企业走访，及时协调解决企业发展诉求，累计走访重点企业 18 255 家，公布“12345”助企纾困服务热线，牵头开展企业服务月活动，不断完善“政策计算器”匹配功能，新增 4 家国家中小企业公共服务示范平台，5 家平台入选中央财政支持中小企业数字化转型试点平台。在此基础上，一方面，苏州市鼓励企业做大做强，3 家企业入围 2022 年《财富》世界 500 强榜单，9 家企业（产品）入围工业和信息化部第七批国家级制造业单项冠军企业（产品）名单，10 家企业入选工业和信息化部重点培育纺织服装百家品牌名单，10 家企业入围中国电子信息企业竞争力百强企业榜单，数量均为江苏省第一名。另一方面，苏州市大力培育“专精特新”中小企业，出台促进“专精特新”中小企业高质量发展的实施意见，金融支持加快培育“专精特新”企业专项方案及“小升规”企业培育实施方案，优质中小企业培育库入库企业超 1 万家，认定公告首批创新型中小企业 7670 家，在《苏州日报》开设专精特新“小巨人”专栏，发布了 12 期专题报道。

二、推进产业绿色低碳转型

在推动工业绿色低碳发展方面，苏州市分解下达“十四五”和 2022 年度全市单位 GDP 能耗降低目标任务，强化能耗强度控制和预警监测，坚决遏制“两高”项目盲目发展，并加快绿色制造体系建设，4 家企业成功入选第四批国家级工业产品绿色设计示范企业、91 家企业获评 2022 年省级绿色工厂。同时，苏州市发布了“近零碳”工厂建设管理办法和评价指标体系，印发了苏州市工业领域节能技改行动计划，制订重点领域节能改造计划，推进重点节能技改项目实施。在深化资源集约利用方面，苏州市组织开展 2021 年度工业企业资源集约利用综合评价体系，实施城镇土地使用税、污水处理、电力、管道天然气等差别化价格政策，印发全市“十四五”淘汰落后产能工作实施方案和2022年工作要点，扎实推进中央和省生态环境保护督查交办问题整改。

三、保障产业链供应链安全稳定

2022年，面对严峻复杂的新冠疫情对企业生产造成的影响，苏州市建立新冠疫情防控“一专班三小组”工作架构，合力打通产业链供应链堵点、痛点，累计协调解决5387项产业链供应链相关问题。苏州市企业防控组制发各类通知、函件350余份，出台新冠疫情防控下企业加快复工复产、来自国内中高风险地区货物重点岗位人员和重点环节新冠疫情防控等工作指引，指导企业完善防控工作机制。苏州市创新开发“苏链通”供应链对接平台，着力缓解企业供应链难题，平台全年累计访问量达35.3万次，发布供需信息3.19万条，已协助形成供需对接意向1.29万次。苏州市建立重点企业和主要配套企业“白名单”制度，提高通行证办理效率，保障新冠疫情期间苏州市重点企业和主要配套企业的物流畅通。

第十四章 宁波市

第一节 发展概况

一、制造业综合实力突出

2022 年，宁波市实现规模以上工业企业总产值 2.43 万亿元，同比增长 7.6%；全市实现规模以上工业企业增加值 5339 亿元，同比增长 3.8%，增速居全国工业十强城市第四位，占全省规模以上工业企业增加值的 24.4%，比 2021 年提高 0.4 个百分点；全市实现全部规模以上工业企业增加值 6682 亿元，居全国第七位；完成制造业投资 1085.7 亿元，同比增长 14.8%，总量居全省首位。规模以上工业企业全员劳动生产率达 32.5 万元/人，比去年同期高 1.8 万元/人。宁波市规模以上工业企业亩均税收连续 4 年居浙江省首位。

二、产业集群特色明显

宁波市大力培育特色产业集群，聚焦“专精特新”培优培强壮大主体，产业数字化转型促智能制造再腾飞。宁波市拥有绿色石化、汽车制造、高端装备、电子信息、新材料、关键基础零部件、纺织服装、智能家电、文体用品等多个千亿级产业，是全国七大石化产业、七大新材料、四大家电和三大服装产业基地之一，拥有中国注塑机之都、中国紧固件之都、中国模具之都等 11 个全国唯一的特色产业之都称号。绿色石化、稀土永磁材料入选国家先进制造业集群培育计划；电梯关键配套件产业集群、压铸模具产业集群入选国家中小企业特色产业集群；北仑“光芯”产业集群等 4 个产业集群入选省“新星”产业集群培育计划。

三、产业基础丰厚

宁波市地处长江三角洲地区，与上海市、杭州市等城市相邻，是中国对外开放的重要口岸之一，具有较强的区位优势。此外，宁波市还拥有丰富的经济、文化和历史底蕴，产业基础丰厚。宁波市在稀土永磁材料、高端金属合金材料、化工新材料、功能膜、高端模具、液压件、气动件、密封件、精密轴承等细分领域特色优势突出。宁波市的稀土永磁材料总产量占全国的 50%以上，是全球最大的聚氨酯材料生产基地，中高端铜合金产品产量占全国的 45%以上，铸造模产量占全国的 60%以上，压铸模产量占全国的 50%以上，电磁阀、气缸、三联件、高压气动阀等气动件产品产量占全国的 35%以上，液压件产量占全国的 25%，核电站密封件产量占全国的 80%以上，高端海底电缆产量占全国的 85%以上。

第二节　主要特点

一、筛选培育优质企业，民营企业活力足

民营企业是产业基础高质量发展的主力军，宁波市积极推进民营企业做优做强，筛选了一批专业基础好、创新意识强、发展潜力大的重点企业，培育了一批“专精特新”企业、单项冠军企业、隐形冠军企业和“瞪羚”企业。2022 年，宁波市拥有中国制造业 500 强企业 17 家，省“雄鹰企业”24 家，境内外制造业上市企业 112 家。截至 2022 年，宁波市有 4 家企业入围全球汽车零部件供应商百强榜；4 家企业入围全球“独角兽”榜单；10 家服装品牌入选国家重点培育百家品牌，居全国总量的 9.6%；17 家企业入榜浙江省创造力百强企业。

二、企业加速转型升级，智能制造程度高

宁波市智能制造起步较早，一批制造业企业已开始向自动化、信息化、数字化、智能化加速迈进。截至 2022 年年底，宁波市累计建设市级以上数字化车间/智能工厂 361 个/家，省级数字化车间/智能工厂 84 个/家，省未来工厂 12 家，“5G+工业互联网”试点项目 40 个，累计上

云企业 9.4 万家，在役工业机器人超 2.1 万台。“点（机器换人）、线（生产线智能化改造）、面（数字化车间和智能工厂建设）”的智能制造模式被工业和信息化部作为典型经验向全国推广。宁波市先后引进共建了智能制造产业研究院、工业互联网研究院、智能制造技术研究院、智能技术研究院等一批高端机构和团队，开发出国内首个拥有自主知识产权的工业操作系统——supOS。

三、产学研高效协同，创新动能提升快

宁波市按照“一个产业、一个创新研究院”的要求，自 2018 年以来引进共建了上海交通大学宁波人工智能研究院、北京航空航天大学宁波创新研究院、大连理工大学宁波研究院等 20 多家创新研究院；创建国家级石墨烯制造业创新中心和稀土永磁材料等 5 家省级制造业创新中心，推动建设了一批高能级企业研究院，累计拥有国家级企业技术中心 39 家、国家级工业设计中心 8 家，累计有效发明专利拥有量为 4.7 万件。

第三节　推进举措

一、大力培育产业集群，加快构建现代产业体系

在国家制造强国试点期间，宁波市重点围绕新一代信息技术、新材料、高端装备三大战略产业，聚焦培育稀土永磁材料、高端金属合金材料、石墨烯、集成电路、光学电子、专用装备、关键基础零部件等八大细分行业。2019 年，宁波市出台《关于实施“246”万千亿级产业集群培育工程的意见》，加快培育 2 个世界级的万亿级产业集群、4 个具有国际影响力的五千亿级产业集群和 6 个国内领先的千亿级产业集群。2023 年，宁波市又在谋划“361”产业集群，重点培育数字产业、绿色石化、高端装备 3 个万亿级产业集群，新型功能材料、新能源、关键基础零部件、智能家电、纺织服装、现代健康 6 个千亿级产业集群，以及人工智能、区块链、柔性电子等一批新兴和未来产业集群。同时，宁波市围绕产业集群出台《宁波市推进产业基础高级化和产业链现代化行动

方案（2020—2025年）》，大力培育化工新材料、节能与新能源汽车、特色工艺集成电路、智能成型装备等十大标志性产业链，重点推进一批标志性企业、项目、技术、平台，累计组建省级产业链上下游企业共同体48家，每年组织产业链企业对接、院企对接、银企对接、数字化赋能对接等“四个百场”对接活动。

二、推进产业链创新链深度融合，加快提升产业科技水平

2022年，宁波市围绕产业链部署创新链，加快建设高水平创新型城市，规划建设总用地面积为197平方千米的甬江科创区，甬江实验室、东方理工大学已开工建设。宁波市实施“栽树”工程，按照“一个产业、一个创新研究院”的要求，累计引进共建北京航空航天大学宁波创新研究院、西北工业大学宁波研究院等创新研究院71家，成功创建国家级石墨烯制造业创新中心，累计创建国家级企业技术中心39家、国家级工业设计中心8家。宁波市强化关键核心技术攻关，实施“科技创新2025”重大专项，累计攻克600多项关键技术壁垒和瓶颈难题，累计获得国家级科学技术奖20多项。2022年，宁波市规模以上工业企业研发经费增长16.7%，占营业收入比重达2.42%，累计有效发明专利拥有量4.7万件。自2017年起，宁波市实施规模以上工业企业智能化诊断和技术改造两个全覆盖行动，2017—2019年3年累计实施技术改造项目超万个。宁波市面向传统制造业、特色块状经济行业和具备自动化数字化生产条件的企业，由“点（机器换人）、线（生产线智能化改造）、面（数字化车间和智能工厂建设）1.0版”智能化改造，向推进企业数字化水平提升、实施行业数字化改造推广、培育优化智造服务生态的2.0版升级，该智能制造模式被工业和信息化部作为典型经验向全国推广。宁波市以“一县一业”“一行业一平台一方案”，推进细分行业中小企业数字化改造，建成了“1+1+N+X”工业互联网平台体系，开发出国内首个拥有自主知识产权的工业操作系统supOS，多个工业互联网平台相继入围国家平台，市工业互联网平台应用创新推广中心项目列入工业和信息化部工业互联网创新发展工程。自2022年起，宁波市启动实施规模以上工业企业数字化改造、重点（细分）行业数字化改造和企业上云上平台“三个全覆盖”计划，分行业、分层级、分类型开展智能制造试点示范

和推广应用，推动企业设计、研发、生产、管理、服务等全流程智能化改造。截至 2022 年，宁波市累计建设市级以上数字化车间/智能工厂 361 个/家，国家智能制造、工业互联网等领域各类试点示范、优秀案例等 97 个，“5G+工业互联网”试点项目 40 个。

三、聚焦培育企业专业化能力，加快打造单项冠军之城

宁波市主动跟随国家碳中和大势与能源结构升级步伐，积极实施成本优先战略，努力提升企业综合竞争力，坚定不移走好“专精特新”的高质量发展道路，优化培育“专精特新”企业，出台《宁波市聚焦关键核心技术打造制造业单项冠军之城行动方案（2020—2025）》，建立分类分级、动态管理、精准服务的单项冠军、专精特新“小巨人”培育机制。截至 2022 年，宁波全市累计获评国家级制造业单项冠军 83 家，居全国首位；累计获评国家级专精特新“小巨人”企业 283 家，居全国第四位；累计获评国家级重点“小巨人”企业 66 家，居全国第三位。宁波市推进企业上规、上市、上云、上榜，发布 104 家“大优强”企业名单，培育超千亿级企业（集团）4 家、超百亿级企业 31 家。

第十五章

沈阳市

第一节　发展概况

一、量质齐进工业经济迈上新台阶

2022 年，在受到新冠疫情冲击和地区经济面临下行压力的背景下，沈阳市高效统筹新冠疫情防控和工业发展工作，力促工业经济运行维持在合理区间，交出了一份亮眼的答卷。2022 年沈阳市规模以上工业企业增加值同比增长 3.1%，高于辽宁省 4.6 个百分点。同时，沈阳市工业投资也实现了逆势攀升，同比增长 30.3%，高于辽宁省 24.2 个百分点，投资规模也位居全省首位，其中制造业投资增长率达 28.0%，高技术产业投资增长率达 45.7%，为工业经济持续增长注入强劲动力。同年，沈阳市连续被国务院评为“国家建设信息基础设施和推进产业数字化成效明显市（州）”，被工业和信息化部评为“工业稳增长和转型升级成效明显市（州）”，获批东北地区首个国家服务型制造示范城市和工业互联网国家新型工业化产业示范基地、东北地区首家国家工业设计研究院，成功打造国家千兆城市和信息消费示范城市，工业经济发展质量稳步提升。

二、多措并举主导产业孕育新动能

沈阳市深入推进工业经济结构调整，印发建设国家先进制造中心行动纲要、深入推进结构调整“三篇大文章”三年行动方案，制定改造升级“老字号”、培育壮大“新字号”做示范专项行动计划，编制“做示范”指标体系，预计“老原新”产业增加值增长 2.5%。2022 年，沈阳市高端装备制造产业链产值突破1000亿元、占装备制造业比重达34%，石化产业精细化率达47%，冶金建材行业高附加值和高技术含量产品占比达30%，“新字号”增加值增长12.4%、占工业比重提升至24.1%，产业结构优化成效斐然。同时，沈阳市聚焦支持主导产业做大做强，着力补齐产业链，推动重点产业链“建补延强”，解决“老原新”产业链断点弱点问题26项，培育一批有竞争力和区域优势的重点产业链，其中重点培育汽车及零部件、航空等8条产业链，建设工业和信息化部工艺“一条龙”应用示范推进机构，全力提升产业基础。

三、全面赋能重点企业焕发新活力

沈阳市高度重视服务和支持工业企业发展，在2022年新冠疫情期间成立市区两级工业企业供应链保障专班，最大限度帮扶企业维持运转或快速恢复生产。沈阳市还出台了一系列政策措施助力企业做大做强，一是助力企业打通堵点，初步建立“整零协同”“三生融合”等体系，支持企业加强自有创新平台建设，引导企业联合研发机构开展自主攻关，助力企业进一步提升本地配套率。二是加大对中小企业的帮扶力度，出台支持中小企业“沈20条”、“专精特新”企业贷款贴息及技改补贴等政策，开展“春风送暖政策落实月”活动，中小企业享受省、市惠企政策资金超过12亿元，近5000家小微企业和个体工商户享受新冠疫情期间电费补贴，支持企业高速发展。三是为企业提供更贴心的金融服务，创新设立“稳企贷”等金融产品，精准“银企对接”50余次，进一步提升中小微企业融资担保额，为企业发展“保驾护航”。在此背景下，沈阳市重点工业企业实力进一步增强，2022年全市百亿元企业达到3家，多家企业成功在科创板上市，同时，获批2个国家级、7个省级制造业“单项冠军”，“专精特新”企业实现倍增，新培育国家专精特新“小巨人”企业25家，省专精特新“小巨人”企业和中小企业324家、产品（技术）426项，数量创历年新高，位居东北第一，新增“规升巨”企业20家、“小升规”企业223家，企业整体活力显著提升。

第二节 主要特点

一、以建设国家先进制造中心引领高质量发展

沈阳市紧盯建设国家先进制造中心的目标，2022 年印发实施了国家先进制造中心行动纲要，设立了产业结构调整、产业集群提质增效、技术创新引领、数字赋能增效、专业产业园区建设、绿色制造和开放包容推进七大重点行动任务，并设立了一系列配套保障措施，为沈阳市加快构建现代化产业体系、争当推进新型工业化的先锋指明了方向，助力工业经济发展质量不断提升，并为沈阳市建设国家中心城市提供了产业支撑。

二、高标准建设世界级先进制造业集群

2022 年，沈阳市机器人及智能制造集群成功在国家先进制造业集群评选中胜出，实现东北地区国家先进制造业集群“零”的突破，也标志着沈阳市机器人及智能制造产业开始向世界级水平跃升发展。围绕高端化、智能化方向，沈阳市着力组建机器人国家产业创新中心，力争集群产值突破 1300 亿元。同时，沈阳市着力培育更多不同领域的先进制造业集群，各地区均积极开展区域特色产业集群建设，分别集中力量主攻 1～2 个优势突出、成长性好、带动力强的主导产业集群，力图构建一批各具特色、优势互补、结构合理的区域增长极，为打造下一批先进制造业集群打下坚实的基础。

三、推进智改数转助力制造业转型升级

沈阳市高度重视推进智能化改造和数字化转型助力制造业提档升级，一方面大力推进新型基础设施建设，部署 5G 和工业互联网建设应用，2022 年新建 5G 基站 1.3 万个，总数达 3 万个，工业互联网标识解析二级节点达 13 个，国际互联网数据专用通道落地开通，“星火•链网”超级节点启动运行，国家和省级工业互联网平台总量达到 25 个，成为东北地区最大网络通信枢纽节点，成功获评国务院建设信息基础设施和推进产业数字化成效明显市（州）、工业互联网国家新型工业化产业示

范基地、“双千兆”城市等荣誉。另一方面，沈阳市大力支持工业企业进行智改数转，创新制定 18 大类、60 小类数字化转型应用场景分类标准，获全省推广，支持智能制造行业示范 16 个，带动 1000 余家工业企业上云，培育智能升级项目 104 个、数字化转型场景 315 个，69 个项目获批国家、省级智能制造示范及优秀场景，并着力培育 600 余个覆盖社会民生、制造业和教育等多个领域的 5G 场景项目，以实际政策和示范引领引导工业企业积极推进转型升级。

第三节　推进举措

一、创新引领增强产业发展动力

沈阳市坚持创新驱动发展，大力提升自身创新能力，一方面积极打造高水平创新平台，2022 年推动北方实验室组建省创新中心、省新型流体机械创新中心，有 7 个企业技术中心晋升国家级，企业技术中心总数接近 400 个。另一方面，沈阳市大力实施重大技术装备攻关工程，积极对接国家、省相关政策，发挥市级政策引导作用，培育 20 项首台（套）重大装备研发应用，推进重点项目投/达产，支持重大新产品规模化生产，积极争取省级工业企业创新产品，有 244 个项目、170 项产品列入省企业技术创新重点项目计划、工业企业创新产品名录，以创新为产业发展注入强劲动力。

二、补短锻长夯实产业发展基础

沈阳市大力实施产业基础再造工程，着力补齐产业链短板，在全省率先创建市级重点产业链“链长制”，并制订了产业基础再造工程三年行动计划及指导目录、产业基础领域先进技术产品发展方向及研制目录，为进一步强化产业链韧性明确了方向。面向 8 条重点产业链，沈阳市全力支持 90 个产业基础项目加速建设，争取成为工业和信息化部工艺“一条龙”应用示范推进机构，力争填补 40 个产业链断点堵点，8 个“国字号”项目、25 个产业基础领域先进技术产品填补国内空白，3 家企业申报工业和信息化部重点产品、工艺“一条龙”应用示范推进机构，为保障产业链安全做出了重要贡献。

三、培育企业提高产业生态活力

沈阳市始终将护航企业发展、提升活力放在工作的突出位置，不仅延续推进稳住经济“一揽子”等政策措施，持续实施“高成长”“领军型”“500 强”企业上台阶扶持，以及首次“小升规”“规升巨”等奖励政策，而且注重将政策兑现和实施。在“链长制”由顶层设计向具体实施转变的过程中，沈阳市积极推进“5+3+7+5”20 条产业链补链、延链、强链，抓好高端装备、汽车及零部件等八大重点产业链，通过产业发展拉动企业成长，并对培育 100 亿元企业、50 亿元企业、“小升规”企业、“规升巨”企业设立了明确的数量目标。在强化企业梯度培育的过程中，沈阳市积极完善市、区两级联动服务体系，构建中小企业政策落实体系，加快中小企业管理提升，加大对企业的精益管理培训与咨询工作力度，强化助企纾困，做优做实“管家”式帮扶，定期举办供应链对接等活动，组织银企精准对接，强化融资服务，健全防范和化解拖欠中小企业账款长效机制，积极兑现各级支持政策，真正将帮助企业成长落到实处。

第十六章 潍坊市

第一节 发展概况

一、工业经济持续稳增长

2022 年，潍坊市把实现工业稳增长作为首要任务，持续优化工业运行监测机制，出台“工业稳增长 20 条”，引导 21 家企业进入国家级产业链供应链“白名单”、 216 家企业进入省级产业链供应链“白名单”，省级以上“白名单”企业数量居全省第一位。2022 年，潍坊市紧盯防疫物资生产、储备、调拨等关键环节，全力保障物资供应，开展安全生产驻点督导、化工行业安全生产等专项行动，排查整改 1127 项风险隐患。“亩产效益”评价改革全面深化，规模以上工业企业、规模以下工业企业参评数量分别达到 3872 家、8325 家。2022 年，潍坊市规模以上工业企业增加值同比增长 7.4%，高于全省 2.3 个百分点，高于全国 3.8 个百分点；实现规模以上工业企业营业收入 11 351.4 亿元，创近年来新高。

二、产业体系实现新优化

近年来，潍坊市推动传统产业“弯道超车”、新兴产业“换道超车”，提升服务企业质效。在推动传统产业“弯道超车”方面，截至 2022 年，潍坊市共关停退出 18 条直径 3.2 米以下水泥磨机产线，水泥产能压减 415 万吨/年，改造轮胎行业不能实现密闭式自动投料的炼胶机 27 台及不能实现充氮工艺的子午胎企业硫化设备 955 台，全面完成氯碱行业电解槽改造，有序推进焦化产能整合转移。在推动新兴产业“换道超车”方面，2022 年，潍坊市推动元宇宙、新能源技术、工业母机、新医药新材料等产业加速发展，举办元宇宙技术创新与产业之都建设高峰论坛、潍坊市半导体产业发展圆桌会议、磁悬浮节能技术应用及产品推广座谈会。在企业服务方面，2022 年，潍坊市完成 9 家化工园区和 374 家规模以上化工企业的智能化改造诊断评估，新增国家级绿色铸造企业 13 家，组织首批 37 家铸造企业开展智能化试点，4 家企业入选国家重点培育纺织服装百家品牌名单。

三、创新动能持续释放

2022 年，潍坊市深入实施创新驱动发展战略，统筹“技术、平台、企业、人才”一体化推进。在技术发展方面，潍坊天瑞重工获 2021 年度省技术发明奖一等奖，全球首台 5 米特大型立环磁选机在潍坊下线。在创新平台建设方面，潍坊市新增 32 家省级工业设计中心和 27 家省级“一企一技术”研发中心，工业设计中心数量领先全省；全国磁悬浮动力技术基础与应用标准化工作组和国家燃料电池技术创新中心在潍坊揭牌成立。在企业创新方面，潍坊市新增 7 家省级智能工厂、6 家省级数字化车间，35 种产品列入省首台（套）目录和名单；得利斯集团有限公司牵头创建的山东省预制菜制造业创新中心成功认定为 2022 年山东省制造业创新中心（第一批）培育企业。在先进项目建设方面，潍坊市领航卡车工厂项目入选了 2022 年工业互联网试点示范名单，“山东食品（预制菜）行业分中心”和“山东通用设备制造（智能通信）行业分中心”入围国家工业互联网大数据中心体系，22 个项目列入省级数字经济重点项目清单。

第二节　主要特点

一、高度重视集群建设，大力推动沿链聚合、集群发展

潍坊市大力实施“生态立市、制造强市、集群兴市”发展战略，以“链长制”为载体，推动沿链聚合，集群发展。从 2021 年 10 月开始，潍坊市委、市政府选择 5 个千亿、10 个 500 亿级左右的重点企业，实行“链长制”，由市级党政负责同志担任“链长”，15 个经济相关部门作

为产业链牵头单位，实行“八个一”工作模式。以牵头部门为主体，成立“链长制”专班，编制产业链“1 + N”图谱，建立产业链重点项目库。截至2022年年底，潍坊市共组建产业联盟15个，开展高端铝材、纺织服装、汽车制造等产业链对接交流活动16次，全市超过70%的规模以上工业企业融入产业链。2022年，潍坊市动力装备集群被工业和信息化部评为“国家先进制造业集群”，成功举办世界动力装备产业集群高峰论坛，新入选省级特色产业集群3家，总数达到6家，居全省第一位。诸城市（健康食品及预制菜加工）特色产业集群位列山东省综合评价第五位。

二、构建企业梯度培育机制，全力打造“冠军企业之都”

近年来，潍坊市大力推进优质企业“千百十”梯次培育工程，建立完善单项冠军等5个梯度培育库，推荐981家企业进入省级优质企业培育库。潍坊市与工业和信息化部国际经济技术合作中心共同搭建“专精特新”高质量发展服务平台。2022年，潍坊市企业共入选世界500强企业1家、中国500强企业5家、中国制造业500强企业9家。潍坊市新增国家级制造业单项冠军3家；新增省级制造业单项冠军41家，总数达到123家，新增数、总数均居全省第一，占全省单项冠军总数比例达14.4%。潍坊市新增国家级专精特新“小巨人”企业41家、重点“小巨人”企业2家，省级“专精特新”中小企业118家，省级“瞪羚”企业46家。潍坊市做好了优秀企业家选树、宣传工作，6名企业家获省委、省政府表彰，入选数量、层级均居全省前列；出台《潍坊市优秀企业家评选奖励办法》并开展评选。

三、坚持将数字化转型作为必选项，持续推动产业数字化转型

数字化转型对于潍坊市工业高质量成长来说，不是一道选择题，而是一道必答题。一方面，潍坊市深入实施新一轮企业技术改造，在全市范围内持续推进企业智能化升级改造，支持企业采用新技术、新工艺、新装备加强对现有生产设施的改造提升，由“机器换人”“设备换芯”向“数控一代”“智能一代”转变。潍坊市动态充实技改项目库，持续推

进“千项技改、千企转型”。潍坊市对实施技术改造新增设备的企业，按照不高于设备购置款的10%给予补贴，单个项目补贴不超过500万元，并开展智能制造示范园区、示范车间、智能工厂创建活动。另一方面，潍坊市大力开展“制造业+”行动，推动制造业与互联网、大数据、人工智能融合发展，开展以生产现场网络改造、设备互联互通、上云上平台等为代表的数字化普及行动，推动制造企业“上云用数赋智”。潍坊市主动对接、积极引入知名工业互联网平台，加大培育力度，全方位拓展数字化应用场景，鼓励工业互联网平台在企业工艺及能耗管理、流程控制优化、智能生产管控、产品远程诊断、设备预测性维护、产品全要素全生命周期管理等应用场景中提供服务。

第三节　推进举措

一、坚持重点突破，着力培育国家先进制造业集群

动力装备集群是潍坊市最具竞争力的产业集群，也是2022年山东省内参加全国先进制造业集群决赛时唯一胜出的集群。具体来看，一是加强规划统领。潍坊市将动力装备集群纳入山东省“十强”产业“雁阵形”集群规划布局，形成了以7家企业为核心、176家高新技术企业为支撑、315家上下游企业为配套的集群核心生态圈。二是抢占技术制高点。潍坊市创建了全国唯一的国家燃料电池技术创新中心，组建了全国磁悬浮动力技术基础与应用标准化工作组，突破了120千瓦大功率燃料电池发动机等56项关键核心技术。2020年、2021年，潍柴动力柴油机本体热效率两次刷新世界纪录。三是推动沿链聚合。潍坊市推行“主导企业+本地园区化配套”模式，围绕推进产业链供应链安全稳定，向集群内推广潍柴WOS质量管理模式，构建起以大带小、融通发展的生态系统。四是创新集群服务模式。潍坊市构建了协会参与的技术服务平台、校企结合的人才支撑平台、联盟引领的协同创新平台、集成服务的技改赋能平台，形成了“一中心四平台”的市场化集群服务新模式。潍坊市还积极开展延链聚链强链活动，全方位提升集群核心竞争力。

二、坚持超前谋划，合理布局新兴产业集群

传统产业占比偏高，是潍坊市制造业发展亟须解决的问题。为此，潍坊市在推进“五个优化”（即优化提升技术工艺、拓展产品体系、提高产品质量、完善产业生态、提升综合效益）的基础上，依托现有产业和重点企业，加速布局产业新赛道，抢占新兴产业集群发展制高点，集中谋划元宇宙、新能源技术、磁技术、工业母机、新材料新医药等新兴产业发展。一是强化政策引领。潍坊市牵头制定了《潍坊市打造元宇宙技术创新与产业之都行动计划（2022—2026 年）》《潍坊市关于加快推动元宇宙产业发展的若干政策》《潍坊市工业母机突破发展行动方案（2023—2025 年）》《关于加快推动装备工业向新能源化转型的实施意见》等政策文件。二是推进配套园区建设。潍坊市在潍坊高新技术产业开发区、潍坊综合保税区等地规划建设 4 个元宇宙产业配套园区，布局磁悬浮产业园、磁浮交通产业基地等 3 个产业园。三是举办系列高端活动。潍坊市先后举办世界动力装备集群高峰论坛、潍坊半导体产业发展圆桌会议、元宇宙技术创新与产业之都建设高峰论坛等活动，为新兴产业集群发展营造了良好氛围。

三、坚持生态优先，努力营造集群发展良好环境

良好生态是集群发展的重要支撑，潍坊市为进一步营造良好发展环境，大力培育重点企业，强化专班推进、加强人才支撑，取得了较好的成效。具体来看，一是大力培育优质企业。潍坊市对优质企业，由市委、市政府主要领导亲自联系包靠，每月开展一次现场办公，及时有效解决企业发展中出现的问题。二是强化专班推进。潍坊市政府成立了 13 个产业发展专班，其中市工信局牵头的有 7 个，加强部门协同服务，提升服务集群发展水平。三是加强人才支撑。2022 年，潍坊市组织入选国家海外高层次人才计划 19 人，居全省首位；入选泰山产业领军人才工程创新人才项目（企业类）、经营管理类 15 人，居全省第三位。

第十七章

宜春市

第一节　发展概况

一、基本形成“1+3+*N*”的产业发展格局

宜春市已基本建成以“锂电新能源首位产业，建材家具、节能环保、生物医药县域支柱产业，装备制造、电子信息、绿色食品、纺织鞋革等园区主攻产业”为主要特征的“1+3+*N*”产业发展格局。在首位产业方面，宜春市锂电新能源产业起步于 2008 年，目前已形成从锂矿石“采、选、冶”到锂电池关键材料制备，再到锂离子电池生产、新能源汽车制造及锂资源回收较为完整的产业链条。2022 年，宜春市锂电新能源产业规模以上工业企业增加值同比增长 91.6%，营业收入同比增长 133.8%，利润总额同比增长 321.4%，培育出三家营收百亿元以上的企业。在县域支柱产业方面，宜春市共有建材家具产业规模以上工业企业 628 家，2022 年营业收入为 1000.4 亿元，同比下滑 11.6%。宜春市节能环保产业以丰城循环经济园区、樟树盐化工基地为主，2022 年，全市节能环保（循环经济）产业规模以上工业企业 263 家，营业收入为 1379.6 亿元，同比增长 5.8%。宜春市生物医药产业主要依托袁州医药工业园和樟树市福城医药园发展优势，2022 年，规模以上医药企业 188 家，营业收入为 237.6 亿元，同比下滑 23.7%，占工业总量的比重达 4.7%。

二、园区平台提质升级

截至 2022 年，宜春市共有 11 个工业园区，其中国家级经济技术开发区 1 个、国家级高新技术产业开发区 1 个、省级高新技术产业园区 3

个、省级工业园区4个、省级产业园区2个。2022年，宜春市工业园区营业收入同比增长9.6%，为4672.8亿元；樟树工业园区、高安高新产业园区获评国家新型工业化产业示范基地，丰城高新开发区成为全市首家1000亿元园区。宜春市共有省级（培育、特色）产业集群16个、数量领先全省，其中，2022年省综合评价获评五星级1个、三星级3个；樟树金属家具产业集群获评工业和信息化部“2022年度特色中小企业产业集群”，樟树工业园获评省产业集群高质量跨越式发展示范园区。

三、项目建设支撑有力

宜春市全面开展“开放提升、引强攻坚”大会战，目前已成功引进多个行业领先企业，带动国内锂电相关企业落地该市。多个行业内优质企业纷纷增资扩产，为宜春市工业经济高质量发展提供了强大支撑。2022年，宜春市新签约工业项目338个，总投资近1800亿元，注册率和进资率均在99%以上，其中“5020”项目41个、100亿元项目2个；共有江西省重点调度的亿元以上项目518个、总投资3656.2亿元，20亿元以上项目73个、总投资2256.6亿元，年度计划投资完成率分别达117.1%和120.1%、均列全省第一。

第二节　主要特点

一、深入开展“入企走访连心”活动，打造市县互联工作机制

宜春市委、市政府一方面在全市继续开展“入企走访连心”活动，10亿元以上的重点工业企业由市领导挂点，所有规模以上工业企业均由处级以上领导挂点；市委、市政府领导率先垂范，带头践行一线工作法，深入建设现场调查研究，协调解决问题；出台《宜春市中小企业选优扶强若干意见》，梳理为“专精特新”企业办实事清单，市本级集成2亿元资金，带动各县市区投入10亿元设立工业奖励发展资金，重点奖励企业转型升级上规模。宜春市还从科级干部、后备干部、优秀年轻干部中选拔出43位优秀人才担任企业特派员，派驻到10亿元以上工业企业开展服务，通过以会代训、专题培训等方式，组织特派员学习项目申

报、惠企优惠政策。另一方面，宜春市在县市区开展服务企业选优扶强赛，出台大走访行动方案，对特派员按一定比例给予考核先进名额，各地党政主要领导、分管领导全部率先带头深入企业走访帮助企业解决问题，形成了市县互动的工作机制和帮扶企业氛围。

二、精准匹配企业需求，全力做好项目落地建设服务工作

一是宜春市政府坚持“零距离”对接，精准匹配企业需求。宜春市政府围绕全产业链项目各项审批工作，按照“模块管理、无缝衔接、压茬推进”原则，制定个性化工作方案和路线图，根据不同阶段重要节点，列明材料、要件，让企业预先谋划、准备充分。宜春市还围绕企业关心的矿产资源、规划用地、林地指标、项目申报等问题，落实闭环管理要求。二是宜春市政府坚持“零距离”协调，广泛凝聚各方合力。宜春市制定了《宜春时代、江西国轩项目推进工作责任分工表》，对涉及的75项任务逐一明确时间节点、牵头单位、责任领导，实行台账式管理、清单化推进。宜春市政府坚持“日更新、周调度、月总结”的工作机制，对项目建设推进情况进行总结。三是宜春市政府坚持“零障碍”推进，全力保障项目建设。宜春市政府不定期召开生产要素保障专题会议，协调相关单位到上级部门争取政策支持，解决土地指标、林地指标等问题。宜春市政府着力帮助企业解决最现实、最直接的困难。比如，针对企业用工问题，宜春市政府配合市人社局赴乡镇举办专场招聘会40余次，分别为本地企业推荐8900、5600余名求职者。

三、常态化实行政企圆桌会议制度，着力解决制造业发展难题

宜春市常态化实行政企圆桌会议制度，集中解决产业发展共性问题，相关做法入选国家发展和改革委员会2021年《优化营商环境百问百答》典型案例。第一，宜春市委主要领导不定期召集、市政府主要领导每季度召集一次、市政府常务副市长每月召集一次政企圆桌会议，企业“面对面”向市领导反映诉求，市领导“面对面”向企业取经问计，有效破解了政企关系“背对背”“中梗阻”等问题。第二，宜春市政府在听取企业意见的基础上，打造政企圆桌会议2.0“升级版”，由原来的一、二、三产业各派代表，改成每次会议聚焦一个重点产业、一个县市区或

开发区收集议题，集中解决企业发展共性的“瓶颈性”问题。第三，宜春市政府对政企圆桌会议议定事项，建立问题台账和督导协调机制，明确办理时限最长不超过 3 个月，由市作风建设和营商环境提升督查工作专班对企业问题解决情况进行跟踪督办。宜春市政府在每次政企圆桌会议召开之前，通报上次会议办理情况，对落实不力的单位通报批评，并纳入营商环境建设工作考核内容。

第三节　推进举措

一、深入实施“开放创新，强攻工业”战略，打造先进制造业强市

2022 年，宜春市深入实施“开放创新，强攻工业”战略，从 3 个方面发力全力打造“先进制造业强市”。具体来看，一是强化顶层设计。宜春市委、市政府印发《关于打造先进制造业强市的实施意见》，提出了构建彰显宜春特色的现代化制造业体系的思路、目标、方向、实施路径和保障措施。二是全力靶向攻坚。宜春市政府优化整合 10 条重点产业链，由市领导担任链长，定期通报工作动态，以项目清单化方式压茬推进“链长制”工作。宜春市组织开展产业转型升级攻坚行动，制定考核评价方案，形成 40 个工作清单和 93 项具体事项，每月对 31 个责任单位的工作填报进行督导预警，定期调度上报产业推进情况。三是加码经费投入。宜春市出台《宜春市中小企业选优扶强若干意见》，设立工业奖励发展资金，市、县两级整合资金 20 亿元，重点奖励企业转型升级上规模。宜春市设立市级技术改造专项，提高补助上限，每年投入资金 8000 万元以上，支持“专精特新”企业技术改造。2022 年，宜春市兑现企业奖补资金超 4 亿元。

二、深度聚焦首位产业，打造发展新引擎

为进一步推动本地先进制造业发展，宜春市坚持聚焦首位产业，充分发挥自身资源优势，全力建设“亚洲锂都”，并从 3 个方面推进锂电产业高质量发展。一是依托技术攻关，锂云母资源实现规模化开发。宜

春锂资源品位较低，过去开发成本高。后来宜春市通过多年技术攻关，将锂云母资源转化为能够规模化、低成本、持续稳定开发的优质资源，与锂辉石提锂、盐湖提锂形成竞争格局。二是推动全链布局，产业链各环节协同发展。宜春市始终着眼于全链发展，从规划布局、招商引资、政策支持、组织保障等多个方面，推动产业链延链补链强链，加快产业发展的逻辑，从资源禀赋起步向产业协同升级转变。三是突出龙头引领，产业生态加速形成。宜春市持续“招大引强”，借力重点企业引领产业发展，着力构建功能完善、协同配套的产业生态。宜春市锂电相关配套企业纷纷落户或大举扩大投资，形成良好产业聚集效应，产业生态基础不断夯实。

三、坚持“五链联动”，加快推动产业链式集聚

宜春市委、市政府高度重视产业链发展，将 2022 年确定为宜春市“链长制”升级攻坚年，坚持“高大上、链群配”理念，从 5 个方面推动产业链式集聚。一是打通堵点，持续稳定供应链。宜春市一方面对生活必需品物价实行日监测、日调度制度，确保全市生活必需品供应充裕，价格稳定；依托产业链“链长制”机制，积极开展各类对接活动，举办一系列专题活动。另一方面优化进出口通关模式，压缩整体通关时间成效，指定专人负责宜春货物通关全流程监控，实现通关“零延时”“零等待”。二是搭建平台、引育人才，构建科技创新链。宜春市一方面出台《宜春市制造业基础再造行动计划（2022—2025 年）》，提出重点产业关键技术研发和突破具体措施，推动产业发展关键技术纳入国家、省（区、市）重大项目予以支持。另一方面，在全省率先制定出台《宜春市关于支持重点企业使用人才专项编制引进高层次人才管理办法》，推动宜春学院、宜春职院等本地院校与锂电头部企业共建产业学院，个性化、订单式培养急需锂电产业人才。三是梯次发展、加快转型，全力打造生态链。宜春市出台《关于开展产业转型升级攻坚行动实施方案》，确定十大产业链发展目标，推进“产业转型升级攻坚行动”，以项目化、清单化方式列出工作任务，限时督导推进。宜春市设立了 8000 万元的市级工业技改专项，对符合条件的企业按照 10%～20%给予财政补助。宜春市还大力推进数字化、智能化、绿色化升级，开展“零地招商”提升亩产效益行动。

第十八章

荆州市

第一节　发展概况

一、主要指标稳步提升

2022 年，荆州市先进制造业运行态势稳健恢复，全年工业经济主要指标承压前行，“上扬曲线”持续巩固。1～12 月，荆州全市规模以上工业企业增加值增长 13.1%、工业投资增长 53.6%、工业技改投资增长 53.9%，同时跃居全省第一，全年工业企业总产值突破 3000 亿元，超预期、超历史完成年度目标。

二、主导产业稳步壮大

近年来，荆州市着力于壮大主导产业，构建现代化产业体系，把发展经济的着力点放在实体经济上，进一步优化产业结构，提升产业质效，取得了良好成效。2022 年，荆州市六大主导产业完成工业企业产值 3003 亿元，同比增长 17.3%，占全市规模以上工业企业总产值的比重达 96.6%。其中，装备制造产业规模以上工业企业 391 家，实现产值 870 亿元，同比增长 13.9%；医药化工产业规模以上工业企业 147 家，实现产值 511 亿元，同比增长 29.3%；轻工建材产业规模以上工业企业 344 家，实现产值 626 亿元，同比增长 16.5%；农产品加工产业规模以上工业企业 301 家，实现产值 662 亿元，同比增长 21.2%；电子信息产业规模以上工业企业 24 家，实现产值 155 亿元，同比增长 3.3%；纺织服装产业规模以上工业企业 152 家，实现产值 179 亿元，同比增长 8.7%。

三、企业引领作用日益增强

面对国际局势纷繁复杂、宏观经济承压等各种挑战，荆州市全力推进畅链保供，强化企业引领带动能力，锻造制造业硬核实力，继续保持高质量发展。2022 年，荆州市产值过亿元的企业有 511 家，同比增加 94 家。其中，产值为 1 亿元～10 亿元的企业有 457 家，同比增加 84 家；产值为 10 亿元～50 亿元的企业有 48 家，同比增加 9 家；产值为 50 亿元～100 亿元的企业有 5 家，同比增加 1 家；产值过 100 亿元的企业有 1 家。

第二节　主要特点

一、着力“专精特新”企业培育工作，优质企业数量快速提升

近年来，荆州市持续完善创新创业生态，不断厚植创新沃土，高度重视“专精特新”企业培育工作，经多年精耕细作、扩容提质，各类优质企业数量增速明显。2022 年，荆州市全年新增规模以上工业企业 196 家，总数达到 1414 家。65 家企业获评省级“专精特新”企业，总数达到 139 家；9 家企业获评国家级专精特新“小巨人”企业，总数达到 20 家。荆州市培育省级首批创新型中小企业 259 家，39 家企业纳入省级单项冠军公示名单。2022 年，荆州市制造业企业蓬勃发展，获批荣誉突破历史。2 家企业入选国家智能制造优秀场景名单；39 家企业入选省级制造业单项冠军企业（产品）；3 家企业成功上市，总数占全省的 15%，创下历史新高。

二、推动产业强链补链，产业集群成效显著

近年来，荆州市不断做大做强做优“4611”现代产业集群，对智能家电、食品加工、现代煤化工等 11 条重点产业链强链提质，全力增强企业集聚度、补齐薄弱环节、延长现有产业链条，提升产业吸引力、竞争力、影响力；对新能源、新材料等新兴产业补链扩容，通过助企纾困、扩容升级等系列举措，加快培育“链主”企业，形成了一批有代表性的中小企业特色产业集群。荆州市荆州区石油固井压裂装备产业上榜全国

首批 100 个中小企业特色产业集群名单，同时获批国家火炬荆州油气钻采装备特色产业基地；荆州经济技术开发区生物医药产业、电子信息及智能家电产业、荆州区石油装备智能制造产业获批省级创新型产业集群，获批数量位居全省第二；荆州经济技术开发区荣获汽车零部件国家外贸转型升级基地、国家火炬汽车及零部件特色产业基地称号，全市“4611”主导产业夯基垒台、成链集群。

三、持续优化营商环境，助企服务首创品牌

2022 年，荆州市持续推进营商环境系统重塑，着力打造一份富有“荆州特色”的服务清单，让企业反映诉求不愁渠道、解决问题不愁时限、遇到困难不愁支持。荆州市创新提出“十问十帮”温暖行动，精心落实“关心关爱企业家”10 条措施，累计收集涉企诉求 2383 件，解决 2281 件，化解率达 96%，满意度达 98%；“古城新智汇”企业家分享交流会、企业家高质量发展研修班、企业家“活动日”、企业家座谈会和企业家新春联谊会等特色活动相继开展；成功举办全省三季度智能家电技术改造示范经验交流暨经济形势分析会。荆州市构建“六个一”和“五图”作战工作机制，高标准推进 11 条优势产业链企业培育、产业招商等重点工作，组织美的、金彭、华意供应链本地采购配套对接活动，促成签约合作企业 20 余家，合作金额近 5 亿元。

第三节　推进举措

一、加力运行监测，工业经济稳中有进

荆州市奋力抓运行稳增长，加力运行监测，加快推动工业经济高质量发展和提质升级。具体来看，荆州市持续优化工业经济运行机制，实施目标管理考核办法，实行周调度、月通报，层层传导压力，经济技术开发区、松滋市、江陵县、监利市扛大梁、挑重担，对全市工业企业总产值贡献率达 52%。荆州市联合统计、税务、电力部门做好重点企业摸排服务，全市百家重点企业累计完成产值 1657 亿元，新增产值 212 亿元。美的“空冰洗”产业园顺利投产，全年完成产值超过 140 亿元。白云边逆势增长，产值突破 70 亿元，全年纳税 15.5 亿元，同比增长 29%。

2022 年，荆州市有 116 个预增产值过亿元工业增长点完成产值 1309 亿元，同比增长 24.5%，新增产值 257.6 亿元，占年度规模以上工业企业总产值增量的 55.5%。

二、精准有力扶持，优质企业竞相涌现

荆州市经济和信息化局紧紧围绕中央、省、市稳经济的一系列决策部署，以优质企业培育为突破口，千方百计优服务、精准有力解难题，全市企业成长工作取得突破性进展。荆州市出台“进规稳规”扶持政策，深入企业宣传解读，建立优质企业培育库，2022 年全市新增规模以上工业企业 196 家，净增 147 家，居全省第四位。2022 年，荆州市有 8 家企业获批省级绿色工厂，3 家企业获批省级绿色设计产品企业，5 家企业获批省级智能制造试点示范基地，4 家上榜省级服务型制造示范企业（平台），5 家企业获批省级中小企业公共服务平台和小型微型创新创业示范基地，257 家企业获批省级首批创新型中小企业。另外，荆州市还不断加大企业技术改造力度、增加科技创新和资金投入，通过提质、降本、增效为企业发展注入“源头活水”，提升其在行业领域的影响力、综合实力，为制造业高质量发展持续注入新动能。荆州市编制了《荆州市制造业高质量发展“十四五”规划》，优化了《荆州市工业企业技改专项资金管理办法（试行）》，先后组织人员进县市、进企业进行专题培训，加强政策知晓率，最大化提高覆盖面。2022 年，荆州市累计为工业企业争取省级及以上扶持资金 2.1 亿元，兑现 2021 年中心城区工业企业技术改造市级奖补资金 1.2 亿元。

三、加快“智改数转”，产业升级稳中有力

2022 年，荆州市加速“智改数转”，构建以数字经济为核心、新经济为引领的现代工业体系，印发《荆州市推动工业互联网创新发展三年行动方案（2022—2024 年）》《荆州市加快推进数字经济发展实施方案（2022—2024 年）》。荆州市以 5G 网络为重点，加快建设 5G 基站等新型基础设施，目前“双千兆”已实现县级以上区域和重点乡镇全覆盖；5G 宏基站累计建设 6279 个，位列全省第三。荆州市搭建了工业互联网标

识解析二级节点综合应用服务平台，上线以来已有 851 家工业企业成功接入，日均标识解析量达 4 万次。荆州市践行“上云、用数、赋智”行动，跑出“数智”加速度，1 家企业入选工业和信息化部超高清视频典型应用案例名单，并在全省首创性发布《湖北省家电行业 5G 网络建设与应用指引》；1 家企业先后入选工业和信息化部新一代信息技术与制造业融合发展试点示范名单、工业和信息化部工业互联网创新领航应用案例。同时，全市拥有国家两化融合贯标评定企业累计达 97 家，省级两化融合试点示范企业累计达 213 家，省级上云标杆企业累计达 13 家，省级 5G 全连接工厂累计达 6 家，省级工业互联网平台累计达 2 个等。荆州市围绕“4+3”主导产业，持续推动工业企业智能化改造诊断工作，全流程推进智改数转，建立“诊断分析、实施改造、政策兑现”的闭环工作机制。荆州市组织优质诊断服务机构深入 280 多家有智能化改造意愿的工业企业进行“一对一”诊断服务，出具个性化诊断报告及意见建议，支持企业与服务商深化合作，推动 100 多个智能化改造项目落地实施，为企业数字化转型积累胜势。

第十九章

衡阳市

第一节 发展概况

一、全市工业总体情况

2022 年，衡阳全市规模工业企业增加值增长 7.8%，分别高于全国 4.2 个百分点、全省 0.6 个百分点，近 5 年平均增速为 7.88%。2022 年衡阳全市工业用电 101.4 亿千瓦时，居全省第三位，同比增长 4.6%，高于全省平均水平 5.7 个百分点，增速居全省第一位。衡阳全年全市实缴工业税金 61.67 亿元，居全省第七位，同比增长 28.9%，增速居全省第一位。衡阳全年全市制造业税收同比增长 28.8%，制造业税收占全口径税收比重达 21.3%，同比提高 4.8 个百分点。2022 年，衡阳全市三次产业结构比调整为 11.5∶34.0∶54.5，先进制造业增加值、高技术制造业增加值分别增长 12.9%、20.3%，分别拉动全市规模工业企业增加值增长 4.8 个百分点、2.1 个百分点，产业转型升级步伐明显加快。

二、主导产业发展情况

从优势产业来看，衡阳市输变电产业实力雄厚，形成了上下游配套完备、产业规模位居国内前列、产品创多项世界第一的输变电产业集群，拥有“国家火炬计划衡阳输变电装备产业基地”“衡阳国家输变电装备高新技术产业化基地”2 个国家级产业基地，19 个国家级、省级技术平台。无缝钢管产业全国领先。以衡阳华菱钢管有限公司为依托，衡阳市 2010 年获批无缝钢管国家新型工业化产业示范基地，无缝钢管深加工产业集聚区汇聚了多家上中下游规模工业企业；盐卤及精细化工产业资源丰富，衡阳市已探明岩盐资源储量达 140 亿吨，芒硝可利用资源储量达 4.4 亿吨，是长江以南最大的岩盐、芒硝资源基地；核产业体系完备。衡阳市是国家“二五”期间重点布局的核工业基地，形成了集勘探、采矿、核燃料循环、辐射防护、设计试制、生产加工、科研开发、后勤服务于一体的产业体系。从产业链来看，2022 年衡阳全市 14 条产业链有 11 条实现正增长，增速超过 10%的产业链有 7 条，规模以上工业企业产值过 200 亿元的产业链有 4 条，其中有色金属产业链实现规模以上工业企业产值 414.46 亿元，同比增长 20.91%。从三大门类来看，2022 年衡阳全市规模以上采矿业增加值增长 6.1%，规模以上制造业增加值增长 8.3%，规模以上电力、热力、燃气及水生产和供应业增加值增长 3.6%，其中，规模以上高技术制造业增加值增长 20.3%，制造业对工业的支撑作用凸显。从 12 个主要行业来看，衡阳全年全市 9 个行业的增加值实现正增长，5 个行业的增加值增速在两位数以上，其中，煤炭行业增长率达 39.1%、冶金行业增长率达 28.4%、有色行业增长率达 28.3%、医药行业增长率达 12.9%、电子行业增长率达 12.6%。

三、企业综合实力情况

在衡阳市有色金属产业链方面，“水口山牌”铅锭、银锭、锌锭均为伦敦金属交易所和上海证券交易所注册品牌，成为国际市场上的免检产品；株冶有色金属有限公司生产的铅锌及其合金占有率全国第三。在钢管及深加工产业链方面，衡阳华菱钢管有限公司是全球无缝钢管行业生产机组全、先进机型多、产品规格齐的企业，2022 年产值达 138 亿元。从新增与净增企业数来看，2022 年衡阳全市累计新增入库“四上”单位 686 家，排名位于全省第三，其中，规模以上工业企业 119 家。衡阳全市累计净增入库“四上”单位 538 家，排名位于全省第三，其中，规模以上工业企业 99 家。从企业增加值来看，2022 年衡阳市新增规模以上工业企业拉动工业增加值增长 3.1 个百分点，对 2022 年规模工业企业增加值增长的贡献达到近 4 成。衡阳全市大中型工业企业增加值增长 8.7%，非公有制工业企业增加值增长 7.9%，六大高耗能产业增加值增长 12.4%。

第二节 主要特点

一、顶层规划设计日臻完善

衡阳市坚持把制造业作为立市之本不动摇，奋力建设先进制造业示范区和现代产业强市。衡阳市围绕产业链建设，立足产业基础和资源禀赋，筛选核技术应用、有色金属等 14 条在省内外具有比较优势和影响力的产业链作为衡阳市产业发展的重点。衡阳市创立“五单一图谱”机制，聚焦龙头强链、纵横交错补链、上下结合补链，着力增强产业生态集聚力、产业链条建构力、高端要素运筹力，推动产业高质量发展迈上新台阶，为区域经济整体发展提供持续动能。衡阳市围绕园区建设，首次明确由县市区党委常委担任园区党工委书记，推动行政区与园区统筹发展。衡阳市出台市直园区管理体制改革“1+*X*”政策体系，不断激发园区活力。衡阳市围绕项目建设，创新推出“五制一平台”机制，市、县两级都可即时有效掌握省（区、市）重点项目进展动态，实现了项目在“赛马场”上可比拼、可动态跟踪管理，在全市营造了真抓实干、比学赶超的良好氛围，更好地提升了项目建设实效。

二、主导产业体系逐步形成

衡阳市“一核两电三色四新”十大主导产业①加速集聚，形成了输变电、有色金属、盐卤化工、钢管及深加工、电子信息、汽车零配件等六大在全国或全省有比较优势的特色产业。14 条产业链规模以上工业企业全年实现产值（营收）2154.04 亿元，同比增长 7.65%；创税 53.05 亿元，同比增长 18.85%。衡阳市被国家确定为长江中游城市群 5 个汽车零部件基地之一、3 个航空航天配套产业集群之一。衡阳市的输变电产业集群代表湖南省参加国家先进制造业集群创建；水口山铜铅锌产业集群入选省先进制造业集群；盐卤化工产业集群获评省先进制造业集群培育对象。2022 年，衡阳市跻身数字城市全国百强榜单，数字经济总量达 1400 亿元，增长 17%。

---

① “一核两电三色四新”十大主导产业：核技术应用、电气设备、电子信息、有色金属、钢管及深加工、盐卤化工、新能源汽车、新农业、新物流、新文旅。

三、企业发展活力不断迸发

2022 年，衡阳市新培育省级以上专精特新“小巨人”企业 65 家，新增数量在全省排名第三。衡阳全市制造业领域拥有 100 亿元企业 1 家、50 亿元以上企业 3 家、10 亿元以上企业 24 家。衡阳市累计培育国家制造业单项冠军企业（产品）3 家、国家专精特新“小巨人”企业 29 家、省级“专精特新”企业 147 家。衡阳市培育湖南省省长质量奖企业 2 家、湖南省省长质量奖提名奖企业 2 家、湖南省工业质量标杆企业 3 家。衡阳市的高新技术企业申报创造“衡阳现象”，高新技术企业数量从 2018 年的 197 家（在全省排名第六），到 2022 年突破 861 家，总量跃居全省第三，衡州大道数字经济走廊汇聚数字经济成长型企业近 900 家。

第三节　推进举措

一、狠抓产业项目，增强先进制造业发展后劲

一是突出重点招商项目。衡阳市围绕 14 条产业链，紧盯国、省产业发展动态和产业链缺失薄弱环节，开展以商招商、小分队招商等方式，吸引一批好项目、大项目入驻。2022 年，衡阳全市实际到位外资 3407 万美元，同比增长 121.2%；实现内联引资实际到位资金 983.7 亿元，同比增长 15.2%。衡阳市全力打造“中国电工城”，湖南省电力装备配套产业园获批落户衡南县。衡阳市积极打造承接产业转移示范区，湘南纺织产业基地一期签约企业 28 家，船山时间谷累计签约引进钟表企业 141 家。二是完善机制监督项目。衡阳市制定推出《衡阳市重大项目建设“五制一平台”实施方案》，即备案监督制、承诺兑现制、规模榜单制、清单管理制、现场观摩制、“云调度”平台，对重大项目建设实行流程化管理，着力提升项目建设实效。2022 年，衡阳全市工业投资增长 37.7%，高于全省 23.2 个百分点，居全省第一位；全市工业技改投资增长 29.7%，高于全省 25.1 个百分点，居全省第一位。三是搭建平台促项目。衡阳市坚持将园区作为承接产业项目的主阵地，加快推进“五好”园区建设，2022 年衡阳全市园区主导产业产值平均占比提升至 59.3%，其中松木经

济技术开发区、衡南产业开发区、衡东经济技术开发区、常宁水口山经济技术开发区占比超70%。衡阳全市园区新开工5000万元以上重大项目164个，其中亿元以上项目127个，5亿元以上项目20个，项目总投资达576亿元，完成投资190亿元。

二、突出企业培育，夯实先进制造业发展支撑

一是引导重点企业做大做强。2022年，衡阳全市60家重点监测工业企业有36家实现正增长，合计产值增长13.1%，高于全市规模工业企业总产值增速3.7个百分点。衡阳全市新增年产值过10亿元企业8家，总数达28家。二是促进中小企业“专精特新”发展。衡阳市新获评国家制造业单项冠军产品1个、省级制造业单项冠军2个。新培育省级以上专精特新“小巨人”企业65家，其中省级新增55家，数量是2021年的2.75倍；3家企业获批省区域性股权市场“专精特新”专板首批挂牌企业，数量占全省的七分之一。三是大力推进规模以上工业企业培育。衡阳市政府先后出台《衡阳市培育规模以上工业企业行动实施方案》《衡阳市服务“四上”企业高质量发展实施办法》，对新加入规模以上工业企业一次性给予10万元奖励，加入后连续3年按照其税负提高部分100%、80%、50%的标准给予补助；建立规模以上工业企业培育后备库和退规风险企业库，倒排工期、挂图作战。衡阳市全年新增规模工业企业119家，净增99家。

三、注重科技创新，提升先进制造业发展竞争力

一是抓智能化示范。衡阳市全面推动“智能”升级，1家企业被认定为全省智能制造标杆企业；4家企业车间被认定为全省智能制造标杆车间；9个场景获评全省制造业质量管理数字化优秀应用场景和典型应用场景，数量居全省第二；2家企业分别荣获湖南省第四届人工智能产业创新与应用大赛示范性应用场景奖、优胜项目奖；3家企业荣获“创客中国”湖南省中小微企业创新创业大赛二等奖，获奖企业个数占全省总数的四分之一，实现历史性突破。二是抓网络化升级。衡阳市深入实施中小企业“两上三化”行动，中小企业深度“上云”2375家、上平台

1213家，数量均居全省第一；2家企业被认定为湖南省“上云上平台”标杆企业；8个项目入列全省“数字新基建”标志性项目名单，数量是去年的2倍，入选项目总数达到19个。三是抓数字化转型。衡阳市加快完善数字基础设施，电信衡阳数据中心完成改造，移动衡阳5G云数据中心、联通衡阳大数据中心正在加紧内部装修和设施安装；建成5G基站2717个，规模和进度均居全省第二；106个农村4G基站已全部建成并完成验收。衡阳市出台支持企业数字化转型政策措施，从数字化项目改造、上云上平台、产业数字化工作推进、数字化转型高技能人才培养等4个方面支持企业数字化转型。四是抓绿色化改造。衡阳市获评国家级工业产品绿色设计示范企业1家、节能技术装备产品1个、绿色工厂3家、绿色设计产品4个；省级绿色园区2家、绿色制造系统解决方案供应商3家、绿色设计产品6家、绿色工厂13家，数量为2021年的2倍。

园　区　篇

第二十章

中国先进制造业园区发展概况

产业园区是先进制造业发展的重要载体，是区域经济增长的重要引擎。目前，以国家级高新技术产业开发区和国家级经济技术开发区为代表的产业园区已经成为我国经济发展的“压舱石”。它们依靠体量拉动区域经济增长，通过创新引领经济转型，为高新技术企业发展提供沃土；吸引各种生产要素，尤其是高级生产要素集聚，从而形成先进制造业集聚；使用数字化技术，借助海量的产业数据、企业数据，实现先进制造业园区专业运营，促进智能制造生产，以及促进服务业和制造业深度融合。

第一节　发展现状

一、先进制造业园区数量众多，生产总值占全国比重较大

作为我国经济发展的重要引擎，产业园区伴随改革开放而生，在40多年的发展历程中，相继衍生出国家级经济技术开发区（以下简称“国家级开发区”）、国家级高新技术产业开发区（以下简称“国家级高新区”）、国家级保税区、出口加工区、边境经济合作区等诸多类型。中国的先进制造业园区数量众多，其中，国家级开发区和国家级高新区无论是发展成效还是经济贡献，都是最为突出的。截至2021年，全国有230个国家级开发区和168个国家级高新区，以国家级开发区和国家级高新区为主体的园区生产总值占全国GDP比重的近1/4。

二、先进制造业园区中国家级高新区与国家级开发区发展实力均衡

一般而言，国家级开发区较国家级高新区更注重提高总量，承担迅速做大全市经济总量的任务；国家级高新区则注重技术创新，承担发展新兴产业、优化产业结构的作用。但通过对先进制造业园区的跟踪及研究发现，国家级开发区和国家级高新区并未形成较大差异，国家级高新区在创新潜力维度方面明显高于国家级开发区，符合其基本定位，但其在融合能力、产业聚力、绿色动力 3 个维度方面平均水平均低于国家级开发区，未能有效引领园区绿色、高质量发展。总体而言，国家级高新区在先进制造业发展中创新驱动优势明显、特色鲜明，而国家级开发区在先进制造业经济实力、创新潜力、融合能力、产业聚力、绿色动力各维度发展较为均衡。

三、江苏省先进制造业园区发展建设成绩斐然

近年来，围绕制造强省建设，江苏省充分发挥国家级高新区和国家级开发区的战略支撑作用，在核心技术攻关、创新平台布局、产业集群、政策保障等方面构建一体化发展生态，有力促进了全省先进制造业的发展。从区域来看，入围赛迪《先进制造业百强园区（2022）》的园区中，江苏省独占 24 席，占比接近 1/4，数量甚至超过第二、三名广东省和浙江省之和，这表明江苏省先进制造业园区发展整体实力优势突出。从城市分布来看，入围《先进制造业百强园区（2022）》两席及以上的地级市共有 22 个。其中，苏州市入围园区最多，达到 10 席，入围的园区呈现出梯队分布格局，领先的苏州工业园区排名第六位，新入榜的相城经济技术开发区排名第 100 位，其余 8 个园区散布在区间中，为苏州市先进制造业持续高质量发展储备了强大动力。

第二节　发展模型

一、“蝶变规律”：深刻诠释产业园区先进制造业发展基本规律

“蝶变规律”是虫蛹破蛹羽化成蝶的过程，诠释产业园区发展到一定阶段，深入推进制造强国战略，努力适应新形势，以推动先进制造业

发展带动区域经济新增长的崭新面貌。规律模型的构建过程中结合了对先进制造业发展内涵的研究理解，即认为技术生产力和产业治理能力始终贯穿先进制造业园区发展全过程，其是产业园区推动先进制造业可持续发展的核心要义。“蝶变规律”正是基于对先进制造业发展内涵的理解，同时结合传统经济学理论柯布-道格拉斯生产函数给予的启发提出的。探索性构建了以技术生产力和产业治理能力体现园区先进制造业发展水平的规律模型，通过模型的建立发现了技术生产力和产业治理能力两种驱动力促进先进制造业发展水平提升的基本规律（见图 20-1）。

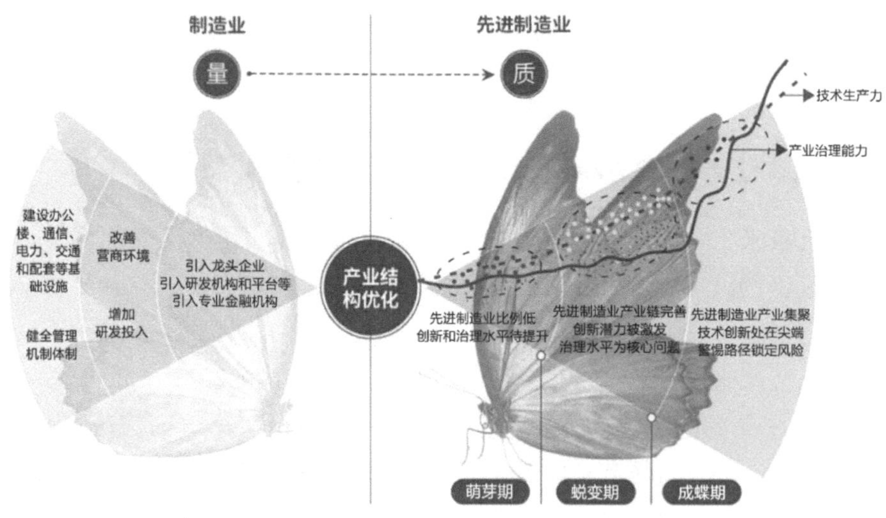

图 20-1　先进制造业园区高质量发展的“蝶变规律”

（数据来源：赛迪顾问，2023 年 2 月）

二、三个周期：全面总结园区先进制造业代表性特征

萌芽期，处在此阶段的产业园区通常表现为先进制造业比例较低，主导产业已发展成熟，产业链较为完善，面临着较大的外部竞争压力，在新的发展环境下亟待提升本地创新实力，“两化”融合水平、绿色发展水平和先进制造业产业集聚水平均处于初级阶段。

蜕变期，处在此阶段的产业园区通常表现为产业链较完善，本地创新潜力基本被激发，创新能力快速提升，驱动园区经济量与质的共同发

展，在智能制造、生态工业等方面也有一定的发展基础，但产业治理水平未能有效支撑起先进制造业园区的高速发展，与技术生产力的成长性相比严重滞后，且受前期定位、资源禀赋等多重因素影响，加快构建提升与园区长/短期相适应的竞争力、提升路径是当前的核心问题。

成蝶期，处在此阶段的产业园区智能制造水平高，先进制造业产业集聚，投融资渠道通畅，绿色发展水平较高，技术创新处在尖端，产业竞争力强，高质量发展水平显著提升。但是，此时应警惕对发展路径的过度依赖和锁定，否则可能使得园区掉入成长慢通道或形成封闭系统；应注意持续开放，提升国际化创新资源吸引力，注重对超前先进治理模式的探索与推广。

三、模型运用：适用于以先进制造业为主导的产业园区

“蝶变规律”主要适用于推动产业结构向先进制造业发展的准先进制造业园区和已将先进制造业作为主攻方向的先进制造业园区。其中，推动产业结构向先进制造业发展的准先进制造业园区高度重视制造业的发展，且自身处于产业方向选择或产业结构调整的关键阶段，该类园区主导产业拥有一定基础，产业链较为完善，基础设施可支撑园区目前的发展，但面对新形势制造业发展质量亟须升级，产业结构待优化，发展先进制造业是其转型的主要方向。已将先进制造业作为主攻方向的先进制造业园区，以及已有一定基础的先进制造业园区，这两类园区将发展先进制造业作为重点，在推动先进制造业发展过程中取得了一定成效，产业拥有一定竞争力，但在先进制造业园区发展的各阶段应高度重视寻求关键问题破题思路，优化自身发展水平。

第三节　发展建议

一、统一思想，深刻理解发展先进制造业的战略意义

党的十九大以来，我国推动先进制造业发展的顶层设计逐步展开，园区在推动先进制造业发展过程中，首先应该统一思想，充分认识到国家推动先进制造业发展的意义。近年来，国家把培育世界级先进制造业

集群作为推动产业结构优化升级的重要抓手，连续多年开展全国先进制造业集群竞赛，因此，开展相关培训活动，了解国家引导先进制造业发展的相关工作，从中理解我国发展先进制造业的战略意义至关重要。

二、“赶学比超”，在对标分析中发现自身发展的各类问题

先进制造业园区在发展过程中既要关注国家政策的引导方向，也要关注竞争伙伴的发展动态，形成良性的“赶学比超”的奋进姿态。通过了解先进制造业园区等研究成果，把握“蝶变规律”，了解自身发展水平与成效，更重要的是通过比较发现自身问题，通过研究学习优秀产业园区的发展举措与破题思路，为自身发展探寻路径。

三、组织创新，培育多层级高效灵活的组织管理能力

先进制造业园区在发展过程中应积极响应国家培育先进制造业集群的相关工作。在先进制造业集群的培育过程中最重要的是要建立有较强的组织管理能力、响应或借鉴先进制造业集群的发展模式，产业园区应重点关注 3 个方面。一是加强对各级政府集群工作的响应能力，制定产业园区培育先进制造业集群实施意见，成立专班统筹推进，注重量化考核，强化上下联动等；二是建立或学习集群发展促进机构的组织管理模式，围绕公共服务平台、区域交流合作及促进机构内部运作管理的多方运行机制，不断优化以促进机构发展为核心的集群治理组织能力；三是加强项目实施主体的执行能力，有效助力各个项目在执行过程中破解难题，确保项目顺利实施和如期完成。

四、协作发展，建立内涵丰富、内外协同的合作网络

先进制造业园区应适应当前产业发展的新形势，学习借鉴先进制造业集群创新网络，加快形成产业园区的协同合作网络。其中，在产业园区内外协同方面，借鉴集群构建研发创新引领和企业集群化配套的协同模式，形成产业园区内外部联动的协同模式，促进产业园区的产业链创新链迭代创新。在多领域跨界技术融合方面，产业园区应关注各类新技

术应用场景的创建，为先进制造业与新一代信息技术的融合应用创造多样化的试验场。

五、优化营商，对标全球最高标准营造国际一流营商环境

未来，产业园区必须始终把优化营商环境作为推动先进制造业高质量发展、提升产业园区核心竞争能力的关键一招，坚持对标全球最高标准、最高水平，持续深化"互联网+政务服务""放管服"改革，营造良好的诚信市场环境和法治环境，加快构建"亲""清"新型政商关系，进一步营造亲商、爱商、安商、稳商的浓厚氛围，全力打造国际一流的营商环境，助力产业园区实现高质量发展。

第二十一章

北京经济技术开发区

第一节　园区概况

一、基本情况

北京经济技术开发区（以下简称“北京经开区”），也称为“北京亦庄”，于 1992 年 4 月开工建设，位于北京市大兴区亦庄地区附近，临近南五环和京沪高速公路，是国家级经济技术开发区之一。经过 30 多年的快速发展，从最初 3.83 平方千米的亦庄工业小区到现在 225 平方千米的亦庄新城，从 1994 年的国家级经济技术开发区到“五区”政策叠加，从地区生产总值 1 亿元到突破 2800 亿元，从工业企业总产值全市占比 0.1%到全市占比 22.2%（位列第一），北京经开区创造性地把党中央、国务院的方针政策和市委、市政府的决策部署转化为亦庄新城的生动实践，实现了超常规、高水平、跨越式发展。这里成了首都实体经济主阵地、科技创新示范区、先行先试试验田，辐射带动动力源、对外开放新窗口，取得了重大发展成就，创新了体制机制，积累了重要经验，为新时代、新征程再创高质量发展佳绩打下了坚实基础。

二、产业体系布局

北京经开区目前已经形成“4+2+1”产业体系。其中，“4”是指新一代信息技术产业、新能源汽车和智能网联汽车产业、生物医药与大健康产业、机器人和智能制造产业 4 个北京经开区多年来持续发力的主导产业，也属于北京市重点发展的十大“高精尖”产业；“2”是指高端服务业和科技文化融合产业，这是近年来为了构建更加完善的产业生态，

北京经开区逐步布局并在全市取得领先地位的两个服务型产业；“1”是指数字经济产业，北京经开区在数字产业化和产业数字化领域已经取得了一些成功实践。不仅如此，北京经开区还围绕这7个产业领域分别建立了系统化的政策创新体系，支持企业高质量发展。四大主导产业发展情况如下。

新一代信息技术产业：强化产业链补链强链，提升集成电路品牌影响力。具体措施包括：推进一批项目落地；加快促进半导体、零部件等一批项目投产；谋划建设集成电路公共服务中心；大力发展新型显示产业，构建万物互联的产业生态；开辟元宇宙、新型通信等新领域，推动项目引领发展。2022年，新一代信息技术产业实现工业企业总产值1203.8亿元，较2021年增长11.0%；实现利润总额146.4亿元，较2021年增长5.3%。

新能源汽车和智能网联汽车产业：聚焦新能源汽车、智能网联汽车和燃料电池汽车等领域，建设全球领先的技术研发、成果转化与产业化平台。2022年，新能源汽车和智能网联汽车产业实现工业企业总产值2078.7亿元，较2021年增长4.7%；实现利润总额338.2亿元，较2021年增长7.3%。

生物医药与大健康产业：抓住生物医药领域深层次变革机遇，持续提升全产业链自主创新能力。北京经开区管委会发布《北京经济技术开发区加快建设“新药智造”产业高地行动计划（2023—2025年）》，建立“1+*N*”专项政策体系，在细胞基因治疗和高端医疗装备两大领域形成突破。规划8平方千米产业核心集聚区，谋划产业拓展区。加快专业化服务平台和服务体系建设，提升生物医药成果转化效率。充分发挥企业带动作用，扶持一批高潜力创新型企业跨越式发展。2022年，生物医药与大健康产业实现工业企业总产值810.7亿元，受疫苗生产因素影响，较2021年降低55.3%；实现利润总额102亿元，较2021年降低88.2%。

机器人和智能制造产业：聚焦智能制造，打造“关键技术+优势产品+应用场景”新模式，推动一批项目加快落地。北京经开区管委会发布《北京经济技术开发区机器人产业高质量发展三年行动计划（2023—2025年）》，加快推进人形机器人创新中心、国家机器人检测与评定中心、精加工中心建设，研究组建人形机器人产业创新联盟。大力发展商业航天产业，持续降低卫星发射成本，支持一批火箭卫星企业集聚发展。2022 年，机器人和智能制造产业实现工业企业总产值 609.5 亿元，较 2021 年增长 26.5%；实现利润总额 70.6 亿元，较 2021 年增长 21.2%。

第二节　主要做法和成效

一、产业集群引领，重视创新主体培育

紧紧围绕“三城一区”主平台和“四区一阵地”功能定位，北京经开区聚焦高精尖产业领域，不断提升承接国家战略任务的能力，打造了一批具有国际影响力的创新型产业集群。在创新型产业集群建设过程中，北京经开区高度重视创新型企业的培育和壮大，集聚了汽车、消费电子、生物医药、新型显示、现代物流等企业，培育构建了“独角兽 + 专精特新 + 瞪羚 + 金种子”创新梯队，2021 年入库企业 1114 家。与此同时，北京经开区充分发挥企业引领带动作用，打造大中小企业融通型特色载体，上线科技型中小微企业运行融通发展平台，促进大中小企业协同创新、融通发展。

二、完善创新生态，赋能企业创新发展

北京经开区持续健全完善创新生态圈，大力推动“创新主体同频共振、创新资源协同联动”，为经济高质量发展赋能增效。在平台载体建设方面，2021 年北京经开区搭建全市首创的“概念验证平台—公共技术服务平台打样中心—中试基地”全链条创新服务体系，挂牌公共技术服务平台 59 家，推动产学研用创新联合体建设，并获批中国科协 “科创中国”试点园区。在应用场景打造方面，北京经开区深化北京市高级别自动驾驶示范区建设，在智慧园区、智慧社区、智慧教育、智慧医疗、智慧政务等领域不断拓展新的应用场景。在人才服务方面，北京经开区成立人才创新创业发展中心，整合“亦麒麟”工作站、金融谷、高新技术企业公共服务平台和“揭榜挂帅”创新中心，建设国内领先的双创服务大厅；创新校企合作模式，在全市率先一体化推进技术技能人才培养，截至 2021 年年底，认定人才联合培养基地 50 个、博士后科研工作站 59

家；深入实施“亦麒麟”人才品牌工程，2021年评定首批“亦城人才”2065名，加快建设瀛海百万平方米国际人才社区。在政策保障方面，为保障国际科技创新中心主平台建设，截至2021年年底，北京经开区已经形成了“1+1+*N*”政策体系，累计出台各类政策和细则23项。

三、深化科技合作，共促区域创新发展

北京经开区围绕北京国际科技创新中心建设，持续深化与中关村科学城、怀柔科学城、未来科学城等“三城一区”主平台中“三城”的协同联动。一方面，北京经开区聚焦成果转化、载体建设、成果共享、政策协同等关键环节，相继与中关村科学城、怀柔科学城、未来科学城签署加强创新联动发展战略合作协议，并实体化运行中关村科技成果产业化先导基地。2021年挂牌亦城国际中心北京经开·北工大软件园、朝林广场、大族广场和鸿坤国际生物医药园等首批6家中关村科技成果产业化先导基地加速区。加速区空间面积为8.2万平方米，内设创新服务平台30个，落地科技成果转化项目162项。另一方面，北京经开区搭建“三城一区”线上服务平台，2021年发布共享设备549台/套、共享实验室108个，提供技术服务345项。

第三节　特色及创新方向

一、科技成果转化引领创新驱动

打造开放包容的科技成果转化政策环境。北京经开区围绕科技成果转化全生命周期，健全“科—技—产”各环节政策，形成面向国内外科研人员、企事业单位和转化服务机构全要素的政策激励环境。完善市场化的科技成果转化制度体系。研究制定实施促进科技成果转化的专项政策。创新落实科技成果使用权、处置权和收益权改革，开展赋予科研人员职务科技成果所有权或长期使用权试点，研究制定技术类无形资产管理办法，构建市场化的赋权、成果评价、收益分配等创新转化制度体系。建立健全对新兴产业包容审慎的监管政策。持续放宽经营范围、住所登记条件，推行企业“集群注册”“工位注册”，实行“容缺登记”机制，

鼓励经过充分验证的智能网联汽车等新产品在政策先行区率先开展试运行及商业运营服务创新新技术、新产业、新业态、新模式“容错”监管机制，制定临时性、过渡性监管规则和措施，通过行政指导、约谈告诫等柔性监管方式，引导和督促企业依法经营。构建扶持创新型企业成长的良好氛围。增强科技成果转化后劲，遵循创新型企业发展规律，研究制定实施长周期技术创新型制造业滚动支持计划，覆盖中试、小批量生产、规模生产全过程，扶持创新型小企业实现可持续发展。

构建一流的科技成果转化服务体系。坚持让服务走在创新的前面，强化科技成果转化服务体系建设，打造创新转化的加速器，形成以服务牵引推动科技成果转化、科技成果转化创造服务需求的动态平衡。加大科技成果转化平台设施建设力度。强化技术转移服务机构建设。建设知识产权运营转化服务平台。完善科技金融体系。积极搭建以应用场景为主体的现代化市场推广平台。加快完善支持主导产业应用场景的区级政策体系，着力构建完善政府推动、企业参与、市场化运作的场景应用机制。

建设尖端科技成果转化集聚区。从聚焦国家战略，积极对接“三城”，打通基础研究到产业化绿色通道，构建测试验证、资金支持、落地空间等全方位一站式服务，建设成果转化服务综合体，将北京经开区打造成为全球前沿科技成果孵化的重要节点。打造国际创新转化基地。发挥企业的海外资源整合优势，深度利用国际创新资源，拓展面向国际、国内的双向科技对接通道，搭建国际化科技成果转化服务平台，承接产业化条件较为成熟的国际创新合作项目和成果集聚发展。加快转化国家重大科技成果。打造“三城”科技成果转化集聚区。建立北京经开区与“三城”工作对接机制，签订合作协议，制订年度联动发展工作计划。大幅增强科技成果转化承接能力。布局未来产业创新园区等特色平台，进行战略留白，预留战略性、前沿性、颠覆性科技成果产业发展空间。

二、技术创新示范打通产学研用

形成产业技术创新高地。全面推动动力创新、机制创新，发挥企业创新中心主体作用，形成具有北京经开区特色的技术创新模式，充分发挥技术创新示范区的引领带动作用。培育创新动力源。以重点企业和

20+技术创新中心为核心，整合经开区内26家国家工程研究中心、工程实验室及两个集成电路研究院等国家级机构和资源，创新科技攻关组织机制。推动“政产学研用”联合创新。以企业需求为牵引，按照“产线出题、院所答题、产品判题、产线结题，专利保护”的“政产学研用”新型组织方式，大力推动相关企业在集成电路、新型显示、智能网联汽车、生物医药、智能制造、无人机等领域与高校合作，共建一批国家级产业技术研究院。

打造创新要素集聚的创新磁场。聚焦主导产业“硬技术”创新需求，适应创新模式演进趋势，打造以企业为主体，高端开放共享，创新生态完备的资源汇聚格局，构筑北京经开区“核心技术攻坚行动”综合平台。壮大北京经开区主导产业创新梯队。围绕北京经开区产业发展需求，建设主导产业企业成长梯队。打造开放型创新资源集聚平台。依托相关园区，提升底层软硬件协同研发能力，搭建支持多端、多平台部署的大规模开源训练平台和高性能推理引擎，形成面向产业应用、覆盖多领域的工业级开源模型库。构筑加速迭代的亦庄创新生态。围绕加快四大主导产业发展的实施意见，细化主导产业8条政策，形成“一链一策”精准扶持格局，构建精准发力的激励、评价、监督政策体系。打造国际赛事峰会交流平台。高标准举办各类国际化交流活动，以高级别的国际性会议、会展打造行业的全球技术创新交流高地。

建设世界级智能制造示范区。聚焦制造业智能化发展趋势，瞄准“研发、应用、标准”三大主线，不断积累北京经开区智能制造复合创新能力，建设智能制造系统解决方案策源地，推动北京经开区制造业生产模式不断迭代，“工业4.0”真正落地，开辟产业发展新赛道。加快工业互联网建设。全力突破智能制造底层和前沿技术。聚力打造智能制造应用示范及标杆工厂。强化智能制造供给能力，拓展试点示范成效，有序推动制造业发展动力、生产模式、支撑要素和组织方式等范式变革。

形成创新文化示范。秉承在发展中凝练文化，依托科技成果转化承载区和技术创新示范区建设，培育崇尚技术创新、自发创新的区域气质，促进形成创新活动和创新文化相得益彰的生动局面。培育工匠精神，凝练创新文化。打造创新文化有形空间。加强创新文化与物理设施的空间融合。打造科技传播前沿阵地。营造良好的全民科普氛围，依托亦庄学院等平台，聚焦全球前沿科技普及、前沿产品发布，吸引行业专家在北京经开区开讲授课，分享科研创新成果，打造亦庄新城现象级文化传播平台。

三、深化改革增强产业服务水平

提升要素质量和配置水平。着力优化生产要素配置和组合，实现要素配置精准高效公平，流动自主有序，不断激发要素活力。持续优化土地要素配置。健全工业用地市场供应体系，持续优化产业用地利用方式，推行先租后让、达产出让，探索工业用地、商业用地混合出让模式。全面优化资金配置。发挥好财政资金杠杆作用，优先保障重大战略、重大项目落地，实施全面预算绩效管理。

打造创新人才高地。聚焦主导产业，着力吸引和培育具备世界水平的科学家，汇聚科技领军人才、工程师和高水平创新团队，打造具备创新型城市特点的创新人才结构。培育北京经开区科学家队伍，加大延揽国外华人科学家、全球知名专家等全球高层次人才力度，将国家海外人才离岸创新创业基地、亦庄创新实验室等打造成面向全球的引才平台。吸引国内顶尖学科人才集聚，积极支持企业设立院士专家工作站。不断壮大北京经开区工程师阵容，建设复合型创业创新人才高地，打造专业化技术转移人才队伍，建设与北京经开区需求相匹配的人才要素市场。

打造国际一流的营商环境。对标最优，接轨国际，着力推动规则、管理、标准等制度型开放，强化体现服务意识的“亦庄基因”，构建更加开放、公平、公正，具有温度、充满活力的“亦庄模式”营商环境，让服务走在创新前面。营造透明高效的政务服务环境。提升政务服务便利化水平，深化“一门”“一窗”改革，90%的政务服务事项实现“一门”办理，深化“一网通办”改革，“全程网办”事项比例达90%以上。营造国际化的发展环境。打造全域“类海外”生活环境，加快建设北京市首个百万平方米的新型国际人才社区，实现国际人才公寓数量增长10倍以上。打造具有北京经开区特色的为企服务品牌。持续推进落实党建引领“企业吹哨，部门报到”、服务包、服务管家、“最后一公里”服务等多角度、全方位的企业服务机制。

第二十二章

大连经济技术开发区

第一节　园区概况

一、基本情况

大连经济技术开发区（以下简称“大连经开区”）是1984年国务院批准成立的中国第一个国家级经济技术开发区，总面积为422平方千米，其区位优势突出，地处东北亚经济圈、环渤海经济圈和东北三省走廊交会点上，是中国东北乃至远东地区走向世界的门户。大连经开区享有国家级经济技术开发区、中国（辽宁）自由贸易试验区大连片区核心区、全面“振兴东北”老工业基地、中国跨境电子商务综合试验区、沈大国家自主创新示范区、开放型经济新体制综合试点试验区等多重政策叠加及先行先试的优势。大连经开区内现有企业3.3万家，外商投资企业2000余家，世界500强企业70余家，已形成电子信息、集成电路、高端装备制造、生命健康、汽车及零部件和现代服务业等产业集群。2022年，大连经开区实现地区生产总值1494亿元，同比增长4%，工业企业总产值同比增长7.3%，固定资产投资同比增长6.4%，实际利用外资同比增长33.2%，工业经济发展稳中有进、持续向好。

二、产业体系布局

大连经开区制造业基础实力雄厚，具有工业体系相对完善、集聚程度较高、国际化特色鲜明等特征，目前拥有70余家世界500强企业。大连经开区主导产业特色鲜明，近年来逐步形成了以石油化工、装备制

造、汽车及零部件、电子信息、生物医药五大产业为主导的制造业产业集群，占大连经开区规模以上工业企业总产值近90%。

石油化工产业：大连经开区石油化工产业主要以大孤山石油化工产业区为产业聚集区和承载地，目前已形成涵盖原油加工、芳烃类产品、烯烃类产品、一般化学品、精细化学品等行业门类较齐全、产业基础雄厚的产业体系。大连经开区正积极推动石油化工产业向绿色低碳化、高端精细化转型升级。

装备制造产业：大连经开区装备制造产业主要以高端数控机床、自动化主控系统、重大成套装备等细分产业为主。轴承、冷冻冷藏设备产品在国际市场具有较强的竞争力，研制生产的五轴联动加工中心组建了国内首条航天核心产品生产线。大连经开区正大力建设智能制造装备产业园，着力打造国内高档数控机床、智能化装备产业完整技术和产业链，推动装备制造产业加快向智能化、高端化发展。

汽车及零部件产业：大连经开区于2012年9月获批中国汽车零部件制造基地，目前已形成以整车、发动机、变速器、电气系统、通用部件、功能材料等行业为支撑的相对完善的产业链条和体系，已具备新能源整车与核心零部件的制造与研发能力，并且已具备燃料电池新能源汽车和电动乘用车的制造资质和经验。重点产品技术均处于国际先进水平。

电子信息产业：大连经开区已经形成集成电路产业集群，涵盖了从半导体芯片制造、集成电路设备等产业链上下游多个关键领域。电子元器件、通信设备、线路板等产业发展迅猛。大连经开区积极推进5G、工业互联网应用发展，着力推动电子信息产业向智能化、数字化转型升级。

生物医药产业：大连经开区是辽宁省三大生物医药产业集聚区之一，目前在制药、医疗器械、疫苗等方面已形成一定规模，如有世界级的生物制药企业、医疗器械企业、疫苗企业等其他重点创新型生物医药企业，在原料药、疫苗（乙肝、流感疫苗）、防疫防护等细分行业表现比较突出，综合实力处于国内先进水平。

第二节　主要做法和成效

一、壮大主导产业推动产业体系提档升级

大连经开区紧抓主导产业高质量发展需求，以重大项目建设为牵引，一方面着力建设优势产业集群，支持技改升级，推进项目扩建和余热回用，争取央企新项目投资，提升石油化工产业集群“含绿量”。推动商用车系统、大柴发动机项目尽快投产，把电气电机驱动芯片、信基V谷等新能源汽车零部件项目作为“开年大单”，提升汽车产业集群“含新量”。推动风电零部件、大连模具产业孵化基地等引领性项目2023年内竣工投产，提升先进装备制造产业集群“含金量”。攀登半导体产业新高峰，加快推进项目建设，促进硅片及半导体材料产业园项目签约落地。另一方面大力培育新兴产业，推进重点企业做大数字化车间和智能工厂。助力本土企业在工业互联网标识解析方面建节点、抓应用。提级做强“大连数谷”新基建高地和提升算力竞争力，重点做优大商所“期现融合”产业生态。

二、着力提升创新能力积蓄发展新动能

大连经开区将创新作为拉动产业持续高质量发展的核心动力，一方面着力提升原始创新能力，持续壮大高新技术企业、科技型中小企业规模，组建“瞪羚”加速营，提升“东北瞪羚第一区”影响力，落实好各项人才引进支持政策，让乐业者心有所属，加快战略科技人才和青年科技人才培养，让逐梦者心想事成。另一方面，大连经开区着力提升协同创新能力，重点打造创新动力“专精特新”孵化器等创新载体平台和数字赋能平台，引导支持企业牵头组建实质性产学研联盟，与高校携手设立新型研发机构，推动全国水下机器人大赛与人工智能领域联动，促进产业合作和项目落地。

三、紧盯重点项目打开招商引资新局面

大连经开区深入剖析自身发展现状和需求，精心谋划重点招商方向和企业，积极开展招商引资活动。在谋划的重点项目中，以元宇宙、新

能源、智能装备制造、新一代信息技术为代表的战略性新兴产业占比超过50%，计划开展的亿元以上项目数量占比超过50%、投资额占比超过90%，特别是代表性的重大项目、新兴项目、服务业项目，进一步体现了投资体量大、项目质量高、带动能力强、产业结构优的特点。2022年，大连经开区招商团队深耕京津冀、成渝、长江经济带、长三角、粤港澳大湾区等重点区域，全年组织开展各类走出去、请进来招商活动2420次，开展云招商210次，成功推进了一批重大在谈项目签约和开工落地，实现总投资额超800亿元。

第三节 特色及创新方向

一、坚持更高水平开放，打开发展空间

大连经开区充分发挥自身区位优势，打造外贸竞争优势。一方面，大连经开区拓展对外交流能力，聚焦中日、中韩、中德、中欧等合作载体和平台建设，以更宽视野和更大力度吸引外资投资实业，设立功能性机构。大连经开区走出去抢订单、抓机遇，以最大程度支持外企增资延链、配套串链，出海找老朋友、交新朋友，组团赴日本拜会日本3家企业和2家经贸机构，完成在大阪举办“辽宁—日本经贸交流推介会”的各项任务，参加第五届中国国际进口博览会，在“中国这十年”对外开放成就展中展示风采。另一方面，大连经开区增强外贸综合实力，推进进口贸易促进创新示范区建设，建立连接日韩、东盟两个区域全面经济伙伴关系协定主要区域的贸易快捷通道，着力培育壮大冷链物流分拨仓储、汽车平行进口、企业贸易综合服务等平台，积极吸引具有国际竞争力的企业入驻，推动菜鸟中心仓项目落地，大力挖掘外贸增长点，做大专业贸易、离岸贸易、数字贸易。大连经开区充分利用金融稳外贸手段，切实为企业纾解进出口难题，实现“精准滴灌”。

二、推动创新成果转化，增添产业活力

大连经开区着力加速科技成果转化，全年技术合同成交额突破100亿元，科技成果转化中心、连大—金普创新创业项目孵化基地挂牌成立，

大连干细胞与中医药协同创新示范中心、氢能等一批中试基地开工建设，全年企业有效发明专利 2420 件，位居大连市首位。智慧农贸云服务平台、机器人科技馆获评工业和信息化部 2022 年新型信息消费示范项目。全国水下机器人大赛、中国青年创新创业大赛、第四届中国工业互联网专业赛、AI 智药赛等高端赛事成功举办。大连金普新区科学技术局获评全市唯一的全国科技管理系统先进集体。

三、持续升级"金十条"，优化营商环境

大连经开区以优化和落实"金十条"为牵引，开展一系列制度创新，努力打造更优营商环境。一是策划出台新的"金十条"招商政策，搭建数字化招商管理平台，实时更新招商项目进展，实现招商全过程可视化展现，对项目全生命周期进行管理，做到项目底数清楚、推进脉络清晰、督办跟踪及时。二是出台招才引智"金十条 2.0 版"，拨付人才发展资金 1 亿元，尊重、理解、成全创新创业创造，"金普人才谷"服务平台上线运行，首届"万名大学生进名企"活动成功举办。三是成立重大项目投资促进小组，完善部门协同、整体联动、线上线下融通的信用服务体系，构建重大项目落地全流程服务，把"签约即挂牌""摘牌即开工""竣工即办证""办证即投产""推广营商环境创新 24 条硬核举措"纳入标准化建设，及时破解项目推进中的难点、堵点，为招商引资聚合更强磁场。

第二十三章

无锡惠山经济开发区

第一节　园区概况

一、基本情况

无锡惠山经济开发区（以下简称“惠山经开区”）规划面积 76 平方千米，实际管辖 48 平方千米。经过 20 多年的发展，惠山经开区依托江苏数字信息产业园、无锡高端装备产业园、无锡惠山软件外包园、江苏无锡（惠山）生命科技产业园四大园区，先进制造业和现代服务业两大基地，以及无锡惠山高新技术创业服务中心和科技金融中心，倾力打造优势特色产业，形成了“四园区二基地两中心”的产业布局结构。惠山经开区涌现了 26 家 10 亿级企业，4 家境内上市公司，3 家境外上市公司。2022 年，惠山经开区规模以上工业企业总量达 465 家，其中高新技术企业 289 家，培育了一批新的科技型企业，均已成为细分行业重点企业。

二、产业体系布局

惠山经开区初步形成具有比较优势和领先优势的汽车及零部件、高端装备制造、生命科技、新能源新材料、新一代信息技术五大主导产业。

汽车及零部件产业。惠山经开区有规模以上工业企业 46 家，拥有两家整车生产企业，2022 年产值超过 400 亿元。惠山经开区拥有江苏省最大的自主商用车整车基地，年产 18 万辆，其中新能源汽车占比达 15%左右，建成了产品特色明显、核心企业带动作用大、技术创新能力

强、具有较强竞争力的产业集群发展体系，成功跻身“江苏省汽车零部件产业基地”行列。

高端装备制造产业。惠山经开区聚集了以150家核心零部件企业为支撑的整机装备及核心零部件产业集群，成为无锡市乃至江苏省高端装备制造业的重要板块，形成了在行业和关键领域占据领先地位的特色产业链。2022年，由惠山经开区主导运营的惠山区智能基础零部件制造产业集群入选工信部“2022年度中小企业特色产业集群名单”。

生命科技产业。惠山经开区集聚了一批重点企业，构建了精准诊疗、高端医药、医疗器械三大领域的产业格局，还集聚了英美加欧四国院士、中国工程院院士、意欧科学院院士、中国科学院院士等国内外顶尖人才数十名，吸引了800多名硕士及以上学历的海内外高科技人才。

新能源新材料产业。新能源产业引进培育了一大批新能源项目，建成了江苏省唯一的能源光伏逆变系统工程中心，并拥有行业领先的供应链、工艺技术和制造装备，相关企业中规模以上工业企业超40家，成为国内绿色能源发展的新亮点，整个产业规模近200亿元。新材料产业集聚了80余家新材料企业，其中石墨烯研发、应用企业70余家，设有哈尔滨工业大学颠覆性技术创新研究院，获批国家火炬计划惠山特种冶金新材料产业基地和国家火炬石墨烯新材料特色产业基地，在行业内具有重大影响力。

新一代信息技术产业。惠山经开区重点发展工业互联网、人工智能、大数据、云计算、高端芯片等产业，招引了一批重点企业，形成了传统产业升级所需的工业互联网平台生态体系、大数据应用产业链体系和高端芯片产业链。

第二节　主要做法和成效

一、人才优先，院士效应蔚然成风

惠山经开区不断完善引才引智机制，给予专项配套扶持资金，实现“引进一个院士，带来一个团队，落实一个实体，带动一个产业”的积

极效应。惠山经开区推动与清华大学、中国科学院、华中科技大学、上海交通大学等科研院所的政产学研深度合作，全面发挥优势叠加效应，打造一批专业化、特色化的“人才驿站”，开创“校企院”三结合的专业人才培养模式和人才柔性流动方式。惠山经开区积极构建技术创新联盟，引导辖区企业与高校、科研院所组建技术创新团队。截至 2022 年，惠山经开区累计引进国家级人才 13 人、省“双创人才”30 人、市“太湖人才计划”创新创业类人才 33 人；新增 14 个院士，合作院士累计达 26 个，院士工作站累计达 10 家，在全市名列前茅。

二、智能制造，高端装备业的强劲引擎

惠山经开区抢抓智能制造发展先机，以市场为导向，发挥华中科技大学无锡研究院及其他联合共建的知名院所技术优势，鼓励企业把存量资金投在更新装备、人机耦合、研发新品等产能提升上，积极融入“智能制造”、“互联网+”元素，通过“智能制造行动计划”和设立智能制造产业发展专项基金，提升汽车整车及零部件、先进装备制造等领域企业的智能化普及率，推进透平叶片“能源装备高性能叶片制造工艺”“重型车用发动机智能制造”等一批研究成果成功入选国家级智能制造试点示范项目和重大专项。惠山经开区获得国家两化融合管理体系贯标证书的企业累计 36 家，国家两化融合管理体系贯标试点企业 6 家，4 家企业入选省重点工业互联网标杆工厂，省星级上云平台企业 86 家，省两化融合管理体系贯标试点企业 46 家，同时形成了包括省、市、区各个层次在内的示范工厂（车间）127 个。

三、园中创园，战略性新兴产业崛起抓手

园中园建设，是增强企业自主创新能力、推动科技成果转化、促进经济快速发展的重要载体。惠山经开区与深圳清华大学研究院合作共建江苏数字信息产业园，标志着“四不像”新型管理体制和运行机制正式入驻，开辟学、研、资、商密切结合的发展新模式。惠山经开区与上海张江生命科学园紧密合作，汲取生命科技独有的高标准载体建设经验；

与华中科技大学联手设立华中科技大学无锡研究院，开启的新型研发合作模式已成为省内标杆。同时，惠山经开区加快推进CIC城市智能交通产业基地、清华创新大厦、石墨烯产业发展示范区、生命园国际产业化应用区等一批重大载体建设，着力打造国家级石墨烯产品质量监督检验中心、国家石墨烯应用技术研发和检测中心、正则精准医学检验所、江苏省精准医疗工程中心、国家级物联网产品重点实验室等与周边开发区差别化发展的公共平台，不断优化"研发孵化器—中试加速器—产业转化基地"的高科技成果转化机制，推动传统企业转型发展。

四、科技金融，产业发展加速动能

惠山经开区坚持以市场为导向、以企业为主体、政府搭平台，依托惠山科技金融中心的信息港国际金融中心、荷塘苑金融集聚区两大专业载体，形成以股权投资与金融招商为核心的产业投资板块，以银行、担保、小贷等债权融资与资产运营类业务为核心的战略运营板块，以政策性金融工具与综合服务平台为核心的企业服务板块，构建全过程的科技金融服务体系，缓解企业融资难题。惠山经开区已吸引了近200家金融机构与基金注册，直接或间接撬动股权投资基金集聚规模超550亿元，服务近400家科技企业，解决融资超30亿元，助推创业板上市，加快10多家企业上市步伐。惠山经开区还协同10余家上市公司撬动重大项目投资规模超100亿元，走出特色鲜明的"资本招商"新模式，释放出科技金融红利。

五、服务至上，优质营商环境蓄力提能

打破现有体制机制障碍，提供个性化、有针对性的政策支持体系，惠山经开区管委会每年以一号文件下发"暖企行动"实施意见。惠山经开区财政安排数亿元产业专项扶持基金和科技创新扶持基金，保障国家及省（区、市）政策配套资金及惠山经开区扶持政策的落实兑现，营造有利于企业发展的良好"小气候"。"一站式"全程护航，优化审批服务环境，大力推行"一站式审批、一条龙服务、一个窗口办结"服务模式，有效破解审批环节难题，促进项目尽快落地投产。惠山经开区创新服务

企业方式，实行“一对一”保姆式服务，为新公司非本地籍员工及家属提供入住、入学方面的便利。惠山经开区还构建了多层次生活配套体系，重点围绕完善专业园区功能配套，引进符合科技型人才需要的商业休闲项目，采用定位、定功能、定方向的“三定”模式，大力引进拥有大量商业资源的整体运营商，形成融生活、工作、娱乐于一体的科技精英社区，丰富娱乐休闲业态。

六、生态集约，资源精准利用打造区域样板

惠山经开区坚持“资源集约高效利用”的发展理念，通过严控增量、盘活存量、优化结构，高效释放发展潜力。择优供地选项目。惠山经开区提高准入门槛，严格限制土地、能源等需求过大的资本和劳动密集型工业项目落户，集中力量、集中资源招引土地集约率高、低污染的现代制造企业和高科技企业，入驻项目均实行“亩均投资强度”与“亩均产出效益”双评估。“腾笼换鸟”提品质。惠山经开区积极探索研究老旧厂房改造机制，通过产业准入、政策支持等方式，推动低效资源再利用、存量用地再盘活，辖区“散乱污”企业得到有力整治，累计盘活低效用地超 7000 余亩，使老旧厂房焕发出新活力。深入挖潜增效益。惠山经开区采取“政府牵头、政企合作、政策引导、各得其利”的共赢模式，有效把区内空置的楼宇、办公用房、厂房等作为今后发展资源，推动社会资源转化为发展资源，实现资源的节约集约利用。惠山经开区还积极引导企业加快淘汰老旧设备、改进工艺技术、完善管理制度，80%的传统企业已完成智能化改造，节地水平和产出效益实现双提升。

第三节　特色及创新方向

一、通过特色园区全力提升开发区产业竞争力

以特色园区为基础，形成产业发展品牌，提升产业浓度。特色园区承载的是惠山经开区经过多年发展后形成的先进产业发展重点和基础，经开区将充分发挥比较优势，立足现实、着眼未来，加快将 4 个园区建设成为全国新能源汽车产业制造基地、全国“专精特新”装备制造基地、

长三角生物医药重要研发生产基地及苏南地区电子信息高地，全力打造产业发展和模式的品牌效应，充分放大基地、集聚区对产业项目和重点企业的虹吸力度。

以特色园区为承载，招引极具影响力的企业，提升产业强度。惠山经开区围绕新能源、生命健康、智能装备、数字信息四大地标产业，紧盯有影响力的重点央企、世界500强企业、优质上市企业、实力民企、知名外企、大院大所、基金等发展布局，接轨最前沿战略及资源，在重特大产业项目招引上实现更多的突破。惠山经开区锚定产业链核心和薄弱环节，持续绘制和更新“产业链图谱”，精准掌握产业链核心企业所在空间及发展情况，构建以平台型企业为主的招商目标库，加快攻坚突破速度，在企业招引上实现质的飞跃。

以特色园区为原点，分层多维培育企业梯队，提升产业后劲。惠山经开区从规模化、高新化、“专精特新”化、智能化4个维度，加快构建多层次、梯次型创新企业群体，加快激发创新创业主体活力。惠山经开区鼓励企业发挥产学研深度融合优势，建立纵横交错、互联互通的“创新联合体”，积极组建产业技术研究院、企业技术中心，承担重大科技项目和重大工程任务，开展共性技术攻关、适配测试验证、成果转移扩散和应用示范推广。惠山经开区支持重点领域专精新特中小企业成长，形成关键技术环节多点突破。惠山经开区引导企业智改数转绿提，对标国内外智能制造领先水平，引导基础条件好、创新能力强、智能制造水平高的上汽商用车无锡分公司、戴卡轮毂、透平叶片、时代天使等优势企业，推进工业机器人示范应用，进行生产线数字化改造，探索建设智能工厂和“灯塔”工厂。

二、数字化赋能开发区提升管理运营水平

提升数字化管理能级。惠山经开区推动智慧园区系统建设，设计一套包含感知、建筑智能化、网络、云计算、物联网及数字机房等设施的园区基础设施体系，融合智能服务、产业发展、社会治理、运营服务四大服务应用系统，为园区、产业和载体实现产业布局、招商规划、精准服务、创新发展、协同服务等数字化管理，推动惠山经开区“管理精细化、服务智能化、产业高端化”发展。

打造企业智能化营商服务。惠山经开区以“智能推荐+搜索向导”服务为主，以应用超市服务为辅，为企业提供政策推送、事项办理、政企互动、企业中心等“一站式”服务，为企业在人、财、物、信息方面提供“一揽子”解决方案，以精准服务企业为基础，围绕企业“降本增效”诉求，搭建政企互通有无的高效企业服务平台，进一步提升境内外投资者对开发区营商环境的透明度、知晓度和感受度。

建立产业发展全生命周期管理。惠山经开区整合已建成的系统业务功能，促进业务权限信息共享，打通信息壁垒，建立全生命周期公共服务平台体系。惠山经开区将产业项目招引、建设、管理、服务等各个环节纳入全生命周期管理，重点多维度管理、监测招商项目和重大项目的投入进展情况，分析产业变化趋势，打造“招商—建设—服务—分析”的产业发展服务链，以更好地应对和解决产业转型发展面临的共性难题，形成产业完整服务闭环。

三、全要素保障提升产业服务平台

完善资本支撑。惠山经开区用足产业强区政策、科技创新政策和专项人才政策，用好惠金中心等资源，为企业创新发展提供专业化、全周期、一站式的贴心化服务和金融支撑，营造全社会支持产业、推动创新氛围。惠山经开区着力构建覆盖“创新型初创企业—‘雏鹰’企业—‘瞪羚’企业—‘独角兽’企业—上市企业”的全方位政策资金扶持体系，分阶段、差别化地支持创新型企业的成长。惠山经开区全面落实研发费用加计扣除、高新技术企业税收优惠等创新政策，充分激发企业增加科技投入、开展技术创新的积极性、主动性。惠山经开区持续推进保险金融创新集聚区建设，深入推行“保险与科技结合”综合创新试点。惠山经开区探索设立专项资金，发挥杠杆效应，鼓励和支持各类企事业单位采购创新型产品和服务，帮扶科技创新型企业开拓市场。

发展产业服务。惠山经开区集合园区产业的比较优势，重新定位生产性服务业，树立“服务引领制造”的观念，提升服务业功能。惠山经开区鼓励企业实现生产与服务分离，培育为制造业企业提供专业生产性服务的独立企业。惠山经开区强化产业融合发展，实现制造业

和生产性服务业在空间及产业链上的融合，加快服务业内容、业态和商业模式创新，推进供应链服务、检验检测、制造数字化服务、工业互联网、绿色技能在产业链上的有效应用，提升产业链的附加值。惠山经开区提升商业服务能力，加强品牌建设，鼓励餐饮、生活服务、商圈与“互联网+”融合发展，探索电子商务平台，积极培育各类新兴消费，构建新型智慧城市商业布局体系，探索智慧商圈建设。惠山经开区积极培育新兴服务业，适当引进科技咨询、知识产权服务、人力资源服务等生产性服务业，着力提升专业服务水平，发展平台经济、共享经济，打造高端服务品牌。

第二十四章

宁乡经济技术开发区

第一节　园区概况

一、基本情况

宁乡经济技术开发区（以下简称“宁乡经开区”）成立于 1998 年，2010 年升格为国家级经济技术开发区，党工委、管委会为省委、省政府副厅级派出机构，委托长沙市委、市政府管理，主体园区规划控制面积 60 平方千米，建成区面积 20 平方千米，托管宁乡农科园，先后获评中国食品工业示范园区、国家知识产权试点园区、国家绿色园区、长江经济带国家级转型升级示范开发区、湖南省家电特色产业园、湖南省食品加工特色产业园、湖南省化妆品产业园、湖南省环保诚信园区、湖南省十大“平安园区”示范单位等称号，营商环境成效入选商务部国家级经济技术开发区十大优秀案例。2022 年，宁乡经开区完成“技工贸”总收入 1185 亿元，规模以上工业企业总产值 833 亿元、同比增长 9.3%，园区拥有 2 家 100 亿元企业，签约引进优质项目 40 个，合同引资 270 亿元，生物医药和生命科学产业园项目入选湖南省政府 2023 年十大产业项目。宁乡经开区企业共获得国家级企业技术中心等国家级荣誉 87 项、湖南省科技进步奖等省级荣誉 259 项。宁乡经开区营商环境实现新提升，新设立“蓝月谷”新兴产业投资基金和楚天生物医药基金。

二、产业体系布局

宁乡经开区现有企业 500 多家，其中规模以上工业企业 232 家，高新技术企业 173 家，本土上市企业 3 家，500 强投资企业 18 家，上市

公司投资企业 29 家，市级以上智能制造企业 150 家、国家级智能制造企业 4 家，省级以上专精特新“小巨人”企业 49 家，省级及以上研发机构 55 家，100 亿元产值企业 2 家，形成了以智能家电、绿色食品为主导，以新材料为特色的“两主一特”产业。

智能家电产业。宁乡经开区具有智能家电产业园、智能家电配件产业园中的重点产业平台，打造了国内首家智能家电产业小镇——蓝月谷智能家电产业小镇，已形成了主机和 60 多家配套企业组成的智能家电产业链，成为中国智能家电产业新板块。宁乡经开区已聚集钣金、注塑等 60 多家产业链企业落户，产品品类有 500 多种，2020 年实现产值 200 多亿元，本地配套率达 30%，形成了从研发设计、生产制造、销售物流到回收再制造的产业生态圈。

绿色食品产业。近年来，宁乡经开区共引进和培育了 50 多个知名品牌食品饮料企业，全区食品生产企业主体超过 100 家，逐步将绿色食品产业定位为经开区主导产业进行培育发展。截至 2020 年，宁乡经开区绿色食品产业基本形成了五大产业集群，包括健康饮品产业集群、休闲食品产业集群、调味品产业集群、主粮及中央厨房精深加工产业集群、乳制品产业集群，食品产业集群进一步集聚。

新材料产业。新材料是宁乡经开区先进制造业发展的优势产业，主要涵盖了新型建筑材料制造、涂料、纤维制品、新能源、生物医用等多个材料领域。目前，宁乡经开区已引进 70 多家优质企业，其中拥有科创板中国涂料第一股，与湖南大学设立联合研究院，市场占有率居全球第四、国内第二；企业参与编制国家级标准 1 项、省部级标准 3 项，获评全国混凝土协会科学技术奖二等奖；引进享受国务院政府特殊津贴专家，矿山膏体充填技术创新能力持续提升。

美妆产业。近年来，宁乡经开区大力培育美妆产业，重点发展“美丽经济”，经过多年深耕，产业承载平台不断夯实，产业规模不断壮大，要素配套不断完善，产业生态不断丰富。目前，宁乡经开区已引进和培育了化妆品重点企业近 30 家，覆盖美妆产业上下游环节企业 16 家，已初步具备了一定规模和特色。宁乡经开区对标上海东方美谷、广州白云美湾、湖州美妆小镇等产业高地，高起点规划、高标准建设“美妆谷”产业平台项目，全力打造中部地区美妆洼地。

生命科学产业。宁乡经开区作为宁乡市产业建设的“主阵地”，紧抓生命科学产业发展机遇，围绕制药装备、生物医药耗材、抗体、疫苗等领域，大力打造以“链主”企业为龙头的生物医药与生命科学产业链。近年来，宁乡市充分发挥楚天科技等领军企业的带动作用，围绕医药装备、高值耗材、影像设备、诊断试剂等领域，积极建设生物医药与生命科学产业链园区和宁乡高新技术产业园区医疗器械产业园，聚集了83家医药医疗器械企业，已成为湖南省最大的医疗器械产业聚集发展地。同时，宁乡经开区通过引进专业服务机构，探索异地孵化新模式等方式，发力布局生命科学产业集群，持续推动生命科学产业高质量发展。

先进电池产业。宁乡市作为工业和信息化部批准的国家新型工业化电池材料生产示范基地，已形成了电池正极、负极、隔膜、电解液、电池回收完整的产业链及良好的产业生态，集聚了一批电池材料行业企业。宁乡经开区大力发展先进储能材料产业，形成了涵盖正极材料、负极材料、电池结构件、电池包生产和回收拆解的锂电产业链条。宁乡经开区拥有全球排名第一的锂电池正极前驱体材料企业，核心产品市场占有率领先同类型产品。

第二节　主要做法和成效

一、持续开展产业培育提质增量专项

宁乡经开区持续深入开展“产业项目竞赛年”活动，产业结构不断优化，产业集群不断壮大，产业生态不断完善，为1000亿元产业夯实了根基。2021年，新能源电池新材料企业实现产值130亿元，成为第一家100亿元企业；2022年，长沙格力成为第二家100亿元企业；2023年，生物医药企业的五大板块全面达产，有望成为第三家100亿元企业；2024年，企业联合打造的100亿元智能硬件综合生产基地满产达效，将成为第四家100亿元企业；2025年，智能家电产业年产507万台/套独立商用空调和400万台/套冰箱项目全线量产，将实现240亿元以上产值，成为第五家100亿元企业。科技创新形成了品牌。2021年以来，宁乡经开区共培育高新技术企业142家、市级以上智能制造企业

131 家，新增国家知识产权优势企业 3 家、国家先进制造业单项冠军企业 2 家、国家工业产品绿色设计示范企业 2 家、国家专精特新“小巨人”企业 6 家、省级专精特新“小巨人”企业 20 家，省级及以上技术中心、工程中心、研发中心达到 55 家。

二、坚持产业招商不断引优引强

宁乡经开区始终坚持产业链招商、平台招商和品质招商，围绕“两主一特”产业建立完善“两图两库两池两报告”，集中资源力量“招大引强”、培优扶强。宁乡经开区两年来签约引进优质项目 67 个，合同引资 492 亿元，其中“三类 500 强”项目 7 个、投资 100 亿元以上项目 1 个、投资 10 亿元以上项目 12 个、上市企业及投资项目 28 个、增资扩产项目 15 个。智能家电企业连续布局六期项目，2021 年新建的冰箱洗衣机生产基地和第二研发中心竣工投产，将成为年产值超 300 亿元且仅次于珠海总部的综合生产基地。新能源电池新材料企业投资 60 亿元建设年产 1 万吨太阳能银基项目，达产后产值将超 300 亿元。生物医药和生命科学产业链项目总投资 110 亿元、计划实施产业链上下游项目 17 个、产值 500 亿元以上，已有 8 个产业链关键项目落地，整体投资 48 亿元，预计达产后可实现产值 200 亿元以上。

三、将项目建设作为经济赶超发展的“牛鼻子”

宁乡经开区始终坚持项目为王、项目为大，将项目建设作为经济赶超发展的“牛鼻子”，准确摸清项目资金量、工程量和实物量，挂图作战、高效施工，2021—2022 年共铺排项目 231 个、总投资 1314.7 亿元，省级以上重点产业项目 11 个、市级以上重点产业项目 128 个，完成投资 371.8 亿元，其中 75 个项目开工建设、38 个项目竣工投产。一批企业获评全省综合绩效优秀产业项目。2022 年 1～9 月，共完成投资 179.95 亿元，完成率达 94.8%。在 43 个新开工项目中有 22 个项目实现提前开工，20 个项目竣工投产，全部达产后预计新增产能 200 亿元以上。新能源汽车电源项目 5 月签约、9 月投产，实现当年签约、当年投产、当年达效，刷新了项目建设的“宁乡速度”。

四、持续推动营商环境向优向好

宁乡经开区持续筑牢“工厂、工地、公寓”三条新冠疫情防线，深入开展安全生产“百日整治行动”，全面实施拉网式排查、闭环式整治、网格式管理，为企业发展营造安全稳定的环境。宁乡经开区创新推行“洽谈即服务、验收即发证”模式和“承诺+容缺”审批，获批湖南省社会投资工业项目承诺制审批改革示范试点单位，升级“零收费”园区、一站式服务和全流程代办，持续打好“提效能、降成本、优服务、强保障”组合拳，工作经验入选商务部国家级经济技术开发区优化营商环境十大优秀案例。宁乡经开区扎实开展百名干部联百企“送政策、解难题、优服务”行动，安排120名优秀干部联点帮扶431家企业，成立产销对接中心和供采联盟，用1.9亿元“真金白银”支持企业倍增、智能技改和科技创新。宁乡经开区设立产业学院，2021—2022年共为企业招聘到位1.2万人，“共享用工”“云端招聘”等创新举措被中央电视台《新闻联播》、新华社、《经济日报》等媒体推介。宁乡经开区落实“名校进园区”政策，投资4亿多元引进建设南雅蓝月谷、明德蓝月谷两所名校，新增优质学位6000多个。宁乡经开区完成雅宁公寓、旺宁公寓等建设，新增床位1.1万个。宁乡经开区开设两条直达长沙城区交通枢纽的免费公交线路，完成2个加油站建设，新建5个公共停车场，新增车位600个以上。宁乡经开区持续解决一批“岗位”“学位”“床位”“车位”问题，使其更加宜居宜业。

第三节　特色及创新方向

一、对照“五好”园区创建标准，坚持高质量发展

对标先进园区成功经验，宁乡经开区深入实施“先进制造业跃升计划”，推进差异发展、品质发展、绿色发展和集约发展，优化产业结构、促进产业升级，力争“十四五”末进入全省前5强、全国50强。宁乡经开区坚持产业链建设，做全食品产业链，重点推进产业倍增工程，把宁乡经开区打造成为中部地区要素最齐全、品牌最集中的食品生产示范园区；做强新材料产业链，重点支持企业抢抓先进储能材料发展窗口期，

抢占全球动力电池更大市场份额；做优智能家电产业链，重点推动满产达效，加快生产基地建设，提升本地配套率，争取早日形成 1000 亿元产业集群。宁乡经开区坚持市场化改革，按照“深耕产业、服务企业、经营园区”的发展定位，对照上市公司管理模式，深化平台公司市场化改革，以产业链思维服务园区发展，以资本运作思维运营园区资产，全面提升企业管理水平、资本运营效益和造血盈利功能，力争在股权投资、特许经营和综合能源开发等领域实现新突破。宁乡经开区坚持全要素保障，围绕企业痛点、产业难点、园区堵点，切实提升关键生产要素保障能力。宁乡经开区加快设立产业基金，重点扶持先进储能材料和生命医药产业发展。宁乡经开区加快回用水厂、天宁热电二期等基础配套工程建设，不断提升园区承载能力。宁乡经开区加快推进沩水湾片区退二进三，按照“三生融合”理念，把沩水湾打造成为宁乡的“城市客厅”。

二、促进自主创新能力提升，实施生态建链行动

宁乡经开区围绕园区“两主一特”产业，引导企业加强院士工作站、重点实验室、工程技术研究中心、创新中心等创新载体的搭建。发挥企业在科技创新中的主体作用，支持科技领军型企业联合高校、科研院所、海内外专家创新团队等组建创新联合体，承担国家、省、市重大科技项目。培育以科技型中小企业、高新技术企业、创新型领军企业、上市企业为主线的科技型企业梯队。优化供应链，大力引进供应链企业，缩短物流半径，重点培育生产性服务业，提升供应链韧性和安全水平。强化创新链，鼓励企业加大研发投入、引进科创人才、深化产学合作，支持格力第二研发中心等创建国家级创新平台，力争全年研发投入增长 13% 以上。深化资金链，丰富金融服务主体，发挥先进储能、生物医药等投资基金引导作用，拓展产业投资和企业融资共赢发展新模式。

三、推动园区生产生活服务业发展

促进制造业与现代服务业有机融合。宁乡经开区加强对工业设计产业发展的领导，研究解决园区工业设计产业发展中的重大问题，推进重大项目实施。宁乡经开区结合“135 工程”升级发展，培育 1～2 个有影

响力的工业设计示范基地，建成一批具有较强辐射带动作用的工业设计中心，创建省级工业设计中心。

壮大与发展公共服务平台。宁乡经开区以山水检测为首，培育“第三方公共检测平台”，鼓励有条件的企业与科研院所组建产学研用实体平台；构建以服务中心为核心的公共服务组织，以行业协会、商会等自律性、志愿性团体为基础的公益性组织，以管理咨询等专业服务机构为代表的商业组织的“三位一体”的中小企业服务组织体系和生产力促进中心。

构建与提高制造业金融支撑要素水平。宁乡经开区积极向上争取国家项目扶持，加大先进制造业领域国家各类项目争取力度，有效引导资金定点投放，为重大项目提供高效率、低成本的资金支持，助推先进制造业转型升级。宁乡经开区建立园区企业融资需求信息库，开展银企对接活动；定期举办“金融超市”融资对接活动，组织银行、保险、证券、担保等机构与企业开展对接，组织金融专家服务团深入了解企业生产运营情况，制定个性化融资方案。

第二十五章

宜宾高新技术产业园区

第一节　园区概况

一、基本情况

宜宾高新技术产业园区（简称“宜宾高新区”）2019 年 1 月被批准为省级高新区，管理范围为北临岷江，西与屏山县交界，南至柏溪街道长沙社区，东至菜坝镇石马村，规划面积约 157 平方千米，空间范围包括叙州区高场镇局部、柏溪街道局部和翠屏区菜坝镇局部，统筹 31 个村（社区）的地域范围，本轮三区三线划定面积 26 平方千米，现有建成区面积 10.5 平方千米，常住人口 7.3 万人，城镇化率达 52%。

宜宾高新区现有企业 47 家（已建成投产 34 家、在建企业 13 家），其中光伏企业 7 家。2022 年，工业企业总产值突破 105 亿元，同比增长 110.8%；企业 R&D 经费支出 1.8 亿元，同比增长 15%；高新技术企业 14 家，净增 6 家，同比增长 75%；“专精特新”企业 5 家，净增 1 家，同比增长 20%。

二、产业体系布局

宜宾高新区按照抢抓国家“双碳”目标和成渝地区双城经济圈建设发展机遇，大力发展数字经济新蓝海、绿色新能源产业，抢占“一蓝一绿”产业风口赛道的决策部署，在原有的智能制造、新材料、食品饮料 3 个主导产业基础上，按照选好赛道、找准伙伴、建好集群的原则，大力发展晶硅光伏产业，构建以晶硅光伏为主导，智能制造、新材料、食品饮料为支撑的“1+3”产业体系。

晶硅光伏产业。宜宾高新区瞄准光伏产业领先企业，通过基金招商、股权投资等方式，以投促引、投引结合，构建从拉棒、切片、电池到组件的光伏主产业链，围绕主产业链布局金刚线、银浆、逆变器等光伏辅材产业链，打造产业链条完善的1000亿元光伏产业园，其中4个100亿元项目已开工建设或建成投产。

智能制造产业。宜宾高新区的智能制造产业从2016年发展至今，经历了产业从无到有、规模从小到大、技术从简单引进与应用到消化吸收，再到自主创新的发展过程，初步形成了一定的技术基础和产业规模。近年来，园区大力培育和发展以汽车零配件为优势的智能制造产业，产业基础不断形成，现有7家传统汽车零部件生产企业，以及4家新能源智能制造生产企业。

食品饮料产业。目前，宜宾高新区有食品饮料重点企业6家，2022年，宜宾红粱、水稻、玉米等优质酿酒原料种植面积达到161.3万亩，白酒原料本地供给率提高至20%，为食品饮料产业发展提供了良好的基础。

第二节　主要做法和成效

一、突出精准招商，加快产业集聚

宜宾高新区瞄准光伏行业重点企业，通过基金招商、股权投资等方式，以投促引、投引结合，目前已签约硅料项目10万吨、硅棒项目70GW、切片项目80GW、太阳能电池项目100GW，综合产能位居全国前列，太阳能电池签约产能已超国内最大的电池片生产基地。在宜宾高新区落地的企业中，2家上市企业，3家行业“独角兽”企业，2家有望培育成四川本土首家光伏“独角兽”企业。截至2022年，宜宾高新区已签约的光伏产业项目总投资673亿元、达产后年产值2000亿元，年税收40亿元，带动就业3万人。

二、强化创新平台，提升发展能级

宜宾高新区全力深化与清华大学、四川大学、电子科技大学等一批

国内重点院校的合作，着力加强创新孵化载体建设。2022年以来，宜宾高新区加快提升科技创新服务能力，建立服务工作机制，成立了政策宣传、财税政策落实、人才政策落实等6个工作组。同时，宜宾高新区大力改革科研组织投入方式，开展“揭榜挂帅”科研攻关，加快招引科技孵化平台、国家级晶硅光伏科研中心，推动园区产业迈向价值链中高端；加大高新技术企业、“专精特新”企业培育力度，力争培育一批具有竞争力、影响力的创新型企业。

三、强化要素保障，提升园区承载能力

宜宾高新区高质量开展重点片区详细规划编制及沿江邻里中心深度城市设计空间规划，全力推进园区电力、污水、道路等基础设施建设，加快完善生活配套设施；围绕产业项目落地建成运营，加快园区道路、给水、排污及电力保障等基础设施建设。在电力方面，宜宾高新区新建高新110kV、喜捷220kV两座变电站，全面保障英发德耀、四川高景项目用电需求，启动扩容改造变电站喜捷110kV、高场110kV两座。在排污方面，宜宾高新区实施高捷园污水处理厂扩容工程，提升污水处理规模，同步规划建设处理能力达15万立方米/天的高捷园第二污水处理厂及人工湿地公园。在产业道路方面，宜宾高新区规划建设高新产业大道，全力保障企业生产、建设正常运行；新建观景平台道路、高景12米临时道路，加快高新互通匝道工程建设。在标准厂房方面，宜宾高新区成片推进高捷园标准厂房一期项目（占地1000亩）建设，拟建88万平方米标准厂房，2022年完成安控、纵贯线、伟禾生物等18万平方米标准厂房建设。在生活配套建设方面，宜宾高新区聚焦产业所需、企业所盼、员工所急，全力打造高质量产业家园，规划建设1平方千米沿江邻里中心，推进产、城、人融合发展。

四、持续深化“放管服”改革，提升营商环境

宜宾高新区全面推行部门联合“双随机、一公开”监管模式、“两集中两到位”“全天候、零见面、最多跑一次”政务服务，深入践行“不叫不到、随叫随到、服务周到、说到做到”服务理念，营商环境不断改善。宜宾高新区围绕创新链、产业链推进生产性服务业资源整合，集聚产业

配套服务资源。宜宾高新区探索构建企业、社会组织和政府之间的良性互动机制，建立园区多元化的社会事业和公共服务投入体系、运行机制，建立园区社会化后勤服务体系，提升融资、人才、技术、管理、市场、信息、法律等服务水平。

第三节　特色及创新方向

一、围绕工业高端化、智能化、绿色化发展，更好发挥工业主引擎作用

宜宾高新区坚持以新型工业化为主导，围绕新兴产业规模化，将晶硅光伏产业作为高新区的核心产业，坚持“招大引强”，大力开展产业链招商、基金招商，招引行业领先企业。2026年，国家级光伏产业集群初具规模，力争产值达2000亿元、税收100亿元，提供就业岗位4万个以上。2027年，力争实现产值2500亿元（高捷园）。2030年，晶硅光伏各细分环节产业得到有效协同，形成产业链生态圈，建成国家级晶硅光伏产业集群。

二、探索推进“科技—产业—金融”循环，加快产业培育

一是开展投融资体制集成改革，科学测算确定投入产出周期，着力增强产业发展内生动力。宜宾高新区聚焦资本，瞄准晶硅光伏等新兴产业，持续强化与IDG资本等民营资本及成都高新等国有资本合作，助推更多优质项目落地高新区。发挥好金融杠杆作用，规范“募、投、管、退”等环节，切实解决科创企业融资难、融资贵问题。二是高投集团牵头，宜宾高新区加快组建市场化运营新型研发机构，联合科研院所、资管机构，组建产业研究院、中试基地，并设立产业基金群，形成“天使投资+引导性投资+社会化投资”的多元化科技投融资平台，打通“产研院—孵化器—加速器—专业园区”的金融驱动科技链条。三是促进科技和金融互动。宜宾高新区跟踪重点企业2023年IPO申报进度，并通过“一级市场+二级市场”联动投资模式，如参与产业链上市公司定增，筛选符合宜宾高新区产业发展方向的上市公司壳资源，打通公司资产证券

化募投通道，做好资金、资产、资本、资源四态转化，实现“投资—收回—再投资”的国资投资良性循环。

三、围绕新型工业化与新型城镇化的良性互动，探索高水平产城融合的新路径

宜宾高新区坚持以人为核心的新型城镇化建设，围绕“产城人”的营城逻辑，形成以“1+3”工业新体系为支撑的沿江产业发展带，沿一曼大道的城市服务发展中轴，以及以创智人才谷、一曼未来科技城、菜坝新城为核心的3个现代化宜居新城，科学布局“生产、生活、生态”空间，做到功能复合、职住平衡、配套完善，推动宜宾高新区空间重塑、功能重构。推动以产聚人。宜宾高新区加快打造国家级晶硅光伏产业集群，规划建设1万亩晶硅光伏产业园，2年内实现产业工人从4千余人增加到2万人，聚集城市人气。同时宜宾高新区优化人才“引培留用”机制，通过联合研发、技术引进、成果转化等方式，面向国内国际招才引智。推动以人兴城。宜宾高新区围绕营城聚产，组团式开发沿江邻里中心等3个片区，推动教育、卫生、文化、体育和养老等公共资源配置与常住人口规模和城市发展水平相适应。宜宾高新区持续培育餐饮、娱乐、住宿等生活性服务业，抓好夜间经济、特色餐饮等业态培育，打造特色消费品牌，繁荣城市经济。推动营城聚产。宜宾高新区以全局的高度、全新的理念做大城市规模、做强城市功能、做优城市品质。宜宾高新区围绕26平方千米开发边界做足城市发展文章，打通城市骨架、快速组团开发、做大城市规模；大力发展研发设计、仓储物流等生产性服务业，加快公寓、酒店、学校等项目建设，补齐产业服务及城市功能短板，形成产城人居综合服务承载地；依托沿江绿廊、光伏公园、坤泰湖等山水资源，彰显“显山、露水、透绿、塑景”的城市特色。

四、坚持以信息化为引领，推动“四化同步”在功能上耦合叠加

强化信息化基础设施建设。宜宾高新区适度超前布局5G、数据中心、工业互联网等新型基础设施，服务产业园区和企业两化融合创新发

展的新型信息基础设施体系基本建成。2023年，5G及高品质宽带基本实现“企企通”，提高信息网络的基础承载、枢纽汇聚和服务能力。到2026年，实现5G网络全覆盖。构建信息化深度融合体系。宜宾高新区深入实施工业互联网创新发展战略，鼓励英发德耀、四川高景、横店东磁、南木纳米等新落地项目建设智慧工厂，引导有条件的现有企业开展工厂智能化改造，到2026年，创建省级智能制造示范工厂15个、示范车间20个。搭建智慧化管理平台。2023年宜宾高新区完成“一网通办”平台建设，推动更多建设项目审批事项线上“一网通办”。到2026年，宜宾高新区实现建设项目全链服务“全程网办”，“零见面”网办率超98%，为园区企业提供更多便利。

企　业　篇

第二十六章

蘑菇车联信息科技有限公司

第一节　发展概况

蘑菇车联信息科技有限公司（以下简称“蘑菇车联”）成立于2017年，是国内领先的自动驾驶全栈技术与运营服务提供商，公司得到腾讯、顺丰、京东、中信资本等大型产业公司及多家国有产业基金投资支持。在技术发展方面，蘑菇车联自主研发了行业首个“车路云一体化”自动驾驶系统，通过AI数字道路建设，智能网联车辆运营及数据运营服务，实现L1至L4级智能网联汽车规模化落地，提升自动驾驶安全性和全局交通效率。在合作方面，蘑菇车联与中国建筑、中国电信、中国移动、腾讯、顺丰、北京控股集团在数字基础设施、智能化公共服务等领域达成战略合作；与东风汽车、比亚迪、厦门金旅等10余家整车企业在自动驾驶、数据运营等方面开展合作。在企业荣誉方面，蘑菇车联是科学技术部、财政部、国家税务总局认定的“高新技术企业”；2022年，公司的“车路云一体化”系统获科学技术部科学技术成果“国际先进水平”评价；同年获工业和信息化部装备工业发展中心颁发的“2022年度车路云一体化自动驾驶全栈技术创新奖”。在商业应用方面，蘑菇车联基于行业领先的“车路云一体化”技术和标准化产品，实现多地、多场景快速落地，覆盖城市开放道路、高速公路、园区、景区、港口、机场等，已在北京市、湖南省、云南省、山东省、湖北省、江苏省、四川省、贵州省等省、市落地。

第二节　重点战略

一、车路协同战略：与政府合作改造基础设施，完成道路智能化改造

蘑菇车联将交通运行要素数字化后提供给交通参与者，使其可为L4至L5级智能网联车辆安全高效运行提供支撑，其落地模式主要是通过与政府合作，利用自研技术打造城市全息、实时、连续的交通数字底座，实现全局的交通协同、管理、调度。

二、智能网联车辆运营战略：投放运行智能网联车辆，通过运营降本增效

蘑菇车联将优先切入具备商业可行性、有无人化改造需求的场景，如城市环卫、外卖、巡逻等场景，并逐步试点运营公共服务特种车辆、智能网联公交车、园区固定线路物流车、智能网联出租车等城市场景。这种落地模式主要是与场景服务商合作，由蘑菇车联提供智能网联车辆和算法等设备和技术，场景服务商提供具体的人工运营，两者结合为政府、企业提供完整的一体化服务。

三、智能网联数据运营战略：通过数据服务持续回收投资成本

蘑菇车联将为交通参与者提供实时的交通数据，从而实现高等级的无人驾驶，其落地模式主要为：将智能网联车辆与蘑菇AI云平台连接，从而接收实时的交通数据，实现安全驾驶；或通过外接智能终端、App等方式，将非智能网联车辆、行人、非机动车等与蘑菇AI云平台连接，从而实现更安全的驾驶，同时也将自身信息提供给其他交通参与者，使得整个交通体系更加安全和高效。

第三节　重点产品

围绕“数字交通基础设施”和“自动驾驶车辆”两大板块，蘑菇车联形成了数字交通基础设施、智能网联车辆、智能网联车辆运营、智能网联数据运营四大核心业务。

一、数字交通基础设施：可在城市及高速公路大规模、快速部署

蘑菇车联相关重点产品包括蘑菇 AI 数字道路基站（MOGO AI Station），蘑菇 AI 数字道路基站是全球首个支持 L4 级智能网联车辆的路侧数字基站，数据获取量是车端的 10 倍，软件系统能在最短时间内做出正确决策，可为 L1 至 L4 级智能网联汽车提供服务，并可快速、规模化部署，形成 AI 数字道路，应用场景包括城市开放道路、高速公路、景区、园区等。产品的硬件由感知单元、计算单元、通信单元 3 部分组成，软件以智路系统（MRS）为核心，具有部署简单方便、全域车路协同等特点。

二、智能网联车辆：可提供全场景 L4 级别自动驾驶车辆，支撑智能化、少人化作业运营

蘑菇车联相关重点产品包括智能网联出租车、智能网联公交车、智能网联环卫车和智能网联牵引车等多类型城市公共服务车辆，清扫车、巡逻车、售卖车等小型无人驾驶功能车，以及业内集成度最高的软硬件一体化产品——蘑菇汽车大脑，实现对中小型乘用车和商用车 L4 级无人化改造。智能网联出租车包括 MOGO T1 和 MOGO T2 两种，MOGO T1 搭载的是蘑菇车联第一款 ADCU（自动驾驶域控制器），主要适用于规模化运营；MOGO T2 搭载的是蘑菇汽车大脑 1.0，主要适用于商用接待。智能网联公交车包括 MOGO B1、MOGO B2 和 MOGO M1 3 种车型，MOGO B1 具有多场景应用、性价比高、可规模化运营等特点；MOGO B2 采用一体化自主设计，可前装定制；MOGO M1 是小型公交车，搭载的是蘑菇汽车大脑 1.5，具有全栈自研、完全无人驾驶、可定制娱乐空间等特点。智能网联环卫车包括 MOGO SW1 和 MOGO 功能车矩阵，MOGO SW1 是第一代 12 吨级大型无人清扫车，搭载的是蘑菇汽车大脑 1.5，具有全栈自研、性价比高、可平行驾驶等特点；MOGO 功能车矩阵覆盖清扫、巡逻等使用场景，具有业态多样、种类齐全，可全局调度等特点。智能网联牵引车有 MOGO T100，可满足机场和港口等场景需求，具备高效简单、可云端控制等特点。

三、智能网联车辆运营：具备较为成熟的车队运营经验

蘑菇车联基于全场景车辆的研发和生产能力，以及成熟的车队运营经验，公司在城市开放道路、高速公路、景区、园区、机场等场景开展多样化的智能网联运营业务。例如，2021 年，蘑菇车联在湖南省衡阳市落地国内首个城市级智能网联项目，项目建设新型道路基础设施，在公共出行和公共服务场景规模落地智能网联车辆，覆盖 200 千米城市主干道。截至 2022 年 7 月，一期项目已落地，智能网联巴士、公交车、巡逻车、清扫车等已批量常态化运营。2022 年，蘑菇车联对无锡市梁溪区全域道路进行智能网联化升级、建设智能网联运营中心、规模运营智能网联车辆改造，围绕“车路云一体化”共同打造城市级智能网联创新应用标杆项目。截至 2022 年 11 月，智能网联清扫车、巡逻车已批量试运营。

四、智能网联数据运营：提供多样化数据信息服务，让交通更安全、更高效

蘑菇车联的核心产品包括蘑菇数字底座、蘑菇云控平台及蘑菇交通大脑。其中，蘑菇数字底座可汇集车端、路端、云端海量数据，实现交通参与元素 1∶1 还原，具有数据类型丰富、应用场景广泛等特点。蘑菇云控平台可对全域交通进行实时监控与智能分析，智能调度车辆，提高城市出行、公共服务的安全性和效率，具有对接车辆丰富、业务模式多样、车辆调度高效等特点。蘑菇交通大脑是数字化交通可视化和决策的平台，是智能交通全价值链数据资产的终端应用和呈现。

第二十七章

华为技术有限公司

第一节　发展概况

华为技术有限公司（以下简称“华为”）创立于 1987 年，是全球领先的 ICT（信息与通信）基础设施和智能终端提供商，华为控股投资有限公司持有其全部股份。2022 年，华为全年营业收入达到 6423 亿元，与 2021 年基本持平。在通信方面，华为联合运营商，建设超大带宽、超低时延、先进可靠的全光网络，打造无处不在的光联接和无站不达的光传送。在 2022 年世界宽带论坛上，华为智能分布式接入网解决方案获年度“卓越 FTTH 解决方案”大奖。在操作系统方面，2022 年 HarmonyOS 3 系统正式发布，对超级终端进行了全面“扩容”，手机、平板、PC、智慧屏、耳机、手表、车机等 12 款设备均支持连接，组合成超级终端。同年，HarmonyOS 系统装机量超过 3.3 亿台，同比增长 113%。在智能汽车方面，AITO 问界自 2022 年 3 月开始交付，全年销量超过 7.5 万辆，体验店达 776 家，覆盖全国 224 个城市。华为智能座舱斩获世界智能驾驶挑战赛（WIDC）“TOP Intelligence 极智座舱奖”和“极限挑战奖”双项大奖。同时，华为还推出了自动驾驶芯片、华为汽车级电源等新能源汽车零部件，持续部署新能源汽车领域。在智能终端方面，2022 年 MateBook D 14 等部分型号笔记本销量较好，华为笔记本市场份额显著提升；MateBook 16s 笔记本获得全球首款 i9 Evo 认证。

第二节　重点战略

一、极速泛在的网络通信

华为认为连接是智能世界的前提和基础，坚持将网络连接打造为无处不在的自然存在。华为先后推出5G、极简站点、全融合云原生5GC、最佳性能Wi-Fi 6、智能无损数据中心网络、光交叉连接（OXC）、智能ONT（光网络终端）等领先的产品与解决方案，并积极与产业界共同定义连接产业的5.5G，持续助力产业发展。面向个人和家庭，华为与运营商共同提供5G千兆、光纤千兆和Wi-Fi千兆的全场景超宽带连接体验；面向政企，华为提供泛在超宽、确定性体验和超自动化全场景智能连接解决方案，助力行业数字化转型。

二、算力协同创新

在算力领域，华为秉持“硬件开放、软件开源、使能伙伴、发展人才”的协同创新战略。在计算领域，华为通过计算体系架构、工程、基础软硬件协同的持续创新，构建开源开放的“鲲鹏+昇腾”、欧拉等基础软硬件生态，为世界提供多样性算力。在数据存储领域，华为推出融合、智能、开放的数据基础设施，打破存储与数据库、大数据的边界，并通过数据管理引擎，对数据的存、算、管、用等实施端到端的整合和优化。

三、数字平台助力数字化转型

华为联合生态伙伴，提供领先创新的数字平台解决方案，以及构建数字平台的技术和产品，还提供开放、灵活、易用、安全的数字平台，助力用户打造自己的智能方案。华为通过新的信息技术使组织实现对办公楼、厂房、生产线、水电设施等物理平台的高效智慧化管理，提高组织运营的效率。同时，华为连接、云、AI、计算等先进数字技术，改变了组织的运营方式，创建了新的业务模式，这一过程就是数字化转型、智能化升级的过程。

第三节　重点产品

华为已经形成了 ICT 基础设施、云服务、数字能源、智能终端等核心业务，坚持开放、合作、共赢，致力于把数字技术带给每个人、每个家庭、每个组织，构建万物互联的智能世界。

一、ICT 基础设施业务：数字化、智能化、绿色化的解决方案

华为 ICT 基础设施业务包括网络基础设施及解决方案、算力基础设施等。其中，网络基础设施及解决方案包括运营商网络、企业网络、企业光网络、企业无线等。算力基础设施包括数据存储基础设施和计算基础设施。以算力基础设施为例，面向 EB 级海量非结构化数据价值挖掘、决策分析、长期归档场景，华为 OceanStor Pacific 分布式存储进一步升级，实现多数据中心多活容灾架构的技术升级，叠加跨域大比例 EC 能力，整体资源利用率提升 2 倍，满足高性能计算、大数据分析、海量数据备份归档等多类型业务需求。面向云和互联网数据中心，华为发布了 OceanDisk 产品，结合 Diskless 服务器，发挥存算分离优势，实现数据中心空间和设备能耗节省 40%。面向分支边缘及中小型数据中心场景，华为通过 FusionCube（融合基础设施一体机）超融合软件和工具套件、计算型存储硬件、DME IQ 云端智能运维平台、华为蓝鲸应用商城等一系列产品及服务，实现从设备融合到应用融合、从中心到边缘、从单一算力到多样算力及从单厂商全栈集成到软硬件生态开放的跨越，帮助用户造好、用好超融合，让企业用户的 IT 基础设施建设更简单。

二、云服务业务：稳定可靠、安全可信、可持续发展的云服务

华为云服务包括计算、存储、网络、数据库、大数据、人工智能等多项服务。2022 年，华为云发布统一架构的全球存算一张网 KooVerse，提供计算、存储、网络、安全等基础设施服务。截至 2022 年年底，华为云 KooVerse 覆盖了 29 个地理区域的 75 个可用区，为全球 170 多个国家和地区的用户提供服务。华为云推出 DevCloud 开发云，融合 AI 开

发生产线（ModelArts）、数字内容开发生产线（MetaStudio）、数据治理生产线（DataArts）、软件开发生产线（CodeArts）等多条生产线能力，可以支持 AI 模型、数据、数字内容及应用的协同开发和按需编排，能够让应用开发者、数据工程师、AI 领域的科学家工作在同一平台，共享研发成果和资产，提升多团队的协同效率，更快地构建现代化应用场景。

三、数字能源业务：绿色、智能的差异化产品与解决方案

华为数字能源业务主要聚焦清洁发电、交通电动化、绿色 ICT 能源基础设施等领域，提供绿色、智能的差异化产品与解决方案，加速实现家庭、建筑、工厂、园区、乡村、城市等场景的低碳化，并最终走向零碳。在清洁发电领域，华为智能光伏围绕大型电站、工商业、户用三大场景，推出全场景智能光储解决方案。在交通电动化领域，华为智能电动聚焦汽车电动化领域的电驱动系统、车载充电系统、端云电池管理系统等，为车企及合作伙伴提供具有竞争力的 DriveONE 动力域产品与解决方案，持续发挥其在充电、续航、动力、安全等关键性能上的优势。

四、智能终端业务：全场景智慧生活体验

华为智能终端业务涉及手机、智慧办公、运动健康、智慧出行、智能家居、影音娱乐等多个领域。在手机领域，华为 Mate 50 系列是全球首款支持北斗卫星消息的大众智能手机，当用户身处荒漠、高峰等极境时依然能向外界传递信息，同时搭载“昆仑玻璃”，整机耐摔能力提升 10 倍；华为 Mate 60 在华为 Mate 50 的基础上，又新增了 AI 信号预测、反向无线充电等功能，使其能够应对更多场景，并针对不同场景进行优化，使用体验更加流畅、更加智能。在智慧办公领域，华为新一代旗舰笔记本华为 MateBook X Pro 首发搭载超级终端、超级中转站等特性，与华为 MateView 显示器无线连接双屏操作，与华为平板、手机协同文档无缝流转，效率倍增，让办公更智慧。在智慧出行领域，华为问界 M5、M7 采用增程系统，其可油可电的灵活补能方式，给用户带来“多一倍性能少一半油耗”的驾控体验。

第二十八章

万华化学集团股份有限公司

第一节　发展概况

万华化学集团股份有限公司（以下简称“万华化学”）成立于 1998 年，是一家全球化运营的化工新材料公司。万华化学通过继续加大技术创新，依托国际化布局竞争优势、良好运营体系有效地保持了公司业务的快速成长和发展。在技术发展方面，万华化学始终坚持以科技创新为第一核心竞争力，持续优化产业结构，业务涵盖聚氨酯、石化、精细化学品、新兴材料四大产业集群。万华化学所服务的行业主要包括生活家居、运动休闲、汽车交通、建筑工业、电子电气、个人护理和绿色能源等。在区域布局方面，万华化学拥有烟台、宁波、四川、福建、珠海、匈牙利六大生产基地及工厂，形成了强大的生产运营网络；此外，烟台、宁波、北京、北美、欧洲五大研发中心已完成布局，万华化学还在欧洲、美国、日本等 10 余个国家和地区设立子公司及办事处，致力于为全球用户提供更具竞争力的产品及综合解决方案。在企业荣誉方面，万华化学 2016 年入选国家制造业单项冠军示范企业（首批 60 家），2021 年入选首批新序列国家工程研究中心，在技术创新、工程质量、社会责任、品牌价值和合作伙伴等方面获得多项荣誉。2022 年，公司快速响应市场变化，实现全球业务增长，全年实现营业收入 1655.7 亿元，同比增长 13.8%。环氧丙烷/苯乙烯（PO/SM）装置、多套精细化学品装置陆续投产，各生产装置高效运行，市场端全球发力，聚氨酯、石化及精细化学品等主要产品的销量均实现同比增长。但受全球大宗原料、能源价格同比大幅上涨影响，产品成本上涨幅度大于收入增长幅度，利润同比降低。

第二节　重点战略

一、全球化发展战略：以欧洲为突破口进军全球市场

万华化学 2004 年提出“国际化战略”：先市场，后制造；自主培育渠道，不依靠中间商；主打自主品牌。2011 年万华化学成功收购匈牙利 BC 公司（宝思德化学公司）96%的股权，实现了进军欧洲市场的关键一步，迈入全球二苯基甲烷二异氰酸酯（MDI）龙头企业之列。目前，万华化学的 MDI 总产能和全球市场占有率位居世界第一，单套装置规模、产品质量、运行能耗等均领先世界，该公司成为全球最具竞争力的 MDI 制造商之一。

二、融合化发展战略：拓展新材料业务及应用领域

万华化学围绕聚氨酯特色优势领域，不断延伸上下游布局，同时拓展高端化工新材料产品，实现传统方向与新业务方向融合发展，提升自身综合竞争力。在聚氨酯领域，万华化学延伸了聚醚多元醇原材料生产，并持续提升生产技术；在石化领域，依托世界级规模环氧丙烷/丙烯酸（PO/AE）一体化装置和大乙烯装置，延伸碳二（C2）、碳三（C3）、碳四（C4）产业链条；在精细化学和新材料领域，通过多产品组合、产品线拓展等方式，不断探索新方向。

三、创新化发展战略：推进企业高质量发展

创新是高质量发展的核心动力，万华化学始终把创新作为企业发展的关键，全力推动创新平台建设，形成了从基础研究、工程化开发、工艺流程优化到产品应用研发的创新型研发体系，组建了“先进聚合物国家工程研究中心”等高水平创新平台。通过大量的研发投入，万华化学创新成果显著：实现了 MDI 第六代反应技术应用；自主研发了光气法聚碳酸酯（PC）、碳四法甲基丙烯酸甲酯（MMA）等装置，并一次开车成功……创新成果的研发及转化进一步提升了万华化学在行业内的核心竞争力，推进企业逐步形成创新驱动高质量发展的格局。

四、低碳化发展战略：探索“双碳”目标实现新路径

万华化学积极响应“双碳”目标，通过创新引领行业绿色低碳发展，探索“双碳”目标实现新路径。在材料研发方面，万华化学推出生物基材料、可降解材料、无醛添加胶黏剂和水性材料等绿色低碳材料解决方案；在资源循环利用方面，万华化学推出聚氨酯泡沫全生命周期解决方案、共享包装解决方案等低碳循环新生态；在节能减排方面，万华化学开拓清洁能源应用，提高绿电比例；在能源综合利用方面，万华化学进行废热回收利用改造。未来，万华化学还将持续推动绿色低碳技术与企业发展相融合，为“双碳”目标的实现贡献力量。

第三节 重点产品

万华化学已形成涵盖聚氨酯、石化、精细化学品、新兴材料四大业务的产业集群，并通过深入推动技术创新、拓展国际化市场布局、构建完善的运营体系来保持较快增速。

一、聚氨酯业务：全球领先的聚氨酯供应商

万华化学聚氨酯业务相关重点产品主要包括异氰酸酯、聚醚多元醇、聚酯多元醇和助剂，其中异氰酸酯、聚醚多元醇两部分是核心，两种材料均为生产聚氨酯的重要原材料，在建筑、家用电器、汽车、家居家装等领域应用广泛。异氰酸酯产品分为二苯基甲烷二异氰酸酯和甲苯二异氰酸酯（TDI）两大类，目前公司是全球最大的 MDI 供应商和全球第三大 TDI 供应商，其中 MDI 生产技术已升级到第六代，有效降低了生产成本，提升了企业在行业内的竞争力。聚醚多元醇作为生产聚氨酯的关键原料，与异氰酸酯产品协同发展，目前主要应用于家电、家居、汽车、涂料等行业。

二、石化业务：不断拓宽 C2、C3、C4 产业链条，向下游高端聚烯烃延伸

万华化学石化业务依托世界级规模 PO/AE 一体化装置和大乙烯装

置，不断拓宽 C2、C3、C4 产业链条。石化一期产品有丙烯、环氧丙烷、甲基叔丁基醚/叔丁醇（MTBE/TBA）、高纯异丁烯、二异丁烯、正丁醇、新戊二醇、丙烯酸、丙烯酸酯类。石化二期产品有聚丙烯、高密度聚乙烯（HDPE）、线性低密度聚乙烯（LLDPE）、聚氯乙烯（PVC）、环氧乙烷、苯乙烯等。石化业务板块产品广泛应用于建材、家电、橡胶、油品、涂料、胶黏剂等领域。2021 年，万华化学 PO/SM 装置（30/65 万吨/年）开车生产，进一步完善了乙烯一期全产业优势，打破了国外垄断，填补了国内空白领域，成为全球第三家掌握该技术的企业。

三、精细化学品业务：掌握 ADI 全产业链制造技术

万华化学的精细化学品业务包括脂肪族异氰酸酯（ADI）、特种胺、香料、特种化学品等多个产品。ADI 产品合成技术复杂，技术门槛高，具有优异的机械性能、化学稳定性和耐光耐候性，主要用于终端汽车、工程机械、家具、船舶等行业；特种胺产品是 ADI 产品生产过程的中间体，种类广泛，包括脂肪胺、脂环胺、聚醚胺等品种，主要应用于环氧树脂固化剂及助剂等。

四、新兴材料业务：实现关键技术突破

万华化学的新兴材料业务主要包括热塑性聚氨酯弹性体（TPU）、聚甲基丙烯酸甲酯（PMMA）、水处理膜材料、改性聚丙烯（PP）、聚烯烃弹性体（POE）等。万华化学的新兴材料产品广泛应用于服装鞋材、汽车家电、光伏新能源、光学显示及消费电子等领域，为用户提供创新性、定制化综合材料解决方案。2022 年，万华化学 TPU 车衣膜产品关键技术和连续化量产实现突破，推出高性能脂肪族车衣用 TPU 产品，具有优异的耐刮擦、紫外线阻隔、耐湿热老化和划痕修复等性能，可有效保护汽车外观。

第二十九章

江苏康缘药业股份有限公司

第一节 发展概况

江苏康缘药业股份有限公司（简称“康缘药业”）前身为成立于1975年的连云港中药厂，1996年经历改制，2002年在上海证券交易所主板上市，所属行业为医药制造业，主要业务涉及药品的研发、生产与销售。康缘药业秉承“现代中药，康缘智造”的良好愿景，坚持创新驱动，以中医药发展为主体，并积极布局化学药、生物药等领域。在信息化升级方面，康缘药业联合了苏州泽达兴邦医药科技有限公司、苏州浙远自动化工程技术有限公司、江苏省朗通科技有限公司等国内领先的技术、设备供应商，共同开发或改造了应用于中药生产的制药行业制造执行系统（MES）、高级计划与排程（APS）、企业资源计划（ERP）等信息化系统，取得了智能工厂建设的大量经验，形成了一系列专利技术，培养了一支专业化人才队伍。在网络建设方面，康缘药业通过与中国电信、中国移动等运营商的深度合作，建设了符合康缘药业实际业务需求和场景的5G专网及5G+MEC边缘计算专网及智能化考勤、室外视频监控等通用场景。在企业荣誉方面，康缘药业曾获评中药生产智能工厂试点示范、省级工业和信息产业转型升级专项、工业和信息化部智能制造综合标准化与新模式应用项目、中药先进制药与信息化技术融合示范研究国家科技重大专项，2021年分别获评工业和信息化部“大数据产业发展试点示范”，以及江苏省工业互联网发展示范企业（标杆工厂类）。

第二节　重点战略

一、中药现代化战略：聚焦中药现代化，推进传承创新发展

在 1991 年，康缘药业成立了康缘药业现代中药研究院，并以中医药理论为指导，围绕中医优势领域，运用前沿和先进技术，开发国际先进、现代临床认同的创新中药，推动中药标准化、现代化、国际化进程。康缘药业联合了浙江大学、北京中医药大学、江南大学等国内知名高校和科研院所，共同开展了中药信息化、智能化的研究和探索，建立了中药智能化生产的相关标准和规范，在中药生产大数据的采集和应用方面取得了突破，逐渐形成了中药生产过程数字孪生建立方法学。

二、中药智能制造战略：智能化中药生产制造车间建设改造

康缘药业深入开展了智能化建设和改造，并逐步建成和完善了中药智能化提取精制车间、中药注射剂智能制造车间、中药智能化固体制剂工厂、中药智能化口服液车间、智能化仓库 5 个智能化车间/工厂或仓库，设计采用了在线质量控制、自动化控制、智能物流等智能化管理系统，设计制剂产能达到硬胶囊剂 50 亿粒、软胶囊剂 5 亿粒、中药片剂 28 亿片、颗粒剂 700 吨等，全部达产后可实现年产值 103 亿元人民币。

三、人才壮企战略：坚持“人才是第一资源，创新是第一动力”

康缘药业注重人才高质量发展，拥有一支由 300 多名科研人员组成的硕士、博士比例大于 60%的人才队伍，涵盖天然药物化学、药物化学、中药学、药剂学、药物分析、药理毒理和临床医学等专业领域，具有丰富的新药研制、中试放大研究及产业化经验。康缘药业坚持以项目为载体培养发展人才，根据项目开发的不同阶段，培养了一批在工艺研究、质量研究、药理毒理研究、临床研究等方面各有专长的技术骨干，在创新实践中发现人才，在创新活动中培育人才，在创新事业中凝聚人才，助力企业持续发展。

第三节　重点产品

康缘药业已形成包含基于过程分析技术的中药产品生产实时质量监测与放行系统、基于中药生产的大数据平台系统、基于中药生产大数据的数字孪生建模技术、基于工业机器人技术的中药自动化物流转运系统在内的智能化中药生产制造及转运控制体系，在中药生产过程的实时质量控制建设，推进中药生产数字化分析评估、智能控制与管理决策方面处于创新领先地位，是加速中药现代化生产与医药制造智能升级的先行军。

一、中药产品生产实时质量监测与放行系统：利用过程分析技术，实现生产实时监测

通过在线近红外的应用，实现中药产品生产实时质量监测与放行。康缘药业研究开发了符合 GMP（药品生产质量管理规范）的近红外检测预处理系统，该系统能连续实时自动地对待测液体进行过滤、恒温、消泡、调速等操作，使其达到近红外在线检测要求，进而设计了能够用于固体制剂过程的在线近红外设备安装方案，实现颗粒状物料性质的在线检测，提高中药产品生产质量控制的自动化检测能力。

二、大数据平台系统：基于生产数据采集，完善中药生产大数据平台构建

康缘药业建立了基于中药生产的大数据平台系统，将智能制造设备层、控制层、车间层、企业层、协同层的价值数据分类存储到大数据平台上，使静态数据、业务数据计算、指标类计算及图片、视频、文本等结构化、半结构化数据与高频曲线数据经预处理进入不同的数据库中，为企业实现生产数据进一步查询、调阅、分析提供了基础，进而为企业的生产控制与决策提供支撑。

三、数字孪生建模技术：通过生产数据分析，探索中药生产过程数字化

康缘药业通过中药智能制造工业互联网平台建设，实现对工艺数据、质量数据及其他相关数据的采集，采用决策树、偏最小二乘回归、集成学习改进等算法建立模型，并通过重要性假设检验、残差分析、异方差性等方法进行效果评估，对模型进行反馈改进，最终形成生产中的关键知识。目前，该模型已在几个试点产品上建立了 3 组通用工业模型，17 个机理模型，探索出一条实现中药生产过程数字孪生的道路，为构建基于数据与算法驱动的“治理”生产模式，实现产品全生命周期质量感知、评估、预测、智能控制与智能决策提供模型基础。

四、中药自动化物流转运系统：通过工业机器人技术，完成物流转运自动化管理

康缘药业借助机器人技术和信息化技术的仓储系统，实现了仓储的智能化、柔性化、精细化管理，弥补了 ERP 的缺陷。在制药洁净区使用了智能搬运（AGV）机器人，通过 5G 网络向机器人发出指令，使其将原辅料自动搬运至生产车间指定位置，或者在车间内实现料斗的自动转运。另外，使用码垛机器人可将由箱式输送系统送来的成品码放至托盘上，以便存入立体仓库，提升仓储转运的自动化、智能化管理水平。

第三十章

研祥智慧物联科技有限公司

第一节　发展概况

研祥智慧物联科技有限公司（以下简称“研祥”）主营业务包括特种计算机系统产品、工业智能化运行系统软件、工业云系统平台和智能化设备的研发、制造和销售，在数字装备、智能检测、高可靠计算机等领域取得一系列快速突破，为 30 多个行业提供数据采集、智能控制、工业网络互联、边缘计算、工业控制过程监控、设备远程运维、设备健康管理、机器视觉检测等解决方案。

研祥自成立以来一直致力于传统制造的转型升级，公司发展也经历了 3 个阶段的转变。第一阶段产品从单一的工控机发展为嵌入式智能平台和应用越来越广泛的特种计算机，以提供计算机硬件产品为主。第二阶段将产品延伸到整条生产线智能化服务方面，研发机器视觉智能检测装备、高精度机器视觉检测软件系统，提供整套智能屏检视觉检测解决方案，在液晶面板和家电行业国家智能制造产线推广应用。第三阶段激活数据价值，数字化流程管理，实现产业链智能化改造：一是对现有设备进行智能化升级改造，引进智能仓储系统、AGV 搬运装备、工业机器人、智能贴片机、AOI 全自动光学检测设备、选择性波峰焊等智能装备，实现制造过程现场数据采集与可视化；二是打通工厂数据与其他业务系统数据壁垒，完成 MES 系统、PLM 系统、CRM 系统、ERP 系统等数据信息互联互通建设，实现企业层面的协同管控；三是基于公司生产制造需求，构建 5G 环境，形成“5G+SMT 智能仓储”“5G+机器视觉 AOI 检测”“5G+设备远程控制”等特种计算机制造典型场景，打造工业互联网平台，建设设备预测性维护与健康管理系统，构建标识解析系统，提供

“5G+工业互联网”的智能工厂整体解决方案，赋能制造业智能化转型升级、高质量发展。研祥将持续做精主业，创新工业互联网、大数据、人工智能等技术及应用，基于工业互联网平台，探索平台赋能新模式，助力构建产业链协同创新、自主创新的智能制造产业生态。

第二节　重点战略

一、聚焦数字化、智能化技术与制造业融合应用，开展数字化转型升级

以数字化、智能化技术应用为主的数字化转型，以研发体系数字化、工程制造柔性化、产品运维服务智能化为重点工作目标，通过将信息化协同、云计算、工业互联网、工业大数据等技术应用于企业研发设计、生产制造、售后服务等关键环节，加速企业转型，提升企业的行业竞争力。在研发侧建立数字化的研发体系：构建产品从工业设计、印制电路板设计、结构设计等的快速设计条件，建立可靠性管理平台，促进产品质量可靠性提升，实现研发设计需求分析精细化、研发资源集约化、研发创新高效化。在生产侧建立柔性化的生产体系：生产车间升级智能装备，改造产线生产模式，支持混线生产，满足个性化定制的需求；打造研祥智能工厂数据中心，对智能工厂智能制造数据进行实时采集、统计与分析、决策支持等。在服务侧建立全网络的服务体系：探索开发服务型制造、网络化协同、互联网+模式等新型组织管理形态，创建工控机电商模式，建立研祥商城，推出研祥微商城，将移动电商的全新购物体验带入工控机行业；打造研祥一站式服务的云应用市场，提供基于工业互联网的线上个性化定制服务。

二、从工业控制计算机领域向工业互联网核心平台发展，加速赋能智能制造

面向多元业务发展，2019 年研祥将工业互联网发展作为公司的重要发展战略，并推出工业互联网平台，基于多年的技术和产品应用沉淀，以及对垂直行业应用的深度理解，形成了工业互联网从工控机设备、边缘计算到云平台的“端云一体化”的解决方案。研祥工业互联网平台，

对行业创新资源集聚、新产品和新服务的形成具有重要的作用。研祥已形成研祥 ECloud 云平台、基于边缘计算的智能采集系统、智能工控机健康管理系统、智能视觉检测系统、安全可信工控机平台等核心产品。平台支持近百种工业协议，可接入智能检测设备、数控中心、工业机器人、波峰焊、贴片机等设备，能够实现数十万工业设备的在线互联。研祥已对智能制造多个行业提供数据采集、智能控制、工业网络互联、边缘计算、工业大数据存储和分析等技术服务，主要用户包括南方电网、新华电力、开祥化工、深圳创维、京东方、广州数控等行业/企业。

三、不断突破关键核心技术，坚持自主创新发展

研祥始终坚持自主创新，在智能制造领域耕耘，成立了 3 个国家级技术创新平台（国家特种计算机工程技术研究中心、国地联合实验室、国家级企业技术中心），是国家级专精特新“小巨人”企业。研祥的核心产品和技术在工业控制、电力、轨道交通、工程机械等重点行业领域规模化应用，荣获中国计算机行业发展成就奖、中国计算机行业创新产品、粤港澳大湾区战略性新兴产业“领航企业 50 强”、深圳市高质量发展领军企业、深圳市科技进步奖二等奖等多项荣誉。研祥主导或参与编写行业数十项国家标准，拥有自动光学检测方法和系统、信号发生装置等核心技术自主知识产权。研祥从做特种计算机出发，到为智能制造添砖加瓦，持续推动行业自主创新发展。

第三节　重点产品

一、智能检测装备：基于机器视觉技术，覆盖显示屏全流程质量检测

研祥研发了一系列高精度机器视觉智能检测装备，包括模组检测设备、端口功能检测设备、机内 AOI 检测设备、铭牌 Logo 检测设备等，提供智慧屏、智能电视、显示屏、一体机等显示终端全流程质量检测解决方案。研祥基于 5G、工业互联网、8K 超高清显示的智能检测技术，提供高效、高准确度的机器视觉检测服务，根据用户定制化需求，支持定制开发检测模型及算法，基于工业互联网平台进行检测模型的迭代提

高和共享，灵活部署、扩展方便。研祥的机器视觉智能检测装备及解决方案实现产品自动化、智能化检测，产品缺陷识别准确率达 99%以上，大幅提升了检测效率及检测柔性，帮助企业降本增效，已有 50 多个具体实施案例，覆盖全国行业 70%以上的用户。

二、智能读码器：人眼仿生液态镜头+千万像素 CMOS 传感器+ AI 解码算法

面对高速流动工件读码场景，普通读码器无法满足超高吞吐量，研祥智能读码器创新人眼仿生液态镜头技术，利用人眼仿生学原理，使用类晶状体结构代替传统光学镜片，灵活自动快速对焦，为工业读码装上“火眼金睛”，实现毫秒级高速读取，满足快速生产节奏。对于二维码经常“远近高低各不同”，研祥智能读码器采用千万像素 CMOS（互补金属氧化物半导体）传感器，搭配特殊设计高景深镜头，轻松应对条码尺寸和位置的变化，实现稳定读取。研祥智能读码器创新 AI 解码算法，实现污渍码、变形码、缺损码等各类条码和二维码的高精度识读。研祥智能读码器具备超高速读取、高精度解小码、成像大景深性能优势，读码器软件基于国产操作系统加载研祥视觉检测基础软件实现，广泛应用于显示屏、电子制造、物流业、汽车领域、医药包装等领域。

三、工业互联网平台：提供基于数据驱动的分析建模、大数据处理等多维度服务

研祥研发了工业互联网平台，包括数据分析建模平台、工业大数据管理平台、应用开发平台等核心能力，通过工业互联网平台将跨行业、多领域关键工业设备，边缘计算，物联网，大数据及云计算等技术紧密融合，为工业用户提供从传感器数据采集、实时数据存储和转换、数据分析和建模，到工业大数据的深度处理和分析等多维度平台服务。研祥基于工业互联网平台的工业设备健康管理和故障预测（PHM），提供设备智能远程运维服务；基于工业互联网的机器视觉智能检测，提供高精度视觉检测服务；基于“工业互联网+区块链”的安全可靠边缘设备接入，提供 OT 系统、边缘设备高可靠接入工业互联网平台服务等。研祥为行业发展和领域建设提供运行管理、诊断、预测、评估、决策等应用服务，为中小企业提供设备上云服务，推动中小企业数字化转型。

政　策　篇

第三十一章

中国先进制造业政策环境分析

第一节　国家层面政策概况

先进制造业始终代表着我国的最强制造实力，是最具竞争力和潜力的产业。作为制造大国，我国十分重视国内先进制造业的发展。近些年来，我国陆续发布许多政策，围绕新一代信息技术、两化融合、碳达峰等布局谋划先进制造业，同时，从贸易、税务、金融、人才等多方面出台多项保障支撑政策，推动先进制造业高质量发展。如今，随着 5G 等新一代通信与信息技术的不断发展，制造业的高质量、智能化发展成为国家先进制造业的重点发展方向。2009—2023 年中国先进制造业主要政策（国家层面）的颁布时间、颁布主体、政策名称，如表 31-1 所示。

表 31-1　2009—2023 年中国先进制造业主要政策

颁布时间	颁布主体	政策名称
2009 年	国务院	《国务院关于推进上海加快发展现代化服务业和先进制造业建设国际金融中心和国际航运中心的意见》
2017 年	国务院	《国务院关于深化“互联网+先进制造业”发展工业互联网的指导意见》
2019 年	国家发展改革委等十五部门	《关于推动先进制造业和现代服务业深度融合发展的实施意见》
2019 年	中共中央、国务院	《关于推进贸易高质量发展的指导意见》
2020 年	中共中央、国务院	《关于新时代加快完善社会主义市场经济体制的意见》

续表

颁布时间	颁布主体	政策名称
2021 年	财政部、国家税务总局	《关于明确先进制造业增值税期末留抵退税政策的公告》
2021 年	中国银保监会办公厅	《关于 2021 年进一步推动小微企业金融服务高质量发展的通知》
2021 年	生态环境部等八部门	《关于加强自由贸易试验区生态环境保护推动高质量发展的指导意见》
2021 年	工业和信息化部等六部门	《关于加快培育发展制造业优质企业的指导意见》
2021 年	中共中央、国务院	《中共中央 国务院关于新时代推动中部地区高质量发展的意见》
2021 年	工业和信息化部等八部门	《“十四五”智能制造发展规划》
2021 年	工业和信息化部等十部门	《“十四五”医疗装备产业发展规划》
2022 年	国务院	《2022 年政府工作报告》
2022 年	工业和信息化部等三部门	《关于印发工业领域碳达峰实施方案的通知》
2022 年	国家发展改革委等六部门	《关于以制造业为重点促进外资扩增量稳存量提质量的若干政策措施》
2022 年	工业和信息化部	《关于加强和改进工业和信息化人才队伍建设的实施意见》
2022 年	工业和信息化部等三部门	《关于巩固回升向好趋势加力振作工业经济的通知》
2022 年	国家发展改革委	《“十四五”扩大内需战略实施方案》
2022 年	中共中央、国务院	《扩大内需战略规划纲要（2022—2035 年）》
2023 年	中共中央、国务院	《质量强国建设纲要》

数据来源：赛迪顾问整理，2023 年 2 月

第二节　重点区域政策概况

为了响应国家号召，各省（区、市）纷纷出台专项规划及相应政策，包括促进制造业优化升级、推动现代服务业与先进制造业融合、加强科技创新平台建设、围绕制造业重点领域打造全产业链培育模式、培育先进制造业集群、建立完善发展政策保障等方面，积极推进先进制造业高质量发展，并取得显著成效。2021—2023 年部分省（区、市）先进制造

业相关政策的颁布时间、颁布主体、政策名称，如表 31-2 所示。

表 31-2 2021—2023 年部分省（区、市）先进制造业相关政策

颁布时间	颁布主体	政策名称
2021 年	上海市人民政府办公厅	《上海市先进制造业发展“十四五”规划》
2021 年	福建省人民政府	《福建省“十四五”制造业高质量发展专项规划》
2021 年	北京市人民政府	《北京市“十四五”时期高精尖产业发展规划》
2021 年	江苏省人民政府办公厅	《江苏省“十四五”制造业高质量发展规划（2021—2025 年）》
2021 年	山东省人民政府办公厅	《山东省“十四五”制造强省建设规划》
2021 年	湖北省人民政府办公厅	《湖北省制造业高质量发展“十四五”规划》
2021 年	四川省人民政府办公厅	《四川省“十四五”制造业高质量发展规划》
2022 年	河北省人民政府办公厅	《河北省制造业高质量发展“十四五”规划》
2022 年	宁夏回族自治区人民政府	《宁夏回族自治区推动高质量发展标准体系建设方案（2021 年—2025 年）》
2022 年	云南省人民政府	《云南省“十四五”制造业高质量发展规划》
2023 年	江西省人民政府	《江西省未来产业发展中长期规划（2023—2035 年）》
2023 年	四川省人民政府	《聚焦高质量发展推动经济运行整体好转的若干政策措施》
2023 年	河南省人民政府	《关于印发河南省 2023 年国民经济和社会发展计划的通知》

数据来源：赛迪顾问整理，2023 年 3 月

第三十二章 中国先进制造业重点政策

第一节　国家发展改革委等十五部门印发《关于推动先进制造业和现代服务业深度融合发展的实施意见》

一、政策背景

2018 年 12 月，中央经济工作会议明确指出要推动制造业高质量发展。但我国制造业在劳动生产率、产品质量和利润率等方面都处于较低水平，问题根源在于我国的服务业发展比较落后，尤其是围绕制造业的服务业比较滞后。2019 年 11 月，国家发展改革委等十五部门印发《关于推动先进制造业和现代服务业深度融合发展的实施意见》（以下简称《实施意见》），提出先进制造业和现代服务业深度融合（即两业融合）以推动制造业高质量发展的相关意见。

二、主要内容

《实施意见》提出，先进制造业和现代服务业融合是顺应新一轮科技革命和产业变革，增强制造业核心竞争力、培育现代产业体系、实现高质量发展的重要途径。两业融合指的是先进制造业与现代服务业的深度融合，即价值链、产业链与创新链、供应链、信息链、资金链、人才链等紧密结合，以数字技术改造传统的制造业，打造“工业 4.0”版的中国制造业。《实施意见》提出，到 2025 年，形成一批创新活跃、效益显著、质量卓越、带动效应突出的深度融合发展企业、平台和示范区，企业生产性服务投入逐步提高，产业生态不断完善，两业融合成为推动制造业高质量发展的重要支撑。

三、影响分析

《实施意见》以习近平新时代中国特色社会主义思想为指导，坚持以供给侧结构性改革为主线，充分发挥市场配置资源的决定性作用，更好发挥政府作用，顺应科技革命、产业变革、消费升级趋势，通过鼓励创新、加强合作、以点带面，深化业务关联、链条延伸、技术渗透，探索新业态、新模式、新路径，推动先进制造业和现代服务业相融相长、耦合共生。通过两业融合，使制造业向价值链的高附加值两端延伸，融入更多的科技创新要素，把制造业打造为技术、资本密集型的产业，提高整体的生产效益和国际竞争力。同时，《实施意见》从优化发展环境、强化用地保障、加大金融支持、加强人力资源保障、开展两业融合试点方面明确了相关保障措施。

第二节　工业和信息化部等八部门印发《"十四五"智能制造发展规划》

一、政策背景

智能制造是科技革命、产业升级转型形成的新业态，是经济高质量发展的外在表现。作为制造大国，我国需将信息技术、科技发展切实落地到制造业，真正推动、实现制造业数字化、智能化升级转型，才能带来高质量发展。2021年12月，在回顾"十三五"规划实施的基础上，结合当前经济及产业发展需求，工业和信息化部、国家发展和改革委员会、教育部、科学技术部、财政部、人力资源和社会保障部、国家市场监督管理总局、国务院国有资产监督管理委员会八部门联合发布《"十四五"智能制造发展规划》（以下简称《规划》），提出了我国智能制造"两步走"战略。

二、主要内容

《规划》以制造本质需求为出发点，提出了具体目标、四大重点任务、六大行动，为各地制定自己的产业规划给出了明确的指引。《规划》

内容归纳为“二四六四”，即“两步走、四大任务、六个行动、四项措施”。“两步走”是指：到 2025 年，规模以上制造业企业大部分实现数字化网络化，重点行业骨干企业初步应用智能化；到 2035 年，规模以上制造业企业全面普及数字化网络化，重点行业骨干企业基本实现智能化。“四大任务”：一是加快系统创新，增强融合发展新动能；二是深化推广应用，开拓转型升级新路径；三是加强自主供给，壮大产业体系新优势；四是夯实基础支撑，构筑智能制造新保障。“六个行动”包括：智能制造技术攻关行动、智能制造示范工厂建设行动、行业智能化改造升级行动、智能制造装备创新发展行动、工业软件突破提升行动、智能制造标准领航行动。

三、影响分析

《规划》是我国制造业发展的顶层纲领性文件，具有重要的政策意义和现实意义。第一，《规划》是对国家“十四五”规划在智能制造产业关键领域的具体化，将引导各领域、各地区在中央的带动下，根据自身情况制定更为详细和差异化的政策，形成完善的智能制造发展促进制度体系。第二，随着全球新一轮科技革命和产业革命逐步深入，《规划》的发布顺应全球技术发展和产业数字化、智能化转型变革潮流，从任务、路径等多维度给出了我国先进制造业的发展指引，阐明了如何推进制造业数字化、智能化转型升级，有助于促进先进制造业高质量发展、加快制造强国建设。

第三节 工业和信息化部等三部门印发《关于巩固回升向好趋势加力振作工业经济的通知》

一、政策背景

工业是经济增长的主体和引擎，振作工业经济是稳住经济大盘的坚实支撑。党的二十大报告提出，坚持把发展经济的着力点放在实体经济上，推进新型工业化，加快建设制造强国、质量强国、航天强国、交通强国、网络强国、数字中国。2021 年三季度，受新冠疫情、能源供给约束等因素影响，工业经济面临较大下行压力。2022 年 11 月，面对复杂严峻的外部环境和需求收缩、供给冲击、预期转弱“三重压力”，工业和信息化部、国家发展改革委、国务院国资委联合制定出台《关于巩固回升向好趋势加力振作工业经济的通知》（以下简称《通知》），多措并举夯实工业经济回稳基础。

二、主要内容

《通知》从多措并举夯实工业经济回稳基础、分业施策强化重点产业稳定发展、分区施策促进各地区工业经济协同发展、分企施策持续提升企业活力、保障措施 5 方面提出了 17 项具体举措。其中，《通知》提出，深入实施先进制造业集群发展专项行动，聚焦新一代信息技术、高端装备、新材料、新能源等重点领域，推进国家级集群向世界级集群培育提升。《通知》强调，巩固工业经济回升向好趋势，主体是企业。要充分发挥不同规模、不同所有制企业的积极性，激发活力，增强信心，为工业经济稳定恢复提供有力支撑和保障。

三、影响分析

《通知》坚持以习近平新时代中国特色社会主义思想为指导，深入贯彻落实党的二十大精神，坚持稳中求进工作总基调，完整、准确、全面贯彻新发展理念，加快构建新发展格局，着力推动高质量发展，全面落实“疫情要防住、经济要稳住、发展要安全”的要求，扛牢稳住经济大盘的政治责任，抓住当前经济恢复的重要窗口期，把稳住工业经济摆在更加突出位置，强化目标导向、问题导向、结果导向，压实主体责任，集聚各方力量，着力扩需求、促循环、助企业、强动能、稳预期，确保 2022 年四季度工业经济运行在合理区间，保持制造业比重基本稳定，为 2023 年实现“开门稳”、加快推进新型工业化打下坚实基础。

展　望　篇

第三十三章

中国先进制造业发展形势展望

第一节　产业规模展望

随着中国制造业整体发展回稳向好，先进制造业将快速发展，世界级先进制造业集群的培育方向和具体路径进一步明确，支持先进制造业发展的政策体系持续完善，进一步实施创新驱动，践行智能制造，推广绿色标杆，在提升产业基础能力、激发市场主体活力、强化国际产业合作等方向持续推进。预计到 2025 年，中国制造业增加值有望突破 40 万亿元（见图 33-1）。

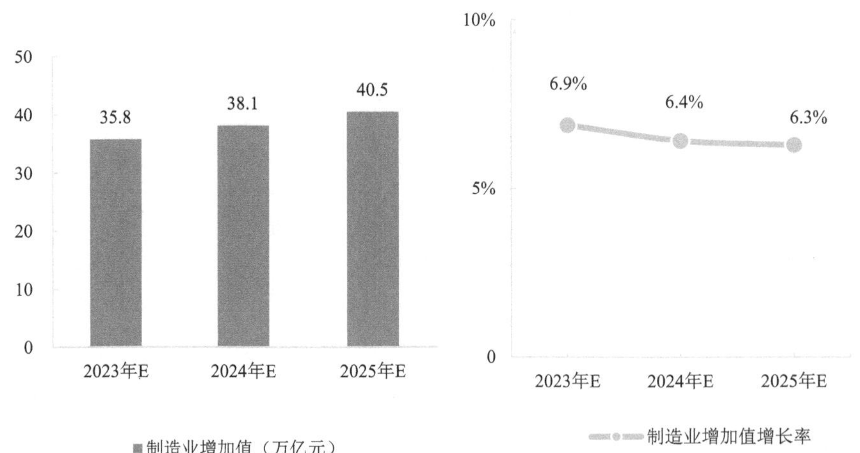

图 33-1　2023—2025 年中国制造业增加值与其增长率预测

（数据来源：赛迪顾问，2023 年 5 月）

中国经济稳中向好、长期向好的态势显著，国内生产总值持续提升。

截至 2022 年，中国拥有 41 个工业大类、207 个工业中类和 666 个工业小类，是全球唯一拥有联合国产业分类中所有工业门类的国家。截至 2022 年，中国拥有 45 个国家级先进制造业集群、848 家国家级单项冠军企业和 8997 家专精特新“小巨人”企业，制造业高质量发展趋势显著。预计到 2025 年，中国制造业增加值占 GDP 比重可达 29.2%（见图 33-2）。

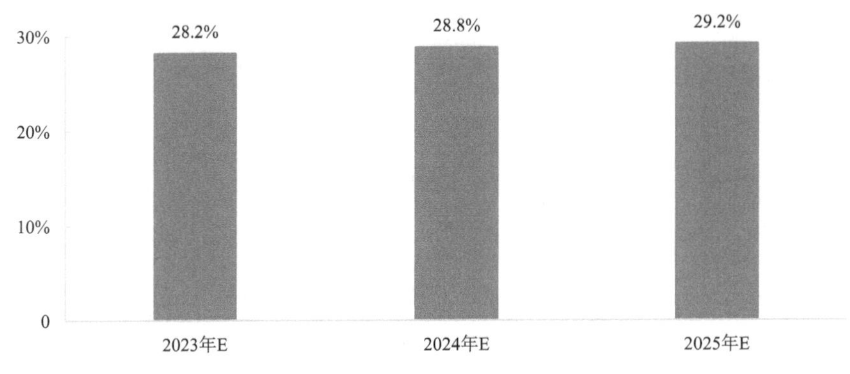

图 33-2　2023—2025 年中国制造业增加值占 GDP 比重预测
（数据来源：赛迪顾问，2023 年 5 月）

第二节　发展环境展望

一、全球供应链布局深度调整，区域经济格局进行重塑

从国际形势来看，全球制造业进入新一轮竞争当中，中国制造业面临着与西方发达国家争夺高端制造话语权和与新兴经济体国家抢占中低端市场的双重夹击态势，亟待壮大产业基础，增强自主创新能力，提升制造业抗风险能力和国际竞争力。从国内发展形势来看，全国各省（区、市）紧抓先进制造业机遇，在技术升级、产业集群建设、人才吸引等方面抢位布局，随着东部地区产业结构的持续调整，中西部地区在生产成本、产业发展空间等方面优势日渐突显，先进制造业空间格局将重塑，呈现出由东部地区向中西部地区扩散的趋势，为中西部地区发展带来机遇。

二、中国经济率先复苏，有力支撑先进制造业发展

受能源危机、俄乌冲突、新冠疫情等事件影响，全球产业链供应链失衡，制造业受到冲击，全球经济进入缓慢下行阶段，欧美银行业出现系统性风险，全球经济面临衰退风险。在此背景下，中国外贸、制造业和服务业等都表现出强劲的上扬趋势，中国经济整体稳中向好，为先进制造业发展提供了沃土，部分先进制造业产业链供应链逐步向中国转移，高级生产要素逐渐集聚，新技术、新产品不断推出，新业态、新模式不断涌现。

三、数字技术全面赋能，机遇与挑战并存

数字技术是全球制造业竞争的新动能，数据将成为制造业的核心生产要素，在研发设计、加工制造、供应链管理等环节起到重塑全球竞争优势的作用。近年来，中国高度注重数字经济的发展，推动新一代信息技术与制造业的深度融合，制造业数字化、网络化、智能化发展也取得了一定成效。但同时，在全球科技革命加速演变、各地推动制造业数字化转型的背景下，制造业催生出大量数字化的新技术、新场景、新应用，数据安全问题面临更多外部威胁，这对数据的采集、处理、分析等监管环境提出更高的要求，制造业的大数据安全、供应链安全、物联网安全等领域也将面临更加复杂的挑战。

第三节　发展趋势展望

一、先进制造业供应关系由经济效益优先转向安全稳定优先

从全球来看，受新冠疫情、俄乌冲突、能源危机和经济停滞衰退等事件影响，制造业供应关系的不稳定因素增多，先进制造业全球化进入重塑期，其配置逻辑由效益优先转向安全稳定优先。从纵向分工体系来看，供应链逐渐呈现缩短态势，原有分工由企业效益最大化调整至企业可控化；从横向分工体系来看，供应链逐渐呈现区域集聚态势，由全球化生产供给调整至特定经济合作区生产供给。

二、先进制造业发展将更加强调创新引领与融合赋能

“十四五”期间，国家将继续大力建设制造业创新中心，完善省、市级创新网络体系，大力孵化培育创新型企业，加快开展新技术、新产品示范应用，着力推动研究成果落地转化。同时，深化新一代信息技术与制造业融合发展，促进制造业与服务业高效融合是有效提升先进制造业发展水平的重要抓手，在此背景下，工业设计、商务咨询、检测认证等生产性服务业专业化水平将快速提升，定制化制造、共享制造等高附加值的新业态、新模式将被快速培育。

三、先进制造业集群更加注重全球影响力与竞争力的打造

先进制造业集群在加快关键核心技术攻关、创新产业发展、巩固提升产业链供应链竞争力方面扮演着越来越重要的角色。“十四五”期间，先进制造业集群将聚焦各自关键领域发展创新型产业，强化企业创新的主体地位，提高先进制造业集群的国际化水平，强化国际产能合作，增强集群内企业国际竞争力，建立安全高效的产业链供应链，打造高效协同、融合开放的产业创新网络，提升先进制造业集群在全球制造业中的价值定位。

第三十四章

中国先进制造业重点行业展望

第一节 智能制造

一、产业规模与结构预测

未来3年，随着新一代信息技术与制造业融合的进一步深入，智能制造领域一系列标准的逐步推广与应用，智能制造带来的经济效益将越发明显，智能制造发展将更加深入。在此背景下，中国智能制造相关产业将继续保持中高速发展态势，预计到2025年，产业规模有望突破3.5万亿元（见图34-1）。

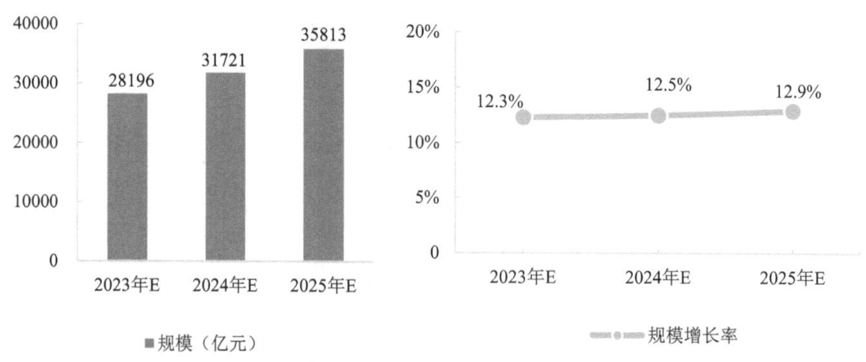

图34-1 2023—2025年中国智能制造相关产业规模与其增长率预测
（数据来源：赛迪顾问，2023年2月）

二、主要趋势

（一）制造业中“复杂产品+核心工艺”的数字化镜像能力是数字化转型的主战场

制造业的数字化转型是信息技术在制造业领域应用的主要路径。企业应用数字孪生技术，将数字设计和虚拟仿真技术结合，衍生出设计、制造、测试、运营及维护各个阶段的数字化映射模型，实现复杂产品和智慧工厂全生命周期的改进优化。从单一复杂硬件或专业化制造工艺切入，完成产品全生命周期的数字孪生应用，不仅是一种展现自身制造业认知与软件化实力的最优选择，而且是当下制造业企业推动数字化转型展现竞争实力的主战场。

（二）企业“工程化+软件化”知识产权成果成为构建技术壁垒的新模式

企业所生产产品的技术壁垒是其在行业竞争中赖以生存的第一道护城河。企业通过工程化的硬件产品和数字化的软件产品共同构建自身科技创新实力将越发普遍。以“工程化+软件化”的创新成果构筑自身技术壁垒将成为当下的主要防护手段，用单一工程化的创新或软件领域创新建立技术壁垒难度提升。

（三）智能制造的人本属性将成为应用拓展的新理念

随着智能制造解决方案的日益丰富，设计理念的创新将成为智能制造的关键竞争点。人本属性是在智能制造的设计理念中注入人的因素，在原有系统架构中聚焦人的需求、利益、工作体验等新的维度，具备从设计、制造、测试、运维等以生产经营或产品全生命周期的数字化思路，拓展到人机协作等理念，并基于此在生产经营各个环节衍生更加丰富的智能制造装备。

第二节　新能源汽车

在全球能源短缺和气候变暖的严峻形势下，节能减排成为各国能源战略和环境政策的重要内容。在此背景下，新能源汽车发展已成大势所

趋，中国作为汽车生产大国，新能源汽车销量已连续8年位居全球第一，持续领跑全球新能源汽车行业发展。未来，随着中国新能源汽车底层技术优势的不断增强、供应链整合能力的不断提升、质量服务体系的不断完善，中国新能源汽车产业规模有望持续增长。

一、产业规模与结构预测

（一）新能源汽车产业规模或将持续增长，但增速将有所放缓

目前，中国新能源汽车发展已全面进入市场化拓展期，但是，考虑到中国新能源车部分政策退出、产业链上游部分零部件供需错配等方面的实际影响，新能源汽车产业增速或将有所放缓，预计到2025年，中国新能源汽车产量有望达到1366.1万辆（见图34-2）。

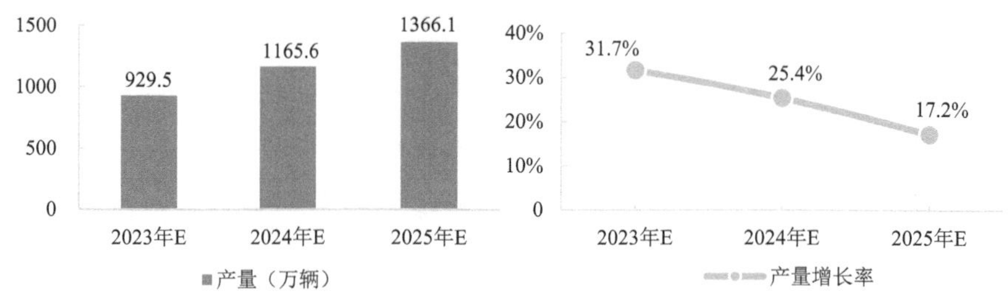

图34-2　2023—2025年中国新能源汽车产量与其增长率预测

（数据来源：赛迪顾问，2023年2月）

（二）2025年纯电动汽车产量有望突破1000万辆，规模占比逐步提升

在“双碳”目标指引下，纯电动汽车作为新能源汽车发展的主流方向，目前已逐步挑起中国新能源汽车产业发展重任。作为纯电动汽车的补充和过渡产品，插电式混合动力汽车相关技术能力也逐步趋于成熟，目前在用户体验、质量功能和使用性能等方面已逐步建立产品优势。燃料电池汽车现阶段仍处于起步阶段，尚未迎来规模化发展契机（见图34-3）。

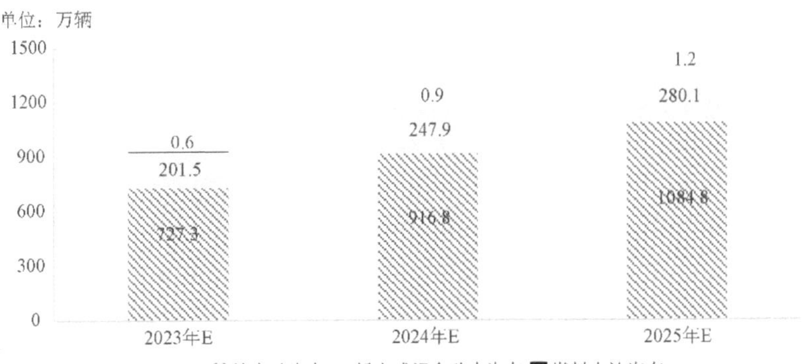

图 34-3　2023—2025 年中国新能源汽车产业结构预测

（数据来源：赛迪顾问，2023 年 2 月）

（三）华东、中南地区新能源汽车产业规模占比仍将保持领先

随着新能源汽车发展重点逐步由电动化向智能化转型，凭借极强的传统汽车制造基础能力和 5G、大数据、云计算、物联网、人工智能等新一代信息技术融合创新能力，华东地区、中南地区能够为新能源汽车产业智能化发展提供有力支撑，进一步增强自身在新能源汽车产业中的竞争能力，未来产业规模或将持续领跑全国，预计到 2025 年，华东、中南地区新能源汽车产业规模占比将分别达到 37.8%和 36.7%（见图 34-4）。

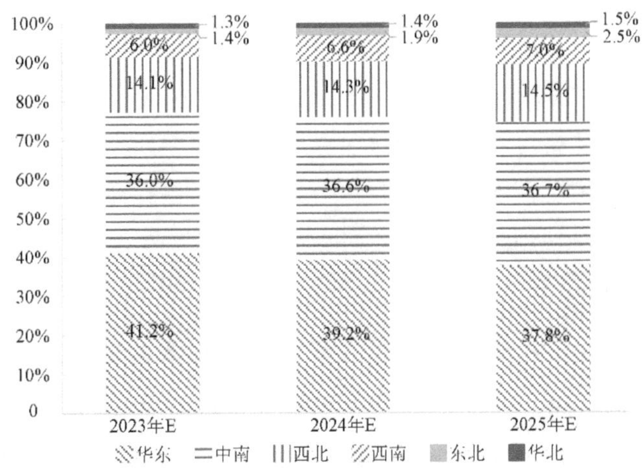

图 34-4　2022—2025 年中国新能源汽车产业结构区域预测

（数据来源：赛迪顾问，2023 年 2 月）

二、主要趋势

（一）新能源汽车全链条低碳化转型进程或将提速

新能源汽车全链条低碳化发展已成为全球共识，随着国内外市场对新能源汽车低碳化、零碳化要求的不断提升，部分国内新能源汽车领域整车企业已开始从研发设计、生产制造、原材料、零部件供应、产品回收再生等全生命周期出发，制定碳减排目标，力求带动全产业链低碳化转型。未来，在整车企业带动下，新能源汽车全链条低碳化转型进程或将提速。

（二）智能座舱将成为新能源汽车标准配置

在新能源汽车智能化发展背景下，智能座舱作为新能源汽车产业中体验性最强、感知度最高、入门难度相对较低的环节之一，下一步有望成为新能源汽车整车企业差异化布局的首要选择。同时，智能座舱在新能源单车价值提升方面具有极为强劲的推动作用，对于目前普遍处于低利润率或负利润率的诸多中国新能源汽车整车企业而言，将智能座舱作为标准配置，或将进一步解决自身盈利问题。

（三）补能网络建设将持续加速

近年来，如何提升用户的使用体验成了新能源汽车行业内关注的重点，补能服务作为用户使用体验的重要组成部分之一，也得到了越来越多的关注。2022 年，中国新能源汽车与充电桩的比例约为 2.7∶1，充电桩总计 521.0 万台、换电站总计 1973 座，保有量总体相对偏低。国家叠加考虑到中国新能源汽车保有量仍处于快速增长阶段，为进一步提升新能源汽车用户使用体验，充电站、换电站、加氢站等补能网络建设有望得到进一步加速。

（四）前融合方案将逐步成为多传感器融合的优选方案

传感器是新能源汽车实现智能化的重要组成部分，其中，多传感器融合方案包括后融合、前融合两种。后融合方案是将超声波雷达、摄像头、毫米波雷达等传感器通过不同算法进行独立感知，但单一传感器的感知能力有限，如摄像头不擅长判断距离和位置，雷达不擅长判断颜色

和纹理，因此后融合方案易对大型物体产生大小及分类识别错误，无法识别与跟踪特殊物体。前融合方案是将来自超声波雷达、摄像头和毫米波雷达的不同原始数据统一处理，与后融合方案相比，该方案需要更大的算力作为支撑，对不同传感器的时间同步和空间标定也非常严苛，但对特殊物体的识别精度更高，发生误判的概率更小。例如特斯拉将毫米波雷达、摄像头等传感装置的不同原始数据统一处理，整合成一套环绕全车 360°的超级传感器，再通过 AI 算法来完成整个感知过程。

（五）固定线路场景下的具备智能网联功能的新能源商用车有望率先进入商业化阶段

商用车产业发展与宏观经济情况密切相关，在“双碳”目标指引下，结合中国经济工作以稳字当头、稳中求进的主基调，商用车发展将进入全新阶段，电动化、智能化进程或将再次提速，其中，固定线路场景下的具备智能网联功能的新能源商用车有望率先进入商业化阶段。具体来看，一方面，商用车作为“生产工具”，用户衡量的是其商业价值，具备智能网联功能的新能源商用车可解决传统商用车发展所面临的人力资源不足、人力成本提升等问题，因此用户的付费意愿相对乘用车更高。另一方面，商用车的运营场景较为封闭、交通流量较小、行驶速度较低，高精度地图的绘制和路侧感知设备的布局相对容易，所需的测试和仿真时间也大幅缩减，因此具备智能网联功能的新能源商用车量产化、规模化更为容易。同时，具备智能网联功能的新能源商用车在成本、市场、技术等方面具有更好的落地性，因此将率先进入规模化运营阶段。

（六）具备智能网联功能的新能源汽车或将成为元宇宙下的智能载体

一方面，智能座舱正不断拓宽外在的交互边界，成为多终端互联下的功能集成者和“移动的第三空间”，逐步具备元宇宙所需的交互、娱乐、网联的软硬件生态。另一方面，目前能够将现实世界与元宇宙进行连接的只有 VR 设备，而随着元宇宙中信息内容和种类的不断丰富，VR 设备的重量及贴身感将会使得长时间佩戴它的用户感到不适，无法满足用户体验。在此背景下，具备智能网联功能的新能源汽车可借助高速网络、人工智能技术、大数据及其他配套基础设施成为元宇宙的新入口。

第三节　轨道交通装备

从全球层面来看，全球轨道交通装备产业正在摆脱新冠疫情带来的影响，实现逐步复苏。从国内层面来看，中国轨道交通装备产业持续向绿色化、智能化方向提质升级，部分产品已达到世界先进水平，但产业复苏动力仍显不足。未来在“交通强国”等一系列国家战略的驱动作用下，中国轨道交通装备产业仍将保持蓬勃发展态势。在国家战略部署及技术研发能力提升等因素的驱动下，未来中国轨道交通装备产业规模将不断扩大。

一、产业规模与结构预测

（一）2025 年轨道交通装备产业规模有望达到 5882.1 亿元

在铁路轨道交通建设方面，《中长期铁路网规划》提出，到 2025 年，铁路网规模达到 17.5 万千米左右，其中高速铁路 3.8 万千米左右，网络覆盖进一步扩大，路网结构更加优化，骨干作用更加显著，更好发挥铁路对经济社会发展的保障作用。截至 2022 年年底，全国铁路营业里程为 15.5 万千米，中国的铁路建设未来仍有较大发展空间。在城市轨道交通方面，轨道交通作为城市公共交通的重要载体，有助于缓解城市拥堵、提高跨区域配置能力。近年来，随着国家持续推动区域协调发展战略，未来城市群人口将不断增加，对于轨道交通的需求会持续扩大，因此，中国的轨道交通装备产业规模仍将维持增长趋势。预计到 2025 年，中国轨道交通产业规模将达到 5882.1 亿元（见图 34-5）。

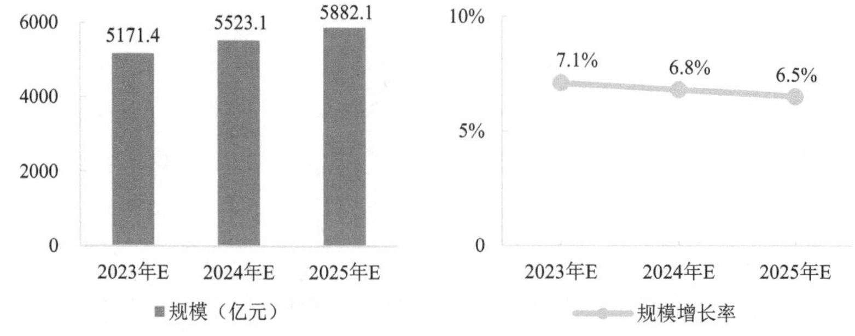

图 34-5　2023—2025 年中国轨道交通装备产业规模与其增长率预测

（数据来源：赛迪顾问，2023 年 2 月）

（二）轨道交通装备产业将逐渐稳定复苏

随着中国城市、铁路交通网络建设需求的进一步扩大，轨道交通装备仍将是交通领域高效率、大运量的主要运输手段。2022 年，随着国家调低新冠疫情防控级别，轨道交通装备产业将稳定复苏。预计到 2025 年，整车装备规模将达到 2676.4 亿元，零部件规模将达到 3205.7 亿元（见图 34-6）。

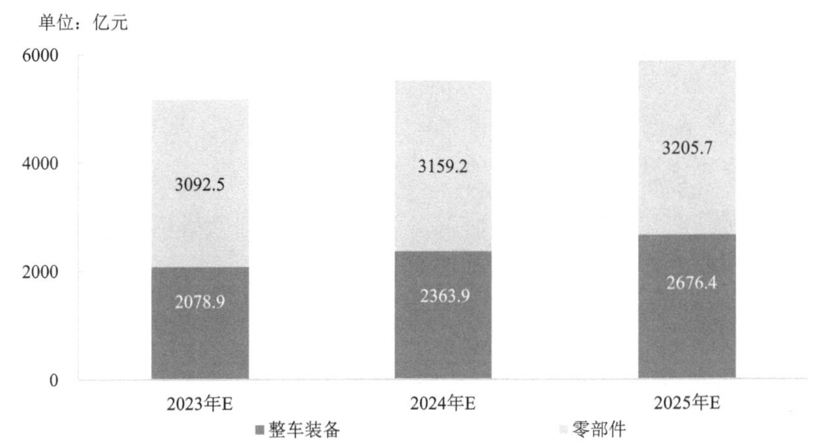

图 34-6　2023—2025 年中国轨道交通装备产业结构预测

（数据来源：赛迪顾问，2023 年 2 月）

二、主要趋势

（一）与新材料深度融合将促使轨道交通装备产业加速迈向高端化、绿色化

中国轨道交通装备产业作为“中国制造”新名片，达到了世界先进水平。随着绿色、环保、智能、可持续等理念深入，公众对轨道交通安全、舒适、环保和可靠的期望不断提高。未来，轨道交通设备轻量化对于车辆减重、提速、降噪、降低能源消耗等方面意义重大，因此，探索与碳纤维复合材料、减震材料、特种防护材料等新材料领域的深度融合，将有助于更快推动轨道交通装备制造业向高端化、绿色化升级。

（二）数字技术驱动轨道交通装备技术进一步更新迭代

经过多年发展，中国轨道交通装备产业已成为创新程度较高、国际竞争力较强的产业之一。未来，研制数字液压列车制动系统等技术，实现向高性能、高可靠产品升级，有助于实现智能轨道交通装备的工程应用；研究基于以太网的网络控制、无线传输、故障灾害预警监测等技术，建立基于大数据、云计算的轨道交通敏捷运维保障系统，对于推进信息化和工业化深度融合意义重大。

（三）服务型制造产业成为轨道交通装备产业未来的发展趋势之一

发展服务型制造产业将是中国轨道交通装备产业未来的发展趋势之一。服务型制造产业是将产品制造与增值服务相融合的产业形态，通过拓展轨道交通装备在设计研发、试验验证、系统集成、认证咨询、运营调控、维修保养、工程承包等产业链前后端的增值服务业务，大力发展现代制造服务业，可逐步实现由"生产型制造"向"服务型制造"转型。

第四节　清洁能源装备

中国正在积极推动能源结构优化，深入推进能源革命，国家及多地政府相继出台相关政策，清洁能源装备作为清洁能源的载体，将迎来快速发展期。其中，风能装备、水电装备和核电装备是主要的增长点。

一、产业规模预测

随着国家"双碳"目标的不断推进，新型电力系统的不断建设，以及多地已相继出台发展清洁能源装备产业的相关规划与政策，中国清洁能源装备产业将快速发展。预计到 2025 年，中国清洁能源装备产业规模可达 9937.9 亿元（见图 34-7）。

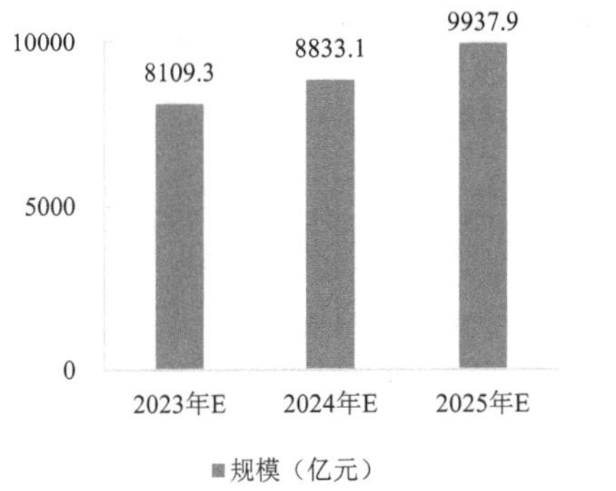

图 34-7 2023—2025 年中国清洁能源装备产业规模与其增长率预测
（数据来源：赛迪顾问，2023 年 5 月）

二、主要趋势

（一）清洁能源装备产业逐步从低端竞争转向高端竞争

随着中国清洁能源装备产业的快速发展，其各细分产业的行业技术标准将逐步落地，细分产业的发展门槛不断提高，清洁能源装备产业将逐步摆脱以价格为主要竞争方式的格局，技术将成为清洁能源装备产业的竞争焦点。清洁能源装备将向高技术、高质量、高水平服务、低成本趋势发展，土地、技术、资本、人才等将逐步向高技术、低成本企业集聚，没有研发能力、核心产品，且生产成本较高的企业将会被逐步淘汰，低端产能将逐步退出清洁能源装备产业。

（二）清洁能源装备产业将与新一代信息技术相结合

清洁能源装备产业与新一代信息技术相结合是该产业发展的主要趋势之一，将 5G、大数据、人工智能、物联网、云计算等新一代信息技术应用到清洁能源装备中，可显著提升清洁能源装备的自感知能力和自决策能力，大幅提高清洁能源装备的性能、效率、智能化水平，大力推动中国清洁能源装备产业智能化转型。清洁能源装备产业在新一代信息技术的叠加赋能下，其多机组协同控制、智能预警、智能诊断、故障自动修复、实时感知监测、衰退趋势分析、远程维修、装备全生命周期管理等新技术日益成熟，将显著提升清洁能源装备产业的竞争力。

（三）清洁能源装备部分细分产业由集中式向分布式转型

目前，中国光伏装备、风能装备等正在逐步由大型集中式转向小型分布式，小型分布式清洁能源装备可与储能装备、智能电网等形成小型电力系统，就地利用用户端附近的光能、风能等，将其转换成电力。小型分布式清洁能源装备的使用可有效降低电力长距离运输的损耗，减少长距离输变电项目建设的成本，且小型分布式清洁能源装备与储能装备结合，可以有效满足不同时间段用户对于电力的需求，利用率较高，可靠性较强，经济性较好。随着清洁能源的快速并网，小型分布式清洁能源装备的需求将会逐步提升。

第五节　无人机

未来几年，5G 通信、云计算等新一代信息技术与无人机的融合发展将愈趋成熟，它们可以为无人机导航、定位、测绘等提供更强大的技术支撑，工业级无人机产业规模将高速增长。同时，随着消费级无人机产品易用性和性价比的持续优化，终端用户的使用体验与认可度将逐步改善，使得消费级无人机市场渗透率稳步提升，从而带动中国无人机产业持续快速发展。

一、产业规模与结构预测

（一）2025 年无人机产业规模有望突破 1430 亿元

未来几年，随着无人机产品在多个现有应用领域深度拓展应用，以及随着产品升级和技术进步，无人机将开拓更多新场景，预计到 2025 年中国无人机产业规模将突破 1430 亿元（见图 34-8）。

（二）产业结构持续向工业级无人机倾斜

随着无人机在安防、物流运输等领域的深度拓展，工业级无人机产业规模快速提高，规模占比将逐步增加，预计到 2025 年产业规模将超过 930 亿元。同时，随着无人机产品的易用性、娱乐性持续提高，无人机产品将被更多用户接纳，消费级无人机将缩小与工业级无人机增速之

间的差距，预计到2025年产业规模将接近500亿元（见图34-9）。

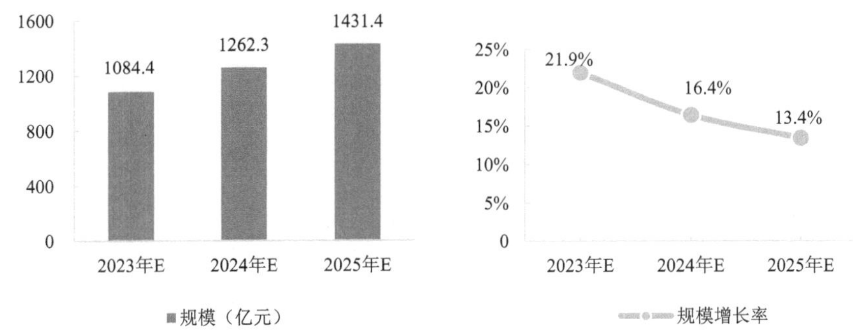

图34-8　2023—2025年中国无人机产业规模与其增长率预测
（数据来源：赛迪顾问，2023年2月）

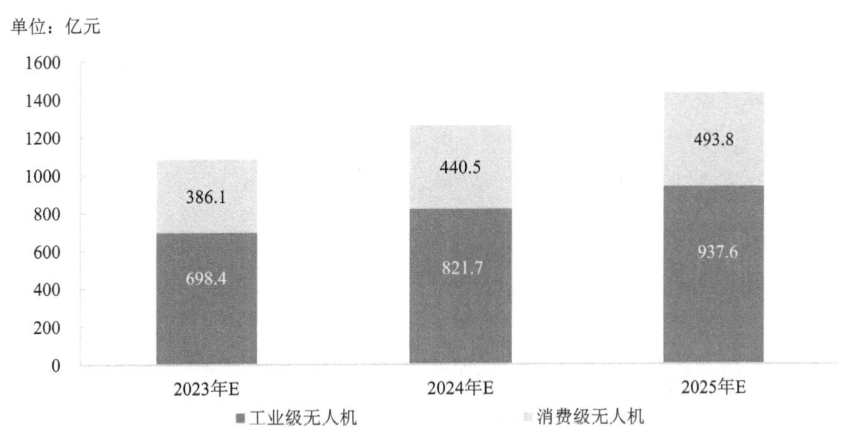

图34-9　2023—2025年中国无人机产业结构预测
（数据来源：赛迪顾问，2023年2月）

二、主要趋势

（一）无人机的安防市场或将成为快速扩张的新赛道

从工业级无人机应用场景来看，农林植保仍然是最大的应用市场，但随着工业级无人机在安防、电力巡检等领域的不断拓展，相关领域也逐步成为未来市场的主要增量空间。尤其是在安防领域，工业级无人机探索出如消防、巡查、活动安保、山林防护、景区管理等众多细分应用场景。同时，专业化的警用无人机队伍也逐步壮大，未来市场潜力巨大。赛迪顾问预测，工业级无人机在安防领域的市场需求在未来几年将进入快速扩张期，有望成为无人机细分市场规模倍增的新赛道。

（二）新一代信息技术助推无人机应用范围向产业链下游延伸

5G通信、云计算等新一代信息技术与无人机的融合发展日趋成熟，为无人机导航、定位、测绘等功能提供安全的数据存储、传输和计算服务，使无人机逐步转变为空中数据节点的集合，帮助实现更便捷的追踪、检查和管理任务，“平台+数据应用”成为中国无人机产业发展的重要特征。由此，面向具体应用场景的整体解决方案供应商、相关技术企业逐渐发展壮大并成为无人机产业链下游的重要组成部分。

（三）无人机产品销售和服务模式将更加多样化

随着无人机市场的逐渐成熟，无人机最终用户的需求逐渐产生分化。在消费级无人机领域，由于更多零基础、缺少经验的普通用户成为无人机的最终用户，无人机产品的可靠性、易用性及售后维保的便捷程度将成为衡量消费级无人机企业竞争力的重要标准，这就要求无人机企业加快售后维修渠道建设，从用户的角度出发设计意外保险、以旧换新等增值服务。在工业级无人机领域，随着用户群体的不断丰富，单架无人机售价较高、培训无人机驾驶员难度较大，或者由于用户内部组织原因难以派出专门的人员学习驾驶无人机等痛点逐渐显现，部分用户更希望通过购买运营服务的方式直接获取所需，这就要求无人机生产企业自建或与第三方合作建立专业的运营服务团队。随着上述销售和服务模式的建立和规范，中国无人机市场将迎来新一轮增长。

第六节　电子信息制造业

2023年，新冠疫情对生产生活的影响大幅降低，加之数字中国建设驶入快车道、新型工业化扎实推进等也为电子信息制造业稳定增长和高质量发展奠定了良好基础和有利条件。

一、产业规模与结构预测

（一）2025 年电子信息制造业规模有望突破 21 万亿元

党的二十大报告提出，坚持把发展经济的着力点放在实体经济上，推进新型工业化，加快建设制造强国、质量强国、航天强国、交通强国、网络强国、数字中国。电子信息制造业作为实体经济的重要产业之一，发挥着经济增长"倍增器"的重要作用。同时，新型工业化将推动工业向高端化、智能化、绿色化发展，电子信息制造业作为工业发展方式的"转换器"和产业升级的"助推器"，将迎来高速发展时期。此外，随着数字中国建设不断铺开，中国数字基础设施将逐渐完善，5G 网络、移动物联网、数据中心、超算中心、智能计算中心建设等将持续扩大电子信息制造业发展空间。到 2025 年，中国电子信息制造业规模有望达到 21.6 万亿元（见图 34-10）。

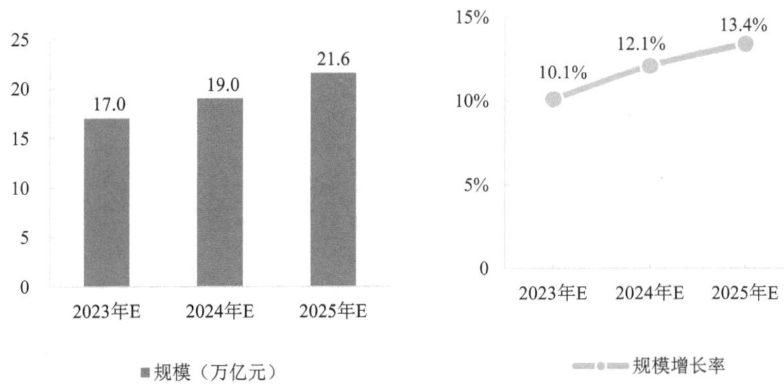

图 34-10 2023—2025 年中国电子信息制造业规模与其增长率预测

（数据来源：赛迪顾问，2023 年 2 月）

（二）手机产量下行压力依然存在，技术创新或将成为新增长点

随着智能手机技术日趋成熟，而应用场景及功能尚未出现代际创新，用户换机需求低迷，手机产量下行压力依然存在，但未来随着 6G 等技术面世，手机或将迎来新一轮换机潮。同时，随着数字经济及线上经济的深度发展，智能手机占手机比重将持续提高（见图 34-11）。

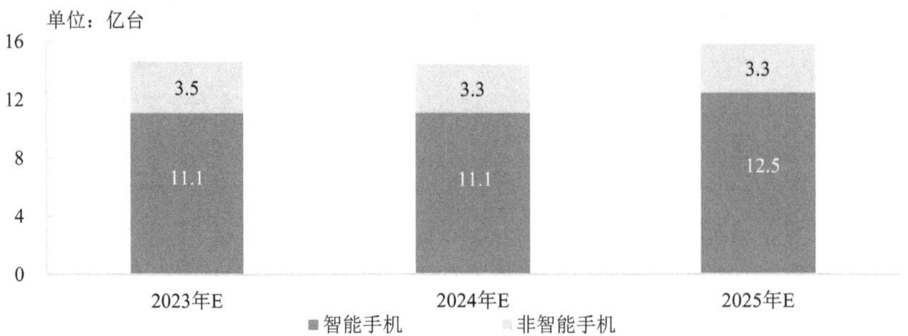

图 34-11 2023—2025 年中国手机细分产业结构预测
（数据来源：赛迪顾问，2023 年 2 月）

（三）中南、华东地区依然领跑全国

未来几年，中南和华东地区依然引领中国电子信息制造产业发展，预计到 2025 年，中南和华东地区电子信息制造业产值分别达到 8.83 万亿元和 7.60 万亿元（见图 34-12）。其中，广东省具有较完备的计算机制造、通信设备制造、智能终端制造等产业链，电子信息产业将继续领跑全国。珠三角、长三角地区区域内部协同作用将持续增强。

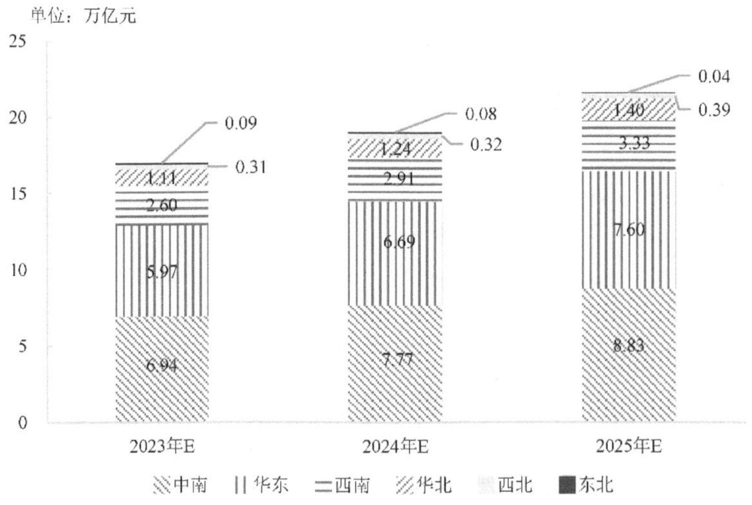

图 34-12 2023—2025 年中国电子信息制造业区域结构预测
（数据来源：赛迪顾问，2023 年 2 月）

二、主要趋势

（一）电子信息制造业将向绿色低碳方向演进

未来几年，随着绿色低碳科技革命全面铺开，电子信息产业将向绿色低碳方向发展。自“双碳”目标提出两年以来，各行业大力推动节能减排，绿色低碳科技革命逐渐铺开。作为绿色低碳科技革命的重点领域，电子信息制造业正在不断深化绿色低碳改革。2022 年，《信息通信行业绿色低碳发展行动计划（2022—2025 年）》等文件的发布进一步推进了数据中心、通信基站等电子信息产业绿色升级和清洁能源的应用。《智能光伏产业创新发展行动计划（2021—2025 年）》等文件也鼓励、推动工业园区绿色发展。未来，随着电子信息产业清洁能源渗透度不断提高和数据中心液冷、轻量级操作系统等技术的应用推广，我国电子信息制造业将向绿色低碳方向演进。

（二）数字技术和实体经济将加速融合

首先，我国已建成全球规模最大、技术领先的网络基础设施，千兆接入能力覆盖所有地级市，未来随着 5G、千兆光网、物联网、数据中心等数字基础设施的深度覆盖，为数字技术和实体经济融合发展提供了良好的基础设施环境。其次，企业坚持数字技术创新，人工智能、大数据、区块链、云计算等新兴数字产业高速发展，为数字技术和实体经济融合发展奠定了技术基础。再次，信息化与工业化深度融合是数字经济和实体经济融合发展的重点领域，而我国工业经济规模大、数字经济规模位居全球第二，数字技术和实体经济发展前景广阔。《数字中国建设整体布局规划》亦提出以数字化驱动生产生活和治理方式变革，我国数字技术和实体经济融合将加速发展。

（三）电子信息产业科技创新将按下加速键

2022 年，我国经济正处于经济高质量发展关键时期，然国内外环境复杂多变，逆全球化冲击不断，科技创新成为提高社会生产力和综合国力的战略支撑，党的二十大报告也指出“加快实现高水平科技自立自强”。电子信息产业是实现科技自立自强的重点领域，亦是发挥创新引领作用的主要领域。2022 年，我国研究与试验发展（R&D）经费支出为 30 870 亿元，比 2021 年增长 10.4%，增速高出全国 GDP 增速 7.4 个百分点，为电子信息科技创新奠定了良好的投入基础。随着我国强链补链的持续推进，高性能装备、智能机器人、高性能计算等电子信息领域关键核心技术将逐渐实现突破。未来，随着数字中国建设逐步进行，我国对数字安全屏障需求更加紧迫，电子信息产业科技创新将成为经济加速发展的重点领域。

第七节　医药健康

一、产业规模与结构预测

（一）2025年医药健康产业规模有望突破4.6万亿元

在经历了几年的新冠疫情后，人民群众对自身的健康关注度空前高涨，在医药健康方面的费用支出越来越多。预计到2025年，中国医药健康产业规模将突破4.6万亿元（见图34-13）。

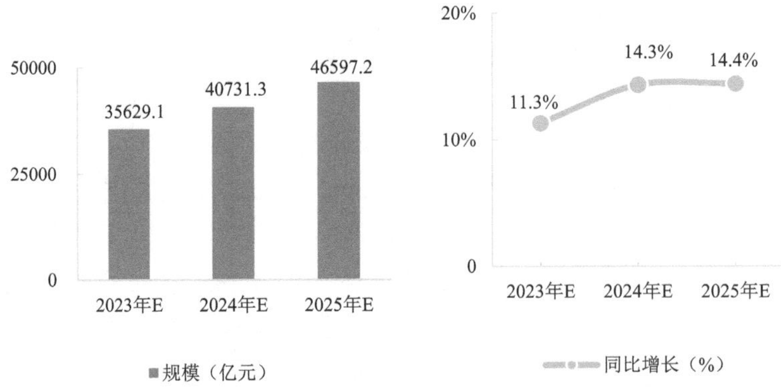

图34-13　2023—2025年中国医药健康产业规模与其增长率预测

（数据来源：赛迪顾问，2023年2月）

（二）医疗设备在产业结构中的占比仍将有明显提升

在新冠疫情防控的过程中，基层医疗硬件不足、诊断能力较弱等问题引起广泛关注。预计在未来一段时期内，加强基层医疗的硬件投入、提升基层医护人员素质将成为财政投入的主要方向。预计未来几年，医疗设备仍将成为中国医药健康产业结构中提升最快的板块（见图34-14）。

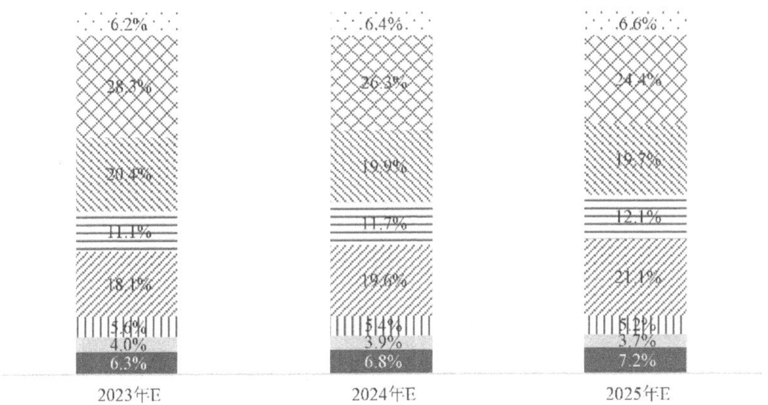

图 34-14　2023—2025 年中国医药健康产业结构预测

（数据来源：赛迪顾问，2023 年 2 月）

（三）华东地区仍将是中国医药健康产业的主要集聚区

华东地区在研发、人才、资本、载体等产业发展要素方面具有得天独厚的优势，这些优势在短期内是无法被超越和替代的。因此，预计在2023—2025 年，区域总体格局基本保持不变，华东地区仍将是中国医药健康产业的主要集聚区（见图 34-15）。

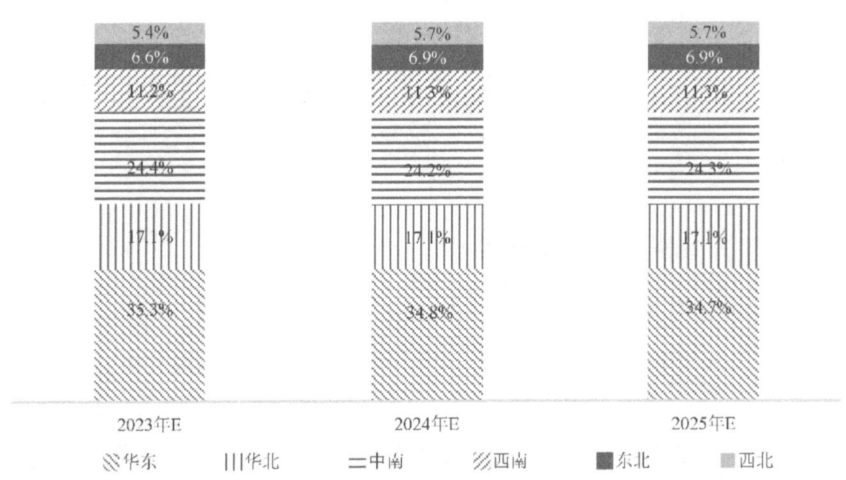

图 34-15　2023—2025 年中国医药健康产业区域结构预测

（数据来源：赛迪顾问，2023 年 2 月）

二、主要趋势

（一）药械企业将倾向于利用生产外包服务实现降本增效

随着药械企业监管的日益严格、人力成本的逐渐提高，药械生产过程被提出了更高的要求。生产外包企业受益于专业化的技能积累，往往比制药企业拥有更优质的制造能力。由于资金、精力的制约，制药企业需要与生产外包企业合作，通过合成设计、工艺优化等实现药物高标准、高效率、低成本生产。一个典型制药企业生产环节所用成本约占新药开发总成本的 30%，而通过外包生产可以使生产成本降低 40%～60%，使得新药开发总成本降低 15%左右。

（二）医疗服务民营化趋势明显

自 2006 年医疗体制改革以来，国家出台多项政策鼓励民营资本进入医疗服务领域。与公立医疗机构相比，民营医院具备 3 个方面的优势。一是民营医院具备较好的服务体系，服务更加精细化、人性化；同时，民营医院更注重医院环境建设。二是民营医疗机构，就诊等候时间少、化验缴费有专门的导诊人员，整个就诊过程较为方便，这也是民营医疗机构就诊快捷的主要因素。三是诊疗费用相对较低。由于国家对营利性医院实行市场调节价，医院可根据实际服务成本和市场供求情况自主定价，因此，民营医院在一些高新医疗技术项目和特殊服务方面可以灵活自主地定价，市场化程度高，价格总体上低于非营利性医院。所以，随着医疗体制改革的深入、民众医疗消费能力的提升和个性化医疗服务需求的增加，医疗服务将呈现民营化趋势。

（三）生物医药产业区域协同效益增强

中国生物医药产业传统优势园区集聚在京津冀、长三角和珠三角地区，随着传统优势园区空间承载能力降低、生产生活成本上升等问题日益凸显，企业外溢倾向明显。与此同时，传统优势园区周边生物医药产业发展起步较晚的新生代园区，具备极强的空间承载能力，且生产生活成本较低，在承接产业转移层面具备诸多优势。在这种背景下，产业资源呈阶梯状集聚，即研发创新型企业等产业主体留存在传统优势园区，

前沿创新人才、技术、资本等要素继续向该类园区集聚，而制造型企业、"蓝海"新势力企业等产业主体则选择流向新生代、特色园区，传统优势园区生物医药产业向周边新生代园区转移趋势明显，形成传统优势园区与新生代园区跨区域协同的空间发展格局。

第八节　新材料

一、产业规模与结构预测

（一）2025 年新材料产业规模有望突破 11 万亿元

2022 年，新材料产业规模保持较快速度的增长，前沿技术领域实现突破，新能源、新一代信息技术等新兴领域市场需求不断增加，为后续新材料产业发展奠定了良好的基础。2023—2025 年，一方面，随着国家及各地方新材料产业专项政策的发布和深入推进，关键材料领域关注度将持续提高，新材料、新技术产业化应用进度加快，为新材料产业带来新活力；另一方面，随着中国经济内循环体系逐步建设，制造业高质量发展进程加速，高端产品市场需求将持续增加，新材料市场前景广阔。预计到 2025 年，中国新材料产业规模有望突破 11 万亿元（见图 34-16）。

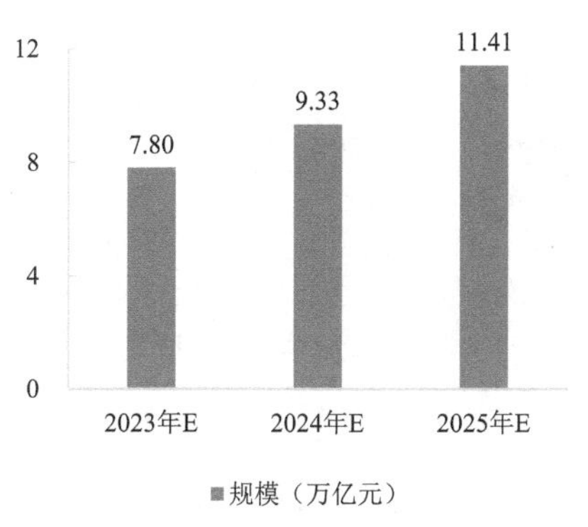

图 34-16　2023—2025 年中国新材料产业规模与其增长率预测

（数据来源：赛迪顾问，2023 年 2 月）

（二）战略性新兴产业规模不断壮大，关键战略材料比重持续增加

新材料产业既是战略性新兴产业的七大方向之一，也是其他战略性新兴产业发展的重要基础。2023—2025年，先进基础材料仍然以产业结构调整为主要趋势，通过技术创新带动产业高质量发展，产业规模稳定提升；受益于新能源、高端装备等战略性新兴产业规模不断扩大，关键战略材料的市场需求将持续增加，稀土功能材料、碳纤维及复合材料、锂电池材料、太阳能电池材料等多种关键战略材料产量将保持高增长态势，产业链、供应链稳定性不断增强，带动关键战略材料比重持续增加；前沿新材料技术创新难度高，成果转化周期长，未来几年内仍将处于产业化初级阶段（见图34-17）。

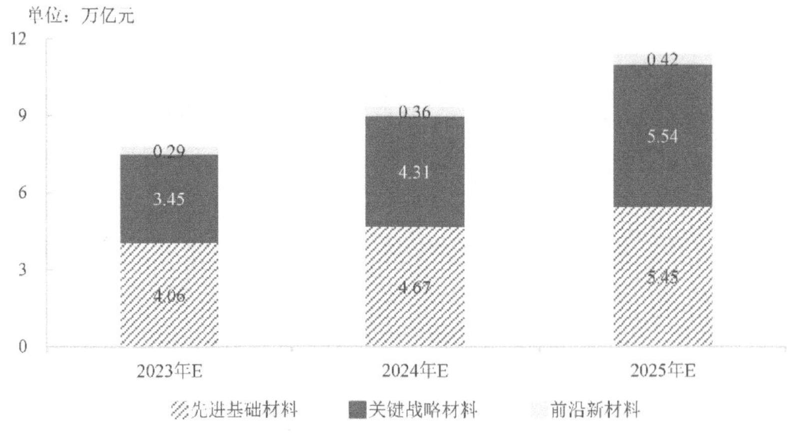

图34-17　2023—2025年中国新材料产业结构预测

（数据来源：赛迪顾问，2023年2月）

（三）华东、中南地区仍是新材料产业发展的主要地区

目前，华东、中南两个地区新材料产业规模在中国新材料产业总规模中占比较高。2023—2025年，华东地区凭借其在产业规模、产业集群及产业创新等多方面的优势，新材料产业规模占全国总规模比重将稳定保持在领先水平；中南地区受较为完整的产业链、活跃的应用市场等因素带动，新材料产业规模将保持较快增速（见图34-18）。

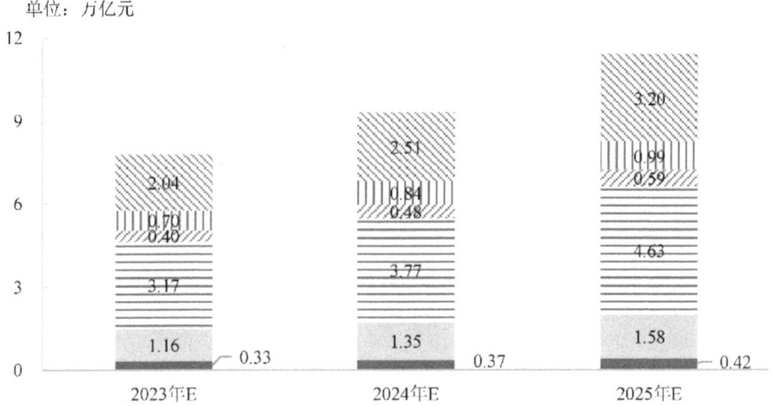

图 34-18　2023—2025 年中国新材料产业区域结构预测
（数据来源：赛迪顾问，2023 年 2 月）

二、主要趋势

（一）新技术与新材料交叉融合加速创新发展

当前，大数据、云计算等新一代数字技术迭代速度加快，对新材料产业发展产生了深刻影响。新材料研发逐步从“经验+试错”的模式向计算驱动模式转变，新一代数字技术逐步成为现代新材料研发的重要手段。如材料基因工程，可通过高通量实验技术、高通量计算与数据驱动等模式，大幅降低实验成本，缩短研发周期，加速新材料创新研发突破。

（二）绿色化、低碳化、智能化成为发展方向

随着“碳中和”逐步成为全球共识，以新能源为代表的绿色低碳新兴产业将加速发展，持续带动上下游产业发展，绿色化、低碳化新材料将成为推动经济社会可持续发展的必然选择。此外，伴随物联网、人工智能等新一代信息技术的飞速发展，先进制造技术智能化进程不断推进，可实现感知、分析、推理、决策、控制等功能的智能化新材料将成为未来产业发展的方向之一。

（三）新兴市场需求带动新材料产业高质量发展

新材料产业是战略性、基础性产业，是新兴领域发展的重要支撑。未来，新能源汽车、储能等新兴市场的巨大需求将为新材料产业发展注入新活力。同时，随着中国经济步入高质量发展新阶段，传统产业转型升级需求愈加迫切，进一步推动高性能、低能耗等新材料产品市场需求不断增加。

后 记

《2022—2023 年中国先进制造业发展蓝皮书》共 7 篇 34 章，是在全球产业结构和布局深度调整，新一轮科技革命和产业变革深入发展，我国加快推进新型工业化，推动产业体系优化升级，推进工业高端化、智能化、绿色化发展，加快建设制造强国的背景下，介绍先进制造业及相关产业发展情况的书籍。本书展现了编写组对先进制造业的理解，对重点行业的洞察，对重点区域的分析及对代表企业的点评，为社会各界人士更好地理解先进制造业及相关产业提供了参考。

本书由乔标担任主编，付长文担任副主编，具体章节由张凌燕、杨岭、张业佳、郝璐璐、高超、杜若蘅、姚垠国、赵海朋、宋爽、郭海龙、赵妍、顾佳慧、贾丽娟、高丹等编著。综合篇及展望篇由张凌燕、郝璐璐编著；行业篇由杨岭、张业佳、杜若蘅、郝璐璐、高超、赵妍、顾佳慧、贾丽娟、高丹等编著，其中，第三章由杨岭编著，第四章由张业佳编著，第五章由杜若蘅编著，第六章由郝璐璐编著，第七章由高超编著，第八章由贾丽娟、高丹编著，第九章由赵妍编著，第十章由顾佳慧编著；区域篇由张业佳、高超、姚垠国、宋爽、杨岭编著；园区篇由赵海朋、郭海龙、高超编著；企业篇由姚垠国、赵妍、顾佳慧、贾丽娟、高丹编著；政策篇由杜若蘅编著。杨岭对全书进行了统稿，张凌燕对全书进行了校审及完善。

本书遵循理论与实践紧密结合、数据和事实为唯一基准的原则，运用探索性研究、描述性研究、数量分析与系统总体归纳相结合的科学方法，对先进制造业的发展及应用进行了深入分析，对未来发展趋势进行了客观预测，最终给出了具有建设性的结论和建议。

政策法规研究所　规划研究所　产业政策研究所（先进制造业研究中心）

科技与标准研究所　知识产权研究所　工业经济研究所　中小企业研究所

节能与环保研究所　安全产业研究所　材料工业研究所　消费品工业研究所　军民融合研究所

电子信息研究所　集成电路研究所　信息化与软件产业研究所　网络安全研究所

无线电管理研究所（未来产业研究中心）世界工业研究所（国际合作研究中心）

通讯地址：北京市海淀区万寿路27号院8号楼1201　邮政编码：100846

联系人：王　乐　　　　联系电话：010-68200552　13701083941

传　真：010-68209616

电子邮件：wangle@ccidgroup.com